Guy Spier beschreibt äußerst authentisch, wie er zu sich selbst gefunden und seine Investmentstrategie mit seinem Charakter, Temperament und moralischem Kompass in Einklang gebracht hat. Unter tausenden Investmentratgebern fokussieren sich die allermeisten auf die intellektuelle oder technische Seite des Investmenthandwerks. Warren Buffett hat schon immer gesagt, dass Temperament ein wichtigerer Bestandteil des Investmenterfolgs ist als Intelligenz. Guy hat ein einzigartig inspirierendes Investmentbuch geschrieben das jedem Investor auf seinem eigenen Weg zu seiner optimalen Strategie leitet.

Daniel Aegerter, Gründer und Chairman der ARMADA Investment AG, Zürich

Guy Spier verkörpert unkonventionelle Wege, unendliche Neugier, ungemilderten Mut und Selbstreflexion. Er hat seine Erfahrungen immer als Schulung des Lebens empfunden und seine Rückschlüsse sind humorvoll, erfrischend und prägnant. In seinem Buch zeigt Guy Spier auf, dass der Weg zum wirklichen Value-Investor gerade nicht der Weg zur gierigen Heuschrecke ist.

Nikolai Ahrens, Managing Partner eines Family Office und Verwaltungsratsmitglied der Tectus Group

Guy Spier hat sich den moralischen Untiefen der Finanzindustrie gestellt und er hat sie bezwungen. Stets war er dabei auf der Jagd nach dem Wissen der Profis wie Warren Buffett, Tony Robbins oder einem Universalgebildeten wie Charlie Munger – dem Goethe unserer Zeit. Systematisch hat er sein Denken, seine Routinen und sein Denken über Zusammenhänge umgestellt um sein volles Potenzial zu entfalten und um nach seinen eigenen Regeln zu leben. Das Buch ist voll von wertvollen Erkenntnissen und Lektionen für alle Vordenker in der Wirtschaft.

Mark Bidwell, Head of Specialty Crops, Syngenta

Guy Spier ist nicht nur ein überaus erfolgreicher Investor, sondern wächst in seinem Buch über sich hinaus. Einerseits gibt er spannend und authentisch die Essenz seines Erfolgs weiter, andererseits ist er sich nicht zu schade, selbstkritisch und offen über seine hart erlernten Lektionen zu sprechen. Ich habe viele Investment und Business Bücher gelesen, doch Die Lehr- und Wanderjahre eines Value-Investors *sticht mit ihrer persönlichen und ehrlichen Darstellung heraus. Guy schafft es, packend und mit unterhaltenden persönlichen Beispielen illustriert die typischen psychologischen Fallstricke darzulegen, die bei Geschäfts- und Investment-Entscheidungen zu suboptimalen Ergebnissen führen. Ich kann Guy's Buch jedem Investor und Business Leader empfehlen, der sich kontinuierlich weiterentwickeln und lernen möchte.*

Peter Fuellemann, Head Client & Business Intelligence Swiss Re Zürich, Schweiz

Eine sehr verständliche Analyse wie man seine Ersparnisse und das persönliche Vermögen am besten investieren sollte und eine unglaublich nützliche Landkarte um ein erfolgreicher Investor zu sein.

Anthony Ginsberg CPA, Managing Director, GinsGlobal Index Funds Ltd

Ein weiteres trockenes und theoretisierendes Werk zum Thema? Weit gefehlt: Spiers Die Lehr- und Wanderjahre eines Value-Investors *ist ein sehr persönliches Buch. Spier nimmt uns mit auf eine kurzweilige Reise durch zwei Jahrzehnte seiner Laufbahn als Investor. Die erfrischend ehrlichen Einblicke in seine Erfolge (und Misserfolge) sind nicht nur lehrreich, sondern auch kurzweilig. Spier spricht aus der Praxis und für die Praxis: sein Stil und seine praktisch umsetzbaren Ansätze haben mich bereits nach den ersten Seiten gefesselt.*

Fabian Hansmann, Serial Entrepreneur

Ich bewundere Guy Spier für seine stets positive, aber auch kompromisslose Art. Dieses spannende Buch ist das ›Making of‹ seiner Karriere; es gibt wertvolle Denkanstöße weit über die eigene Investmentstrategie hinaus.

Dr. Peter Hogenkamp, Unternehmer und 2010-2013 Leiter Digitale Medien der NZZ-Mediengruppe

Wall Street, Hong Kong, Frankfurt: Das Investment-Karussell dreht sich immer schneller, egal wo man investiert. Guy Spier's Buch ist »nicht-aus-der-Hand-legbar« und jetzt schon ein Standardwerk für Anleger. Die Lektüre schenkt Genuss und pure Lesefreude sowie tiefe Einsichten und klare Strategien, die einen Unterschied machen und auf lange Sicht unschlagbar sind. Ein Buch für Gewinner!

Matthias Knab, Managing Director & Managing Editor, Opalesque

Die Lehr und Wanderjahre von Guy Spier – der Bildungsroman eines Value-Investors: Im klassischen Bildungsroman muss sich der Held Herausforderungen stellen, sie meistern und daraus gestärkt hervorgehen. Guy Spier, vielsprachig aufgewachsen und im Besitz zahlreicher Nationalitäten, wird ausgebildet an englischen und amerikanischen Spitzenuniversitäten, Seite an Seite mit starken Persönlichkeiten und sogar einem späteren Staatschef. Überheblich, selbstsicher und beratungsresistent engagiert sich Guy Spier als Berufsanfänger bei einem dubiosen Brokerhaus, gründet bei deren Niedergang seine eigene Firma und gerät schließlich in das Visier der New Yorker Staatsanwaltschaft. Erst als alles in Scherben liegt, kommt die Einsicht, nicht mehr bei der Außenwelt Punkte einzusammeln, sondern sich auf die inneren Dinge zu konzentrieren. Der Rat kommt von Warren Buffett, die Rechnung für das Mittagessen mit Buffett beträgt 650 100 Dollar. Nach diesem Essen krempelt Guy Spier sein Leben um, umgibt sich mit echten Freunden und engagiert sich in Hilfsorganisationen. Und ganz nebenbei vervielfacht er das Investitionskapital, das ihm sein Vater 15 Jahre früher zu treuen Händen übergeben hatte. Von Guy Spier kann man lernen, was im Leben bedeutsam ist und was nicht. Es sind die gleichen Dinge, die auch beim Investieren wichtig sind.

Dr. Hendrik Leber, Geschäftsführender Gesellschafter der ACATIS Investment GmbH

Dies ist kein »normales« Investment-Buch: Anstatt Tipps zu geben, wie jedermann angeblich schnell reich werden kann, erzählt Guy Spier einfach von seinem eigenen Werdegang zum erfolgreichen Value-Investor. Und genau das macht dieses Buch lesenswerter und lehrreicher als viele andere zum Thema.

Nico Luchsinger, Unternehmer und Journalist

Guy Spiers Verwandlung vom Wallstreet-Investor hin zum Value-Investor ist inspirierend. Das Buch ermöglicht die Teilnahme an seiner ganz persönlichen Reise. Solche Geschichten sind wertvoll, denn sie zeigen, dass Investieren über Geld hinausgeht. Warren Buffett hat Guy Spier nachhaltig beeinflusst. Auch mir ist der Großunternehmer und Mäzen ein Vorbild, insbesondere seine zusammen mit Bill Gates 2010 ins Leben gerufene philanthropische Kampagne »the Giving Pledge«.

Carolina Müller-Möhl, Investorin und Philanthropin

Dieses Buch berührt in mannigfaltiger Hinsicht! Guy Spier gibt nicht nur sehr Persönliches preis, sein Werk liest sich auch wie eine spannende Biographie. Hautnah gibt er uns Einsichten in die Welt des »Value-Investment« von den ganz Großen, wie Warren Buffett, und was man diesen Finanz-Ikonen alles lernen kann. Gute Tipps, gespickt mit viel Lebensphilosophie. Motivierend und inspirierend - zum umzusetzen! Das Buch ist rundum ein echter »Wert«!

Franziska Müller Tiberini, Unternehmerin, Familienunternehmen.ch AG

Es gibt Tausende Bücher die sich mit der Kunst des Investierens beschäftigen. Viele enthalten Tipps und Tricks. Doch diese sind häufig theoretischer Natur und oft bleibt unklar, ob der Autor wirklich aus eigener Erfahrung spricht. Guy Spier ist anders: Er erzählt seine persönliche Geschichte über seine Karriere als Value-Investor. Ich persönlich lerne am liebsten von den Erfahrungen anderer. Und genau diese Erfahrungen beschreibt Guy Spier auf spannende Art und Weise. Dabei ist das Buch nicht nur für (Value)Investoren interessant, sondern für jeden, der beruflich und privat Erfolg haben möchte.

Lars Riehn, Geschäftsführer infoWAN Datenkommunikation

Guy Spier schreibt fantastisch erfrischend und ehrlich. Dieses Fachbuch ist von Anfang an authentisch. Am lebenden Objekt gibt es Antworten auf wichtige Fragen wie: Erfolg haben mit Ethos; Sich hinterfragen, um immer besser zu werden; Ein Standardwerk das fesselt!

Rüdiger Skaletz, SVP & Branch Manager, Chief Marketing Officer TransRe Europe

Guy Spier buchstabiert das Verhaltens-ABC erfolgreicher Vermögensmanager neu: Anlagephilosophie autobiographisch geprägt, Börsenpsychologie à la Buffett, Charakterbildung für Contrarians. Spier inspiriert spielerisch. Sein Buch ist ein Gewinn für die persönliche Sicherheitsmarge jedes klugen Kapitalanlegers. Ein wunderbares Stück Lebenskunst und Leselust für uns Börsianer!

Dr. Manfred Stüttgen, Gründer und Managing Partner, YNVESTOR AG

Ein leicht verständliches, stark praxisbezogenes Buch für alle, die sich gerne vom »Zocker« zum langfristigen Value-Investor entwickeln möchten.

Dominik E. Zehnder, Founding Partner, Kehrli & Zehnder Global Wealth Management.

Bibliografische Information der Deutschen Nationalbibliothek
Die Deutsche Nationalbibliothek verzeichnet diese Publikation in der Deutschen Nationalbibliografie.
Detaillierte bibliografische Daten sind im Internet über **http://d-nb.de** abrufbar.

Für Fragen und Anregungen:
info@m-vg.de

6. Auflage 2024

Türkenstraße 89
80799 München
Tel.: 089 651285-0

Die englische Originalausgabe erschien 2014 bei Palgrave Macmillan Trade unter dem Titel *The Education of a Value Investor: My Transformative Quest for Wealth, Wisdom, and Enlightenment.*

Übersetzung: Bärbel Knill
Redaktion: Matthias Michel, Georg Hodolitsch
Korrektorat: Leonie Zimmermann
Umschlaggestaltung: Cecelia Wong
Satz: Daniel Förster, Belgern
Druck: GGP Media GmbH, Pößneck
Printed in Germany

ISBN Print 978-3-89879-738-2
ISBN E-Book (PDF) 978-3-96092-080-9
ISBN E-Book (Mobi, EPUB) 978-3-96092-081-6

Für meine Eltern, Marilyn und Simon Spier, und meine Schwester Tanya.

Für meine Kinder Eva, Isaac und Sarah.

Für meine Frau Lory: Du bist der Grund, weshalb ich bin.

Inhalt

Vorwort Christian Eck

»Price is what you pay. Value is what you get.« Besser als von Warren Buffett lässt sich Value Investing nicht zusammenfassen. Der Kauf eines Wertpapiers zu einem Abschlag, oder anders formuliert mit einer »Margin of Safety«, ist dabei die Grundlage. Dieser einfach erscheinende Ansatz wurde erstmals von Ben Graham formuliert und von Warren Buffett perfektioniert. Ihn jedoch konsistent gewinnbringend umzusetzen erfordert weitaus mehr als das Verständnis von Bilanzen, Gewinn- und Verlustrechnungen und Cash Flow Statements. Value Investing zu beherrschen, ist eine Kunst. Die Kunst, rationale Investmententscheidungen in dem oftmals hoch emotionalen Umfeld der Finanzmärkte zu treffen, sich gleichzeitig den hohen Anforderungen an sich selbst zu stellen und offen für Veränderungen zu sein

In diesem Buch gibt Guy Spier einen sehr persönlichen Einblick über seine Anfänge und Entwicklung als Value-Investor. Sein Weg dorthin war trotz der Ausbildung an Eliteuniversitäten alles andere als vorgezeichnet. Die beruflichen und persönlichen Herausforderungen während seiner Zeit an der Wall Street und der Austausch mit bekannten Investoren haben ihn geprägt. Für ihn bedeutet Value Investing weitaus mehr als Reichtum für sich und seine Investoren zu mehren – es ist zu einer Lebenseinstellung geworden.

Welche Charakterzüge, Eigenschaften und Verhaltensweisen zeichnen aber nun erfolgreiche Value-Investoren aus? Sie haben den Mut, unabhängig und konträr zu denken und zu agieren. Banken, Fondsmanager und Researchhäuser kreieren Anlagetrends. Es ist bequem, dem Konsens zu folgen. Aktienpreise verändern sich daher häufig nur aufgrund der Nachfrage der Massen, nicht aber weil sich der zugrundeliegende Wert des Unternehmens verändert hat. Value-Investoren hingegen betreiben ihre eigene Analyse, hinterfragen Trends, Modelle und die Aussagen vom Unternehmensmanagement. Sie scheuen sich nicht, gegen die Meinung anderer zu setzen und machen sich die Irrationalität des Marktes zunutze. Dieses Vorgehen erfordert harte Arbeit und Disziplin. Trotz des Studierens von Jahresabschlüssen, Unternehmenspräsentationen, Kommentaren der Abschlussprüfer, etc. werden Investmententscheidungen stets auf Basis unvollständiger Informationen getroffen. Das Ziel ist es, die Ertragswahrscheinlichkeit dabei zu maximieren.

Erfolgreiches Investieren setzt darüber hinaus Geduld und Disziplin voraus. Die Geduld zu warten, bis sich der Aktienkurs in die prognostizierte Richtung entwickelt, in gewissen Marktphasen abzuwarten und nicht investiert zu sein und die Disziplin, nicht zu spekulieren und seinen Investmentkriterien treu zu bleiben. Fehler werden dabei jedem Investor unterlaufen. Diesen gilt es sich zu stellen, sie zu analysieren und daraus zu lernen. Sich in dieser Art des Arbeitens zu verbessern ist ein lebenslanger Prozess, welcher immer herausfordernd und stimulierend sein wird. Dabei hilft es, sich mit Gleichgesinnten auszutauschen und sich mit Personen zu umgeben, von denen man lernen kann. Neid und Missgunst sind dabei fehl am Platz. Es wird immer jemanden geben, der erfolgreicher agiert. Daran gilt es sich zu messen und zu orientieren.

Guy Spier blickt auf einen Lernprozess von über 20 Jahren zurück. In dieser Zeit hat er eine bemerkenswerte Entwicklung durchlebt, wobei er sich selbst und sein Umfeld verändert hat, um als Value-Investor erfolgreicher zu werden. Dabei ist er gleichzeitig als Mensch gewachsen, der neben dem beruflichen Erfolg auch persönliche Erfüllung gefunden hat.

Ich schätze Guy Spier sehr für seine profunde Fachkenntnis sowie seine offene, selbstkritische und oftmals philosophische Art. Dies reflektiert sich in *Die Lehr- und Wanderjahre eines Value-Investors,* die hochinteressante Lektüre und praktischer Ratgeber zugleich ist.

Christian Eck

Value-Investor, Banker und Autor

Vorwort Peter Wick

Guy Spier ist ein Value-Investor, wie er leibt und lebt. In diesem Buch erzählt er uns mit bestechender Leidenschaft seine persönliche Geschichte. Die Einblicke in seinen Werdegang sind dabei von zentraler Bedeutung. Guy Spier ruft uns in Erinnerung, dass Investieren die Suche nach echten Werten bedeutet. Sein Buch zeigt mit einmaliger Schärfe, wie wir im Tumult der globalen Finanzmärkte unseren eigenen Weg finden können. Zugleich lenkt der Autor unseren Blick auf die grundlegende innere Wandlung, die seinen Erfolg erklärt. Deshalb ist dieses Buch eine doppelte Bereicherung für jeden Investor und für jedermann, der sich für Value Investing interessiert.

Guys Schilderungen und Erlebnisse zeigen unmissverständlich, worum es beim Anlegen letztlich geht: um Wahrnehmung und um Charakter. Der Autor blickt in das Reagenzglas seiner eigenen Geschichte. Er stellt fest, dass die Natur uns in beiden Belangen unvollkommen gemacht hat. Unsere Kognition ist derart beschränkt, dass wir ohne Hilfen und Stützen nicht erfolgreich sein können. Guy Spier erklärt, wie er alltäglich mit den Mängeln in seiner eigenen Wahrnehmung umgeht. Seine »Checkliste für den Investor« ist konzeptionell einfach, aber in der Umsetzung ein täglicher Kampf. Als Value-Investor weiß ich aus eigener Erfahrung, dass eigenständiges Denken die Grundvoraussetzung für den Anlageerfolg ist. In Spiers Worten: »Hören Sie auf, die Aktienkurse zu checken.« Dieses Buch ist die eindrücklichste Schilderung dessen, was eigenständiges Denken in der Praxis des Anlegens bedeutet. Guys Offenheit, auch im Angesicht eigener Charakterschwächen, wirkt entwaffnend und eröffnet uns einen Weg, uns selbst besser zu erkennen.

Geld ist lebensnotwendig. Für Guy Spier ist Investieren ein todernstes Spiel, aber seine Anleger sind nicht gesichtslos. Er überlegt sogar, von all seinen Investoren Porträts anfertigen zu lassen und in seinem Büro in Zürich auszustellen. Guy Spier lebt vor, dass die Beziehung zum Mitanleger eine echte Partnerschaft sein muss.

Viele Anleger unterschätzen die Bedeutung von persönlichen Vorbildern, zu ihrem eigenen Nachteil. Nicht so Guy Spier. Er zeigt auf, warum Vorbilder zwingend notwendig sind. Der Umgang mit Größen der Branche wie Mohnish Pabrai, Warren Buffett und Charles Munger wird geradezu in allen Einzelheiten analysiert. Guy Spier ist der erste Autor, der schlüssig aufzeigt, warum wir uns Vorbilder erarbeiten müssen.

Jeder Value-Investor muss nach echten Werten suchen. Diese Suche beschränkt sich nicht auf wirtschaftliche Daten und Fakten. Sie muss breiter sein und kann nur gelingen, wenn wir uns ein Umfeld gestalten, das uns einen strukturellen Vorteil verschafft. Unser Umfeld ist stärker als unser Intellekt. Deshalb müssen wir strategisch vorgehen, um uns das bestmögliche Umfeld zu schaffen – physisch, intellektuell und emotional. Das ist die vielleicht grundlegendste Erkenntnis, an die uns der Autor heranführt.

Sein Buch ist Pflichtlektüre für jeden Value-Investor.

Peter Wick, Chairman, CDL Principal Investors AG

Einleitung

Ich habe dieses Buch geschrieben, weil ich weitergeben möchte, was ich auf meinem Weg als Investor gelernt habe. Es handelt von der Entwicklung *dieses einen* Investors namens Guy Spier – und nicht von der Entwicklung irgendeines anderen Investors. Diese Geschichte ist keine Anleitung zum richtigen Investieren. Sie ist kein Ratgeber. Vielmehr beschreibt sie meinen persönlichen Weg und das, was ich auf diesem Weg gelernt habe. Trotz all meiner Schwächen, Fehler und Eigenheiten – und trotz meiner vielen blinden Flecke.

Im Lauf der Jahre habe ich einige tiefe Einsichten und die Kenntnis wirkungsvoller Arbeitsinstrumente und Methoden gewonnen, die ich mit Ihnen teilen möchte. Für gewöhnlich sind das nicht die Themen, über die man in Büchern schreibt, denn sie handeln vom wirklichen Leben – und weil es im wirklichen Leben nun einmal durcheinander zugeht, lassen sich diese Themen auch auf alle möglichen anderen Bereiche übertragen. Das reicht von der kleinsten Gewohnheit, die ich mit der Zeit ausgebildet habe, etwa was ich zuerst lese, bis zur allerwichtigsten Verhaltensweise: Darauf zu achten, wen ich mir als Helden und Mentor aussuche und wie dessen Weisheit mein Leben verändern kann.

Dieses Buch beschreibt einen Weg des Wandels. Als ich anfing, war ich eine Art Möchtegern-Gordon-Gekko: frech, kurzsichtig und unglaublich egozentrisch. Doch eine Reihe von Wandlungen und Selbsterkenntnissen brachten mich auf einen Weg, der mich von Benjamin Grahams *Intelligent investieren* zu Ruane Cunniff und über *Poor Charlie's Almanack* bis zu Robert Cialdini führte. Dann traf ich Mohnish Pabrai und aß mit Warren Buffett zu Mittag. Dieser 650100-Dollar-Lunch veränderte mein Leben von Grund auf, wie Sie noch erfahren werden.

Innerhalb eines Jahres nach meinem Treffen mit Buffett entließ ich zwei Drittel meiner Angestellten in New York, lagerte die Hälfte unseres Familienbesitzes ein und verfrachtete die andere Hälfte nach Zürich, wo wir von da an lebten.

Ich strich die Verwaltungsgebühren für neue Investoren in meinen Fonds. Ich schaltete meinen Bloomberg-Monitor aus. Und ich gab meine gefährliche Sucht auf, Aktienkurse im Minutentakt zu checken.

Ich will damit nicht sagen, dass Sie nun ebenfalls unbedingt mit Warren Buffett zu Mittag essen sollten – besonders jetzt, da die Preise dafür nach oben geschnellt sind, bis auf 3,46 Millionen Dollar im Jahr 2012! Und ich behaupte auch nicht, dass ich ihn besonders gut kenne und verstehe. Aber was ich sagen kann, ist, dass er einen enormen Einfluss auf mich ausgeübt hat, und zwar sowohl auf meine Art zu investieren als auch auf mein ganzes Leben. Ich hoffe, dass ich ein paar von diesen Lektionen weitergeben kann, die ich von ihm bekommen habe, und dass sie Ihnen ebenso nützlich sein werden wie mir.

Nahezu zwanzig Jahre brauchte ich dafür, mein Leben auf einen besseren Weg einschlagen zu lassen. Dabei habe ich viele falsche Schritte gemacht und viel Zeit verloren. Ich hoffe, dieses Buch wird dazu beitragen, dass Sie Ihren guten Weg schneller und mit weniger falschen Schritten finden. Wie Buffett einmal sagte: »Versuchen Sie, aus Ihren Fehlern zu lernen – oder besser noch: Lernen Sie aus den Fehlern anderer!«

Ich versichere Ihnen, wenn Sie nur ein paar der hier vorgestellten Lektionen lernen, werden Sie unweigerlich reich werden – vielleicht sogar wahnsinnig reich. Natürlich haben mir meine Einsichten – nicht nur die bei meinen Vorbildern gesammelten, sondern auch die durch meine eigenen Fehler gewonnenen – als Investor unendlich geholfen. Während ich dies schreibe, blicke ich auf einen kumulativen Ertrag von 463 Prozent seit der Gründung des Aquamarine Fonds 1997 zurück. Zum Vergleich: Der S&P 500 Index schaffte 167 Prozent. Mit anderen Worten: Eine Million Dollar, die ich in den Fonds investiert hätte, wären jetzt 5,63 Millionen wert, im Vergleich zu 2,7 Millionen Dollar, wenn ich in den S&P 500 investiert hätte.

Aber dieses Buch handelt auch von den Spielregeln des Investierens und im übertragenen Sinn von den Spielregeln des Lebens. Ich habe im Lauf der Zeit entdeckt, dass es beim Investieren um viel mehr geht als nur um Geld. Ich hoffe also, dass Sie, während Ihr Reichtum wächst, ebenfalls zu der Erkenntnis kommen, dass Geld weitgehend unwichtig ist. Und dass es Ihr Wunsch sein wird, einen Großteil Ihres Reichtums der Gemeinschaft zurückzugeben.

Sie sind sich in diesem letzten Punkt nicht so sicher? Das ist in Ordnung. Lange Zeit meines Lebens war auch ich diesbezüglich nicht sicher. Und ein Teil von mir bezweifelt das noch immer. Ich bin eben, genau wie Sie, noch lange nicht perfekt, also eine Art »work in progress«.

In letzter Zeit hört man viel darüber, warum der Kapitalismus gescheitert sei. Man solle gierige Banker und verantwortungslose CEOs strengeren Gesetzen unterwerfen, heißt es, und dass der Reichtum energischer umverteilt werden müsse. Vielleicht ist das so. Aber Gier kann auch ein Vehikel für etwas Tieferes und Sinnvolleres sein. Nach meiner Erfahrung kann man als hungriger junger Kapitalist beginnen, der vor allem von der Gier angetrieben wird; doch auf diesem Weg mag man mit der Zeit zu einem besseren, ja weisen Denken gelangen. In diesem Fall kann Gier sogar positiv wirken – nicht, wenn sie uns lediglich dazu motiviert, immer mehr anzuhäufen, sondern wenn sie uns auf jene innere Reise zu geistiger Reife und Erkenntnis schickt.

Ich komme auf diese Lektion am Ende noch zu sprechen. Doch folgen Sie mir zunächst in die Höhle des Löwen.

1. Von der Höhle des Löwen zu Warren Buffett

O schmölze doch dies allzu feste Fleisch,
Zerging' und löst' in einen Tau sich auf!
[...]
Wie ekel, schal und flach und unersprießlich
scheint mir das ganze Treiben dieser Welt!
Pfui, pfui darüber! 's ist ein wüster Garten,
Der auf in Samen schießt; verworfnes Unkraut
Erfüllt ihn gänzlich.

Hamlet, Akt 1, Szene 2

Haben Sie sich jemals so gefühlt? Schon einmal schiere Selbstverachtung empfunden? Im Unterschied zu Hamlet war ich zwar nicht selbstmordgefährdet. Aber mir ekelte vor der Spezies der Investmentbanker und ganz besonders vor denjenigen, mit denen ich zusammenarbeitete. Dasselbe empfand ich für meine Investmentbanking-Firma. Was aber am schlimmsten war: Ich war angeekelt von mir selbst.

Knapp zwei Jahre zuvor hatte ich mich gefühlt, als könnte ich die Welt erobern. Damals war ich Student an der Harvard Business School (HBS) und obendrein hatte ich auch einen Abschluss von der Universität Oxford, wo ich der Beste meines Kurses in Wirtschaftswissenschaften war. Alles schien möglich – bis ich mit einer furchtbar dummen beruflichen Entscheidung alles zunichtemachte.

1993, ein paar Monate vor meiner Abschlussprüfung in Harvard, stieß ich auf eine Stellenanzeige als Assistent des Chairman bei der D. H. Blair Investment Banking Corp. Ich hatte einiges über Investmentbanking gelesen und hielt mich für einen der aufgehenden Sterne am Finanzhimmel.

Strotzend vor jugendlichem Selbstvertrauen machte ich mich auf nach New York City, um mich mit dem Chairman von D. H. Blair, J. Morton Davis, zu treffen. Morty, als Kind armer Juden in Brooklyn aufgewachsen, machte 1959 seinen Abschluss an der Harvard Business School und arbeitete sich danach zum Eigentümer und Chairman von D. H. Blair hoch, die 1904 gegründet worden war. Man erzählte mir, er habe Hunderte Millionen Dollar verdient.

Unser Treffen fand in seinem holzgetäfelten Eckbüro in der Wall Street 44 statt. Es war seit Jahren nicht mehr renoviert worden und sah aus wie ein traditionelles Investmentbanking-Büro aus der Ära John Pierpont Morgan. Tatsächlich befand sich J. P. Morgans Zentrale fast nebenan.

Morty war ein Vollblutverkäufer und schaffte es mit Bravour, mich zu ködern. Er sprach mit mir über die größten Deals, die er in heißen Branchen an Land gezogen hatte, etwa in Biotechnologie, und fügte hinzu: »Auch Sie werden sofort eigene Deals machen können, indem Sie direkt mit mir zusammenarbeiten.« Er versicherte mir, es gebe »keine Grenzen« für das, was ich hier mit ihm gemeinsam erreichen konnte, und dann gab er mir Frank Bettgers Buch *How I Raised Myself from Failure to Success in Selling* (deutsche Ausgabe: *Lebe begeistert und gewinne*). Es gefiel mir, dass Morty ein Außenseiter war, dass er unkonventionell und höchst erfolgreich war und es aus eigener Kraft geschafft hatte.

Kurz darauf las ich in der *New York Times* einen Artikel, in dem D. H. Blair als Firma von schlechtem Ruf bezeichnet wurde, deren »Broker dafür bekannt sind, Kunden den Verkauf zu verweigern, wenn diese die Auflösung ihres Depots verlangen«. In dem Bericht wurde auch erwähnt, dass die Aufsichtsbehörde in Delaware »versucht hatte, Blair die Lizenz zu entziehen«, und dass die Aufsichtsbehörden in Hawaii »Blair beschuldigten, betrügerische und verschleiernde Verkaufspraktiken anzuwenden«. Als ich Morty auf den Artikel ansprach, sagte er, dass Erfolg die Menschen neidisch mache und sie deshalb versuchen, dem Erfolgreichen Schaden zuzufügen. Ich war naiv genug zu glauben, was auch immer er mir erzählte.

Manche meiner Harvard-Freunde zogen die Augenbrauen hoch, als sie hörten, dass ich für D. H. Blair arbeitete, aber ich ignorierte ihre Warnungen. Ich war arrogant und ein wenig rebellisch und entschlossen, nicht den ausgetretenen Pfad der etablierten Unternehmen wie Goldman Sachs und J. P. Morgan zu gehen. Ich wollte meine eigene Spur hinterlassen und eher ein *Entrepreneur* sein. Ich hatte das Gefühl, als habe Morty mir ein Angebot gemacht, das ich nicht ablehnen konnte, auch wenn ich das hätte tun sollen. Also unterschrieb ich den Vertrag, denn ich glaubte, etwas ganz Besonderes zu sein und dass die Wall Street mich schon zum Geld führen würde.

Mit hochfliegenden Erwartungen fing ich im September 1993 bei D. H. Blair als »Vice President« an, wie mein großspuriger Titel lautete. Ich teilte mir im zweiten Stock ein schummrig beleuchtetes holzgetäfeltes Büro mit einem netten älteren Banker. Er hatte seit Jahren keinen einzigen Deal getätigt, aber er gehörte zum Inventar und trug dazu bei, der Investmentbank einen seriösen Anstrich zu geben.

Nach nur sechs Monaten in diesem Job fühlte ich mich miserabel. Ich hatte eine Reihe harter Rückschläge erlitten und das würde immer so weitergehen. Zunächst glaubte ich, als einziger Assistent des Chairman die Gelegenheit zu haben, mir vom Meister etwas abzuschauen, wenn ich ihm beim Analysieren der Vielzahl von hereinkommenden Angeboten half. Stattdessen erfuhr ich, dass er noch zwei weitere Assistenten hatte.

Jeder von uns hatte einen glänzenden MBA-Abschluss in der Tasche: Len kam von der Harvard Business School, Drew von Wharton. Es hieß also jeder gegen jeden und wir drei waren alles andere als ein Team. Bald merkte ich, dass man mich an der Analysefront überhaupt nicht brauchte. Ich lernte auf die harte Tour, was Normalität an der Wall Street bedeutete. Es gibt immer genügend andere Leute, die deinen Job genauso gut erledigen können. Der Konkurrenzkampf ist hart und Dutzende von Leuten stehen hinter dir in der Schlange und warten nur darauf, deinen Platz einzunehmen.

Der einzige Weg, wie ich in diesem Umfeld meinen Wert erhöhen konnte und wozu mich die Firma wirklich brauchte, war, Deals zu liefern. Ich dachte, ich sei der Herausforderung gewachsen. Genau das war ja der Reiz an dem Job. Doch die Konkurrenz war beängstigend, sowohl von innerhalb als auch außerhalb der Firma. Und ich war neu. Neu bei D. H. Blair, neu im Investmentbanking und Finanzwesen und neu in New York.

Doch ich war fest entschlossen, nicht aufzugeben. Denn damit hätte ich mir mein Scheitern eingestanden. Ich wäre vor Scham im Erdboden versunken, wenn meine Studienkollegen erfahren hätten, dass ich einen Fehler gemacht hatte. Schlimmer noch, man hätte mich einen Versager genannt, und diesen Ruf wäre ich vielleicht so schnell nicht mehr losgeworden. Denn vor allem anderen motivierte mich, was andere von mir hielten, nicht, wie ich mich selbst sah. Wäre es andersherum gewesen, ich glaube, ich wäre keine Minute mehr an diesem Ort geblieben. Ich hätte einfach alles hingeschmissen. Aber ich versuchte verzweifelt, erfolgreich zu wirken.

Ein Deal wurde zu meinem einzigen Ziel. So konnte ich einen Sieg davontragen und anschließend aus freiem Entschluss gehen. Also setzte ich monatelang ein Lächeln auf, wählte mir die Finger wund, putzte Klinken und verfolgte jede Aussicht auf einen Deal, so gering sie auch sein mochte. Doch ich stand noch immer mit leeren Händen da. Trotz meiner festen, testosterongetriebenen Entschlossenheit, in diesem meinem ersten Job nach dem MBA-Abschluss Erfolg zu haben, war alles, was ich tat, nur ein hoffnungsloses Herumrudern.

Mein Problem war nicht nur, dass die besten Geschäfte von den großen Namen weggeschnappt wurden, wie Goldman Sachs und Morgan Stanley, obwohl das durchaus der Wahrheit entsprach. Es gab eigentlich noch viele weitere Gelegenheiten. Aber um diese Geschäfte erfolgreich zu D. H. Blair zu bringen, waren Dinge erforderlich, die ich nie zuvor getan hatte.

D. H. Blairs Spezialgebiet waren Venture Capital und Banking. Gerade das hatte ich an der Firma attraktiv gefunden: die Möglichkeit, bei den neu gegründeten Start-ups mit neuen Technologien, welche die Welt verändern würden an vorderster Front mit dabei zu sein. Ach ja, habe ich erwähnt, dass ich dabei natürlich schrecklich reich werden würde? Passend zu meiner Arroganz und Hybris besaß ich nämlich auch noch eine schöne Position an Wall-Street-Gier. Ich war überzeugt, mich auf der Überholspur ins Nirwana zu befinden. Die ernüchternde Wahrheit lautete, dass Unternehmen mit Technologien oder Innovationen, die wirklich funktionierten und eine sichere Erfolgsaussicht hatten, extrem selten waren – selbst bei der großen Anzahl der Unternehmen, deren Finanzierung über prominentere Investmentbanken wie Goldman Sachs oder Morgan Stanley lief.

Stattdessen fiel die weit überwiegende Mehrheit in die Kategorie »Könnte Erfolg haben«. Es gab unzählige Managementteams, die mit aller Verzweiflung ihren Traum verwirklichen wollten und bereit waren, alles Mögliche zu tun und zu behaupten, wenn sie dadurch eine Finanzierung bekämen. Noch bevor mir klar wurde, was geschehen war, hatte ich einen Haufen mistiger Verträge am Hals, zu denen mich Unternehmer gedrängt hatten in der Hoffnung, dass ich sie gnädigerweise berücksichtigen würde.

Die unerbittliche Logik der Wahrscheinlichkeit, die ich erst auf der Hochschule gelernt und dann in Harvard studiert hatte (in einem Kurs, der sich »Entscheidungstheorie« nannte) besagte, dass ein Geschäft, wenn ich es empfehlen wollte, zumindest eine gute Chance haben sollte, Gewinn abzuwerfen. Angesichts der hohen Anzahl der Geschäfte, die danebengingen, und der sehr kleinen Anzahl derer, die ihren Investoren ein Vielfaches ihrer ursprünglichen Investition einbrachten, kalkulierte ich grob, dass die Erfolgswahrscheinlichkeit zumindest 50 Prozent betragen sollte, wenn wir ein Unternehmen finanzieren sollten. Doch nach einiger Zeit gelangte ich zu der Überzeugung, dass die Standards bei D. H. Blair weitaus niedriger lagen.

Bei einem denkwürdigen Anlass wurde ich zu einem Meeting gerufen, dass zwischen den Vertretern der Bank und einer Firma stattfand, die Geld für ein Venture im Geschäftsfeld Kalte Fusion brauchte. Nachdem ich das Material gesichtet und mich etwas in den Hintergrund eingelesen hatte, platzte ich heraus: »Aber das Verfahren kann doch einfach nicht funktionieren!«

Was ich damit eigentlich sagen wollte, war: »Erwarten Sie wirklich von mir, dass ich unseren Verkäufern ohne mit der Wimper zu zucken erzähle, dieser Mist könne irgendwann durchstarten?«

In einem anderen Fall begleitete unsere Firma den Börsengang eines Unternehmens, das eine neue Raumfahrtstation bauen wollte – gemeinsam mit dem Kosmodrom in Baikonur, Kasachstan, und auf der Basis von Verträgen mit Unternehmen und Einrichtungen, die von früheren Regierungsvertretern der ehemaligen Sowjetrepublik aufgebaut worden waren. Das einzige Vermögen des Unternehmens schien aus vagen Verträgen zu bestehen, die in einer fremden Sprache verfasst waren und von denen man bezweifeln musste, dass sie vor einem kasachischen Gericht geschweige denn in New York oder London wirksam wären. Genau wie bei dem Unsinn mit der Kalten Fusion war die Wahrscheinlichkeit, dass dieses Ding durchstarten würde, ziemlich gering.

Doch so funktionierte das Business bei D. H. Blair: Finde ein paar eher außergewöhnliche Sonderfälle und häng sie dann einem Haufen naiver und hoffnungsvoller Investoren an, die es nicht besser wissen.

Ehrlicherweise muss ich sagen, dass die Firma doch auch hin und wieder einen großen Treffer landete – auch wenn sich viele solche »Gelegenheiten« als Blindgänger herausstellten und schließlich scheiterten. Zum Beispiel hatten sie eines der ersten Biotechnologie-Unternehmen, Enzo Biochem, an die Börse gebracht, und das zu einer Zeit, in der es undenkbar war, einen Börsengang für eine Firma ohne Gewinne zu machen. Und von Zeit zu Zeit brachte D. H. Blair sogar Unternehmen an die Börse, die echte und wachsende Gewinne erzielten. Doch zwischen diesen guten Geschäften brauchte die Firma Futter für die Gelddruckmaschine.

Auf der einen Seite sicherte sich D. H. Blair, zusätzlich zu den Bankgebühren, einen ordentlichen Teil der Optionsscheine von den finanzierten Unternehmen. Und auf der Investitionsseite war D. H. Blair oft der einzige Market Maker der Aktien, die sie an die Börse brachten. Mit Bid-Ask-Spreads von 20 Prozent waren fette Gewinne zu machen, nur indem man die Unternehmen, die an die Börse gingen, kaufte und verkaufte. Wie so viele Wall-Street-Institutionen war D. H. Blair seinen Kunden ein gutes Stück voraus.

Aber um einen Handelsumsatz an Aktien zu generieren und bei einem breiteren Publikum für diese Aktien Interesse zu wecken, brauchte es eine gute Inszenierung. Es war unter anderem die Aufgabe der Analysten und Investmentbanker bei D. H. Blair, eine Investitionsmöglichkeit mit fragwürdigen Gewinnchancen aufzumöbeln und sie in etwas zu verwandeln, das die Leute unbedingt kaufen wollten. Um nur eines dieser Geschäfte zum Erfolg zu führen und die Maschinerie der Finanzierung zu ölen, mussten mehrere Leute ihre Rolle spielen.

Die Investitionen in die Kalte Fusion und das Kosmodrom würden in absehbarer Zeit keine Gewinne abwerfen, wenn überhaupt jemals. Aber sie hatten etwas Prickelndes. Diese Unternehmen standen für Ideen, welche die Leute faszinierten und ihre Fantasie beflügelten. Wenn begeisterte Investoren eine Manie für Kalte Fusion oder Raumstationen entwickelten, konnte das die frisch an die Börse gebrachten Aktien schnell in die Stratosphäre katapultieren, zu einem Vielfachen ihres ursprünglichen Preises. Vom Standpunkt der Investmentbank aus gesehen wäre eine solche Kursentwicklung ein Volltreffer – auch wenn das Unternehmen am Ende scheiterte. Während die Aktien stiegen, würde die Bank sich ihre Gebühren holen und mit dem Aktienverkauf Gewinne machen. Wenn das Unternehmen schließlich pleiteging, wären die Aktien längst im Umlauf und weder D. H. Blair noch seine Kunden würden den Verlust zu tragen haben.

Um derartiges anzustoßen, waren alle möglichen aggressiven Verkaufstechniken erforderlich. Also gab es bei D. H. Blair eine Retail-Brokerage-Abteilung aus lauter hartgesottenen Brokern, welche die Kunden aus einem »Boiler Room« im 14. Stock aus anriefen. Sie waren physisch wie rechtlich getrennt von Investmentbankern wie mir und arbeiteten offiziell für eine andere Firma. Während sie zu D. H. Blair & Co. gehörten, war ich bei der D. H. Blair Investment Banking Corp. angestellt.

Unser kleines Team von Bankern war das respektable, seriöse Gesicht des Unternehmens, während die Broker die »Backroom Boys« waren, die diese zweifelhaften Geschäfte nichtsahnenden Kleinanlegern andrehten. Sie ähnelten auf unheimliche Weise den Brokern in Martin Scorseses Spielfilm *The Wolf of Wall Street*, der zwar übertrieben, aber nicht ganz abwegig ist. Das 14. Stockwerk von D. H. Blair war ein Haifischbecken voller Testosteron; einmal erzählte mir jemand, dass manchmal Prostituierte dort hinaufgingen, als Belohnung für den erfolgreichsten Verkäufer des Tages.

Ich hatte mit diesen Kerlen nicht direkt zu tun, aber sie waren von unserem Investmentbanking-Team abhängig, weil wir ihnen die Geschäfte liefern mussten, die sie dann den Kunden aufschwatzten. Die Banker konnten damit gut leben, denn sie waren in ihrem hübschen, holzgetäfelten Kokon im zweiten Stock gut geschützt, während die Aktivitäten, die einem die Augen geöffnet hätten, zwölf Stockwerke weiter oben stattfanden. Trotzdem brauchten uns die Broker als Zuarbeiter.

Nach nur etwa einem Jahr bei D. H. Blair dämmerte mir, dass die Rolle, die ich hier spielen sollte, zum größten Teil genau darin bestand. Auch das aussichtsloseste Geschäft sollte ich noch so darstellen, dass die Nachteile stark verharmlost oder ganz ignoriert, das Prickelnde und die rosigen Aussichten hingegen betont wurden.

Ich sollte gar nicht als sorgfältiger, gut ausgebildeter Analyst arbeiten. Man hatte dort keine Verwendung für einen unbestechlichen Schiedsrichter, der eine Idee penibel recherchierte, die Möglichkeiten untersuchte und so genau und ehrlich wie möglich erklärte, was wirklich Sache war. Rückblickend ist mir völlig klar, dass der wahre Nutzen, den die Firma von meinem Oxford-Abschluss und meinem Harvard-MBA hatte, darin bestand, ihre Geschäfte und Dokumente mit meinen makellosen Zeugnissen zu schmücken. Ich lieferte ihnen damit eine Art Ivy-League-Feigenblatt. (*»Ivy League« bezeichnet die acht US-Eliteuniversitäten, ihr Zeichen ist das Efeu-Laub; Anm. d. Übers.*)

Wenn ich zurückblicke auf unser Meeting mit dem Unternehmen für Kalte Fusion, wird mir klar, wie naiv ich war. In Wahrheit erwartete jeder dort, dass ich meine Rolle spielte. Unausgesprochen stand etwa folgender Dialog im Raum:

> **Management des Unternehmens für Kalte Fusion**: Vorstände von D. H. Blair, jawohl, wir verarschen euch. Das hier wird aller Wahrscheinlichkeit nach niemals funktionieren, aber wir haben jahrelang daran gearbeitet und persönlich eine Menge Geld investiert. Jedenfalls kann niemand hundertprozentig beweisen, dass es *nicht* funktionieren wird. Bedenken Sie außerdem, für wie viel Aufregung die Sache bei den Investoren und der Presse sorgen wird. Es wäre das einzige börsennotierte Unternehmen für Kernfusion auf der Welt!

> **Die D. H. Blair-Investmentbanker**: Ja, es ist extrem unwahrscheinlich, dass das Ding durchstartet, aber wir müssen Deals liefern, damit ihr, die Manager des Unternehmens, durch die Gründeraktien reich werdet, und wir, die Investmentbank, durch die Gebühren und den Aktienhandel. Und wer weiß – vielleicht funktioniert es ja doch und dann machen sogar unsere Kunden Gewinne.

Mitten in diesem zynischen Ritual war ich so tollpatschig, zu erwähnen, dass das Ganze offensichtlich ein Schwindel war, indem ich anmerkte: »So viele haben schon behauptet, dass sie die Kalte Fusion zum Laufen gebracht hätten, und hier ist nichts Neues dabei.« Ich war so taktlos, lauthals darüber zu lachen.

Erst im Rückblick wurde mir klar, dass ich in diesem Moment zur meistgehassten Person im Raum wurde. Wie konnte dieser Deal jemals funktionieren, wenn Schwachköpfe wie ich ihr großes Maul nicht halten konnten? Mit solch fahrlässiger Aufrichtigkeit hatte ich keine Chance, in diesem Umfeld zu bestehen.

Doch ich wollte mich nicht geschlagen geben. Also strengte ich mich doppelt an und halste mir nur noch mehr Mühsal und Ärger auf. Ich setzte noch ein Lächeln auf und griff wieder zum Telefonhörer. Und ich putzte noch viel mehr Klinken.

Schließlich fand ich ein Geschäft mit weit besseren Chancen als die meisten anderen. Diesmal konnte ich, Hand aufs Herz, sagen, dass das Projekt trotz bestehender Risiken eine Finanzierung verdiente. Das Unternehmen hieß Telechips und hatte 1994 ein Kommunikationsmittel herausgebracht, das sowohl Computer als auch Telefon war. Das Managementteam wurde von C. A. (»Al«) Burns geleitet, der zuvor bei Bell Labs war, und Randy Pinato, einem ehemaligen Vertriebsmann für eines der Baby-Bells-Unternehmen. Die Idee hatte Hand und Fuß, auch wenn sie ihrer Zeit weit voraus war. Es war noch vor der kommerziellen Nutzung des Internets, Handys waren gerade erst richtig marktfähig geworden.

Ich hatte auch einen erfahrenen Investmentbanker gefunden, Howard Phillips, der bereit war, mit mir zusammenzuarbeiten, das Geschäft abzuwickeln und die Mittel zur Finanzierung aufzubringen. Phillips besaß eine solide Vergangenheit bei Oppenheimer und war in Altersteilzeit zu D. H. Blair gekommen. Er arbeitete drei oder vier Tage pro Woche im Büro und hatte eine gewisse Sympathie für mich entwickelt.

Aber nachdem ich also ein solides Managementteam gefunden und dieses überzeugt hatte, dass Phillips und ich für sie der Weg zur Finanzierung waren, musste ich eine völlig neue, schmerzliche Erfahrung machen. Obwohl ich das Gefühl hatte, dass Phillips und ich gleichwertige Partner waren, fand ich bald heraus, dass die Aufteilung des Honorars für die Geschäftsabwicklung am Ende nicht 50:50 betragen würde. Er nahm sich den Löwenanteil. Das traf meinen Stolz härter als meine Geldbörse. Doch wenn ich wollte, dass das Geschäft zustande kam, musste ich dies wohl oder übel akzeptieren.

Der nächste Schritt war, das Geschäft genehmigt zu bekommen. Ich stellte mir vor, dass dieser eher plausibel erscheinende Deal, bei all dem Mist, den ich in meiner kurzen Zeit dort gesehen hatte, ungehindert durchgewunken würde. Phillips und ich präsentierten also vor dem Investmentkomitee und bekamen eine Absichtserklärung, in der die Unternehmensbewertung und die Summe standen, die wir für Telechips aufbringen würden, vorbehaltlich einer kurzen Due-Diligence-Prüfung. Ich verfiel in Ekstase.

Al und Randy ebenfalls, und wir feierten. Sie waren außer sich vor Freude, dass das kräftezehrende Suchen nach einer Finanzierung ein Ende hatte und sie sich endlich darauf konzentrieren konnten, ihr Unternehmen aufzubauen. Randy erzählte mir, dass sie auch an einer höchst zuverlässigen alternativen Finanzquelle dran waren, aber sie freuten sich, mit mir zusammenzuarbeiten, weil sie mich mochten.

Ich hingegen begann schon einmal, ein paar meiner kleineren Boni auszugeben, und dachte darüber nach, wie ich diese Neuigkeiten auf Class Notes, einem Newsletter für Harvard-Absolventen, darstellen würde. Irgendetwas wie »Guy Spier landet seinen ersten Deal binnen 18 Monaten nach Verlassen der HBS«.

Howard Phillips, ein alter Hase in diesem Spiel, hatte noch nichts von seinem (viel höheren) Anteil an dem zu erwartenden Bonus-Goldregen ausgegeben. Er muss gewusst haben, dass die »kurze Due-Diligence-Prüfung« nichts dergleichen war. Unser Chairman Morty Davis hatte die Aufgabe einem der jüngeren Investmentbanker übertragen, der dann dazu überging, das Geschäft durch Spitzfindigkeiten zu ruinieren. Ich konnte es nicht fassen, hatte er doch schon andere, weitaus schlechtere Geschäfte fröhlich bejubelt.

Schließlich fragte sich das Management von Telechips, warum denn Stillstand herrschte, und da ich um eine Antwort verlegen war, wurden wir alle zu einem weiteren Meeting eingeladen. Inzwischen benötigte das Telechips-Team händeringend eine Finanzierung, denn das Unternehmen verbrauchte Geld. Ich erfuhr, dass die Finanzierung wegen der Spitzfindigkeiten (sorry, ich meine natürlich wegen der ernsthaften Due-Diligence-Prüfung) zwar noch immer stattfinden konnte, doch mit einer weit niedrigeren Bewertung, als in der ursprünglichen Absichtserklärung, und zu viel höheren Gebühren, die an die Investmentbank zu zahlen waren.

Ich bekam einen Anruf von Randy, der mir sagte, wie abstoßend er das Verhalten der Bank fand und dass ich sie so zappeln ließ. Ich konnte mich nur bei ihm entschuldigen und beteuern, tatsächlich nicht gewusst zu haben, dass es so laufen würde. Ich hoffte, er würde mir glauben, doch ich bin mir immer noch nicht sicher. Auf menschlicher Ebene hatte ich sicher sein Vertrauen verloren, ganz zu schweigen von seiner Freundschaft.

Ein oder zwei Tage später akzeptierte Telechips die Absichtserklärung – wie es alle erwartet hatten. Man hatte sie so lange hingehalten, bis das Investmentkomitee überzeugt war, dass dem Unternehmen keine Alternative mehr zur Verfügung stand. Ich war aufgebracht und angewidert – nicht zuletzt von mir selbst.

Wenn ich heute zurückblicke, wird mir klar, dass ich damals am Rand einer moralischen Klippe entlangbalancierte. Wäre ich noch weiter in diese Unternehmenskultur hineingezogen worden, willentlich oder gegen meinen Willen, dann wäre ich unrettbar diese Klippe hinabgestürzt.

Und wirklich: Ein paar Jahre nach meinem Weggang schrumpfte D. H. Blair auf einen Schatten seiner selbst, nachdem es mit den Aufsichtsbehörden in Konflikt geraten war. Das Kleinanlegergeschäft, D.H. Blair & Co., wurde 1998 ganz geschlossen, im Jahr 2000 berichtete das *Wall Street Journal*, dass diese Kleinanlage-Abteilung sowie 15 ihrer Führungskräfte und Angestellten auf 173 Fälle von Aktienbetrug verklagt worden waren.

Unter anderem wurde ihnen vorgeworfen, Aktienkurse zum eigenen Vorteil manipuliert und sich illegaler Verkaufspraktiken bedient zu haben. Vier Führungskräfte der Kleinanleger-Firma – Chairman Kenton Wood, die Vice Chairmen Alan Stahler und Renov sowie Vertriebsleiter Vito Capotorto – wurden des Wertpapierbetrugs und der illegalen Absprache von Aktienpreisbestimmungen schuldig gesprochen. *USA Today* berichtete, dass D.H. Blair & Co. und seine Führungskräfte 21 Millionen Dollar zahlten, »um betrogene Kunden zu entschädigen«.

Die Investmentbank, als ein eigenes Unternehmen, kam unbeschadet davon – und gegen seinen Chairman Morty Davis wurden keinerlei Vorwürfe erhoben. Doch es muss eine schreckliche Zeit für ihn gewesen sein, nicht zuletzt weil Stahler und Renov seine Schwiegersöhne waren. In der Presse wurde Morty persönlich angegriffen. Beispielsweise berichtete ein *Forbes*-Artikel 1998 von »der kontroversen Figur des Penny-Stock-Königs J. Morton Davis«, der »reich wurde, indem er Geld aus dem privaten und öffentlichen Markt für Unternehmen beschaffte, die bessere Firmen niemals in die Hand nehmen würden«. Als ich Harvard verließ, um für ihn zu arbeiten, war es nicht so ganz das, was ich vorgehabt hatte.

Traurig ist, dass Morty eigentlich kein schlechter Mensch war. Ich weiß noch, wie ich einmal an einem Freitagabend bei ihm zu Hause zum Essen eingeladen und wie gerührt ich von seiner freundlichen und herzlichen Aufnahme war. Vieles an ihm war durchaus bewundernswert und es kommt sicherlich nicht mir zu, irgendjemanden zu verurteilen.

Doch nach allem, was ich bei D.H. Blair an Unternehmenskultur erlebt hatte, stellten die Probleme mit den Aufsichtsbehörden keine wirkliche Überraschung dar.

Ich selbst bin mir nicht ganz sicher, wie nahe ich dem Absturz von dieser moralischen Klippe war. Doch wenn ich davon ausgehe, was ich heute weiß, kann ich Ihnen sagen, dass auch tausend Meilen Entfernung noch zu nahe dran gewesen wären. Blicke ich heute zurück, war ich gefährlich blind, was die Motive und die Ethik meiner Kollegen betrifft. Es war ein schlagkräftiger Beweis dafür, wie dumm selbst kluge, gebildete Menschen sein können.

Eins ist sicher: Ich brauchte viel zu lange um zu verstehen, dass ich in einem solchen Unternehmen zwangsläufig auch den letzten Rest meines inneren moralischen Kompasses verlieren würde, wenn ich erfolgreich sein wollte. Monatelang konzentrierte ich mich auf die falschen Fragen. Ich fragte mich, warum es mir so schwerfiel, Deals einzufädeln, und fürchtete, dass mit mir irgendetwas nicht stimme. Ich hatte weder die Erfahrung noch den Weitblick, um zu verstehen, dass dieses ganze Umfeld nicht stimmte.

Ein Teil des Problems lag darin, dass der Wettbewerb so hart war. Ich glaubte, wenn ich etwas nicht tun wollte, würde schnell jemand anders an meine Stelle treten und es tun. Ein solches Umfeld ist perfekt dafür geeignet, Menschen zum Überschreiten von Grenzen zu bringen, um Erfolg zu haben. Dieses Muster wiederholt sich überall an der Wall Street. Aus Ehrgeiz, Gier, Arroganz oder Naivität sind so schon viele gescheite, hart arbeitende Leute in Grauzonen abgerutscht.

Dennoch ist es wichtig, dass ich einen Punkt klarstelle. Kein Mitglied des Managements von D. H. Blair hat mich je direkt gebeten, zu lügen oder irgendetwas falsch darzustellen – auch wenn ich glaubte, dass es in der Hauptsache darum ging, Geschäftsangebote vor einem gutgläubigen Markt falsch darzustellen.

Zum Beispiel hätte man es dort geschätzt, wenn ich behauptet hätte, meine Due-Diligence-Prüfung über Kalte Fusion durchgeführt zu haben mit dem Ergebnis, dass alles in Ordnung ging. Peng! Dann hätten sie einen Teil der idealen Szenerie gehabt, die sie brauchten, um das Geschäft abzuschließen. Aber sie sagten niemals etwas in der Art wortwörtlich. Die Spielregeln blieben unausgesprochen. Ich beobachtete bei D. H. Blair aber noch ein anderes Muster, das sich unzählige Male an der Wall Street abspielt: Jeder will Geld machen. Also stellen sich die älteren gierigen Banker, die es besser wissen müssten, blind, während die jüngeren gierigen und naiven Banker die Grenzen überschreiten. Bei Lehman Brothers wurde der Leverage gedrückt. Bei Countrywide ignorierte man die Ausfallquoten von Subprimes. Bei SAC Capital stellte man sich blind gegenüber zügellosem Insider-Handel.

Meine Erfahrungen bei D.H. Blair haben mir die Augen geöffnet, wie oft solche Dinge in den verschiedensten Umfeldern an der Wall Street geschehen. Während der Technologieblase Ende der 1990er-Jahre wurden windige Unternehmen schöngeredet und einer ahnungslosen Öffentlichkeit verkauft. Zum Beispiel pushten Analysten wie Henry Blodget bei Merrill Lynch Internetaktien wie verrückt, indem sie wertlosen Kram hübsch verkleideten. Jahre später geschah genau dasselbe in den Ratingagenturen, wo Analysten den CDOs (*Collateralized Debt Obligations*) und den CMOs (*Collateralized Mortgage Obligations*) blind positive Ratings erteilten, was letztlich zur Hypothekenkrise führte.

Was mich betrifft, so hatten die achtzehn qualvollen Monate bei D.H. Blair meinen bislang makellosen Lebenslauf zerstört und meine Laufbahn auf den absoluten Tiefpunkt gebracht. Der Lebenslauf und der gute Name, den ich mir in Oxford und Harvard aufgebaut hatte, hatte sich in nichts aufgelöst. Und der gute Name ist in der Geschäftswelt – besonders in der Finanzbranche – einfach alles. Noch Jahre nachdem ich D.H. Blair verlassen hatte, fühlte ich mich dadurch so schmutzig, als könne ich den Dreck nicht von meinen Händen waschen.

Selbst in diesem Augenblick, da ich darüber schreibe, bekomme ich eine Gänsehaut. Ein Teil von mir fragt sich, ob es ein Fehler ist, über all das zu schreiben. Aber ich glaube, es ist wichtig, darüber zu sprechen, wie leicht jeder von uns in Dinge verwickelt werden kann, die zunächst undenkbar scheinen – wir schlittern in ein falsches Umfeld und gehen moralische Kompromisse ein, die uns auf schreckliche Weise verderben können. Wir möchten immer gerne glauben, dass wir unsere Umwelt beeinflussen, aber die Wahrheit ist, dass sie uns beeinflusst. Also müssen wir äußerst vorsichtig sein, dass wir uns das richtige Umfeld aussuchen – dass wir mit den richtigen Leuten zusammenarbeiten und auch privat befreundet sind. Idealerweise sollten wir die Nähe von Menschen suchen, die besser sind als wir, damit wir so wie sie werden.

Ich hoffe, die Entscheidung, bei D. H. Blair zu arbeiten, wird der schlimmste Fehler in meinem Berufsleben bleiben. Doch zum Glück hat er mich nicht zerbrochen. In einem Artikel mit dem Titel »Trauma enthüllt die Wurzeln von Resilienz« zitiert die Psychologin Diana Fosha eine Zeile von Ernest Hemingway: »Die Welt zerbricht jeden und nachher sind viele an den gebrochenen Stellen stark.« Warum werden manche Menschen durch ihre Traumata stärker und zerbrechen nicht daran?

Das ist eine große Frage, die man genauso für die Welt des Business und des Investments stellen kann. Warren Buffett beging in seinen Dreißigern einen seiner größeren Fehler, als er in die Verluste machenden Textilmühlen von Berkshire Hathaway investierte. Das hätte sein Ruin sein können, doch später machte er Berkshire Hathaway zum Wahrzeichen seines Lebens. Dies geschah teilweise, indem er lernte, in bessere Unternehmen zu investieren, anstatt sein Geld auf Zigarrenstummel-Aktien zu setzen (wie Berkshire), wie er es von Benjamin Graham gelernt hatte. Vielleicht war D. H. Blair meine Zigarrenstummel-Entscheidung: eine lehrreiche Erfahrung, ein heilsamer Schock.

Es ist nicht nur eine nette Redensart zur Selbsthilfe, dass die Menschen Erfolg haben, die wieder aufstehen, wenn das Leben sie umwirft. Es ist ein wesentlicher Teil unserer Bildung und Entwicklung, dass wir aus unseren Fehlern lernen – und wenn wir keine Fehler machen, lernen wir manchmal vielleicht gar nichts. Ich bin sicher, dass dieses ganze Debakel mit D. H. Blair ein wesentlicher Teil meiner Ausbildung zum Value-Investor war.

Eine der wichtigsten Lektionen war, dass ich niemals mehr irgendetwas tun durfte, das meinen Ruf schädigen könnte. Wie Buffett einmal warnte: »Man braucht zwanzig Jahre, um sich einen guten Ruf aufzubauen, und fünf Minuten, um ihn zu ruinieren. Wenn Sie das bedenken, werden Sie anders handeln.« Eine weitere Lektion war, dass ich alles tun musste, was in meiner Macht stand, um mein berufliches und intellektuelles Umfeld zu wechseln.

Als ich die Welt von Warren Buffett entdeckte, war es für mich, als hätte ich eine Rettungsleine gefunden. Diese Entdeckung geschah an einem

Sommertag, etwa um die Zeit, als der Telechips-Deal auf meinem Schreibtisch landete. Zu dem Zeitpunkt war ich schon zutiefst desillusioniert von meinem Leben. Ich aß meine Sandwiches nicht mehr an meinem Schreibtisch im zweiten Stock bei D. H. Blair. Ich hatte die Lust verloren, mir eine solche Karriere aufzubauen, doch ich hatte keine Ahnung, was ich sonst machen sollte, und ich hatte Angst, wegzugehen, weil ich nicht wie ein Verlierer oder Versager dastehen wollte.

Nur um wegzukommen, schlich ich mich mittags aus dem Büro und kaufte mir ein Fladenbrot mit Falafel oder ein Schawarma bei einem Straßenverkäufer. Dann schlenderte ich durch den Zuccotti-Park im Schatten des World Trade Center und spielte ein paar Runden Schach an einem der Tische, die dort im Freien aufgestellt sind.

Auf dem Rückweg tauchte ich oft in einen Businessbuchladen am Broadway gleich um die Ecke zur Wall Street ab und durchstöberte die Regale. Das erste Buch, das ich dort kaufte, war *Bond Markets, Analysis and Strategies* von Frank Fabozzi. Ich war gebannt von seinen technischen Diskussionen über Asset-Liability-Matching und die Bewertung von Anleihenlaufzeiten. Eine Zeit lang stellte ich mir vor, wie es wäre, ein Anleihenhändler zu sein.

Bei einem anderen Besuch in diesem Laden nahm ich Benjamin Grahams bahnbrechendes Buch *Intelligent investieren* in die Hand, mit einem Vorwort von Warren Buffett. Ich konnte es nicht mehr aus der Hand legen. Graham sprach sehr gewandt darüber, dass der Besitz einer Aktie nicht bedeutete, ein Stück Papier zum Verkaufen zu haben, sondern einen Anteil an einem realen Unternehmen zu besitzen. Er sprach auch davon, »Mr. Market« wie einen Manisch-Depressiven zu behandeln und aus seinen wechselnden Launen Nutzen zu ziehen. Während der Markt zwischen Angst und Gier hin und her kippt, können Investoren hohe Profite machen, indem sie sich mit klarem Kopf auf den Sachwert eines Unternehmens konzentrieren und die Diskrepanz zwischen Preis und Wert ausnutzen. Manchmal weiß man intuitiv, dass etwas richtig ist. Mir erschien diese Philosophie des Investierens in Werte – des Value Investing – vollkommen stimmig und damit selbsterklärend.

Kurz darauf las ich auch Buffett: *The Making of an American Capitalist* (deutsche Ausgabe: *Die Geschichte eines amerikanischen Kapitalisten*), eine brillante Biografie von Roger Lowenstein. Ich war gefesselt von den Details aus Buffetts Leben. Es konnte keinen krasseren Kontrast geben zwischen dem Leben, das er führte, und meinem Leben. Und es konnte keinen stärkeren Gegensatz zwischen meinen Erfahrungen mit Geschäftsabschlüssen bei D. H. Blair und seinem Geschäftsethos geben. Buffett arbeitete nicht in einer Schlangenhöhle. Er musste keine Ausreden erfinden, um dubiosen Mist an hart arbeitende Leute auf der Straße zu verkaufen, oder einem dickeren Anteil an Brokergebühren hinterherhetzen, um dann seinen Konkurrenten das Messer in den Rücken zu rammen.

Doch noch hatte ich keine Ahnung, wie ich auch nur irgendetwas davon in meinem eigenen Leben umsetzen konnte. Aber ich empfand ein tiefes und dringendes Bedürfnis, von dort wegzukommen wo ich war, und mich in die Richtung zu bewegen, wo er war. Es war, als strecke er die Hand nach mir aus, sodass ich mich aus dem moralischen Sumpf ziehen konnte, in dem ich langsam zu versinken drohte. Ich klammerte mich aus nacktem Überlebenswillen an ihn.

Dieses Buch handelt von meinem Weg zurück, fort von jenem dunklen Ort und hin zu dem Nirwana, in dem ich heute lebe.

2. Die Gefahren einer Elite-Ausbildung

Um voranzukommen, musste ich reparieren, was kaputt war. Ich musste herausfinden, was mit meiner Verkabelung nicht in Ordnung war, damit ich mich neu verdrahten konnte. Also stellte ich mir die Frage, warum ich ganz zu Anfang überhaupt zu D. H. Blair gegangen war. Was hatte einen vermeintlich vernünftigen Menschen geritten, dass er etwas so offensichtlich Dummes tat? Immerhin hatte es so viele andere Möglichkeiten gegeben. Dieses Erforschen meiner Gedanken war der Anfang meiner inneren Reise. Und eines wurde mir dabei ganz klar: dass mich meine Elfenbeinturm-Bildung den Gefahren der Welt ungeschützt und verwundbar aussetzte.

Die Tatsache, dass ich bei D. H. Blair landete, war sicher ein Verrat an den Inhalten meiner in Oxford und Harvard genossenen Ausbildung. Ich hatte zwei der weltbesten Bildungsinstitute besucht, nur um dann unbeabsichtigt zum Mittäter in einer Perversion der Finanzbranche zu werden.

Hat mir die Bildung nichts genützt? Oder, noch schlimmer, habe ich sie gar missbraucht? Es stellt sich hier auch noch eine größere Frage, denn ich bin auch eine Art Mikrokosmos der Gruppe meiner Studienkollegen. Warum haben so viele hochgebildete Leute von den Elite-Business-Schools mit privilegierter Herkunft zur Finanzkrise von 2008/09 beigetragen und sie noch verschlimmert? Haben wir unsere Bildung missbraucht? Oder sind wir an der Bildung selbst gescheitert? Diese Fragen von den prestigeträchtigen Universitäten sind noch immer nicht adäquat beantwortet worden, die all jene mächtigen Urheber wirtschaftlicher Zusammenbrüche hervorgebracht haben.

Ich muss diese Fragen stellen, auch wenn ich nicht qualifiziert genug bin, sie zu beantworten. Denn was in meinem Leben passierte, war in vieler Hinsicht nur eine extremere Spiegelung dessen, was im Leben meiner Studienkollegen passierte. So viele von uns gingen in die Finanzbranche mit enormem Vertrauen unerlässlich unserer Intelligenz und unserer Fähigkeiten, nur um dann festzustellen, dass das System, dessen Teil wir wurden, mehr Leid als Gutes verursachen konnte.

Die verstörende Wahrheit ist, dass es Elemente in einer Elite-Ausbildung gibt, die ein klarer Nachteil sind. Diese Nachteile waren mir zu der Zeit, als ich mein Studium abschloss, und auch zehn Jahre danach nicht bewusst. Auf einer bestimmten Stufe hielt ich die Augen fest verschlossen, verließ mich eine ganze Zeit lang auf meinen Autopiloten – und verschwendete so die Jahre meines Lebens, welche die produktivsten hätten sein sollen. Wenn Sie ebenfalls ein solches Studium hinter sich haben, das ähnlich wie meines war, dann müssen Sie sich vielleicht – genau wie ich – ganz grundlegend neu programmieren und verkabeln.

Der Mensch, der mich am meisten als Investor beeinflusst hat, ist der aus Indien stammende Mohnish Pabrai, der weit bessere Gewinne erzielt hat als ich. Er hatte an der Clemson University in South Carolina studiert, nicht in Oxford oder Harvard. Und während unseres Benefiz-Mittagessens mit Warren Buffett scherte sich Warren (der keine Zulassung zur Harvard Business School erhalten hatte) kein bisschen darum, wo wir beide studiert hatten.

Aber nicht, dass wir uns missverstehen. Orte wie Oxford und Harvard sind wunderbar und ich schätze ihren immensen Beitrag zu unserer Zivilisation. Doch wenn wir sie zu stark idealisieren, kann es uns passieren, dass wir ihre Nachteile nicht sehen. Wenn also manches, was ich über diese Universitäten sage, übermäßig scharf klingt, bedenken Sie bitte, dass diese Schärfe nur der Zuneigung und dem Wunsch entspringt, aufzubauen, nicht niederzureißen.

Ein feinsinniger akademischer Geist kann Ihrem Erfolg auf lange Sicht schaden. Es besteht die Gefahr, dass Sie am Ende mit dem mentalen Gegenstück eines Formel-1-Ferrari dastehen, während Sie in Wirklichkeit einen robusten Jeep bräuchten, der in den verschiedensten Landschaften ordentlich funktioniert.

Um das alles näher zu erklären, werde ich Ihnen zunächst erzählen, wie meine eigene Schul- und Studienlaufbahn aussah. Ich kam nach Oxford von der Freemen's School in London – einer unabhängigen Hochschule, die ursprünglich für Waisenkinder gegründet wurde. Gutgläubige Eltern stellten sich vor, dass dies eine schicke englische Privatschule sei, aber es war eigentlich eine eher unbedeutende Pauker-Bude. Viele Entscheidungen der Schule wurden allein im Hinblick auf das Ziel getroffen, wie man die meisten Schüler in die besten Universitäten brachte. Manche Lehrer dort waren wirklich gut. Aber die meisten hatten nicht das Ziel, uns eine solide allgemeine Schulbildung zu vermitteln. Es ging vielmehr allein darum, zu analysieren, was wir können mussten, um in unserem A-Level und in den Aufnahmeprüfungen der Universitäten am besten abzuschneiden. Das System brachte uns auf die richtige Spur und drillte uns, sodass wir die bestmöglichen Noten bekommen konnten.

Meine Aufnahmeprüfung für Oxford umfasste Mathe, Physik und eine allgemeine Prüfung. Und raten Sie mal: Das System funktionierte. Ich war so gut gedrillt worden, dass ich, obwohl ich die Aufgabenstellung in der Prüfung vollkommen falsch verstand, am Brasenose College in Oxford für ein Jurastudium aufgenommen wurde.

Aber jetzt war ich von Studenten umgeben, die eine allgemeinere Schulbildung genossen hatten und Dinge wussten, die ich nicht wusste. Ich mochte zwar die Rechtswissenschaften und die Rechtsphilosophie, aber der Lehrplan verlangte auch von mir, mich jede Woche durch Dutzende von Fällen aus dem britischen Common Law zu wühlen. Das britische Common Law ist ein faszinierendes Fach. Aber nicht für einen Achtzehnjährigen, dessen Familie sieben Jahre zuvor ins Vereinigte Königreich eingewandert war und der nur wenig über die Gesellschaft oder die Geschichte des Landes wusste. Ich begann, immer denselben Traum zu träumen, in dem ich einen bestimmten Knopf drücken konnte, woraufhin jeder einzelne Band über das Common Law auf dem Planeten zu Asche zerfiel. Nach meiner Überzeugung ist es nie gut, wenn man wiederkehrende Träume längere Zeit ignoriert.

Einer meiner Freunde am Brasenose, Andrew Feldman (heute Lord Andrew Feldman, stellvertretender Vorsitzender der Conservative Party), machte die genau gegenteilige Erfahrung. Er hatte die britische und die Globalgeschichte umfassend studiert und konnte Recht und Gesetz in seinem aktuellen wie auch historischen, sozialen Kontext betrachten. Für Andrew war das Recht ein faszinierender Mikrokosmos aus allem, was er bereits gelernt hatte. Für mich war es ein Morast aus unlösbaren Fällen. Ich war darauf getrimmt worden, Examen zu bestehen, aber ich besaß nicht dieses breite Wissen, das es mir ermöglicht hätte, die Dinge in einen Kontext zu setzen. Und das ist eine ganz wichtige Lektion: Es genügt nicht, in einem tollen Studiengang auf einer tollen Universität zu sein. Man muss einen Studiengang absolvieren, der zu den eigenen besonderen Bedürfnissen in dieser Lebensphase passt. Damals war das Studium der Rechtswissenschaften für mich das Falsche.

In diesem Zustand von Unzufriedenheit nahm ich immer bewusster Professor Peter Sinclair wahr, der in Brasenose Wirtschaftswissenschaften lehrte. Jedes Mal wenn wir draußen in einem der Innenhöfe aneinander vorbeigingen, hatte er immer ein freundliches Lächeln für mich übrig – genau wie für alle anderen Studenten. Jeder, der ihm begegnete, konnte spüren, dass er ein unglaublich gütiger Mensch war. Eines Tages, am Ende meines zweiten Jahres, wachte ich auf und wusste, dass ich keinen einzigen weiteren Tag mehr Jura studieren konnte. Unaufhaltsam hatte sich in mir immer mehr Druck aufgebaut, sodass es für mich keine Diskussion mehr gab.

Solche Momente der Klarheit sind selten im Leben. Und selbst Menschen, die uns nahestehen, bezweifeln dann manchmal, ob wir unserem Instinkt folgen sollten. Ich glaube, es ist ganz entscheidend, auf diese irrationalen Überzeugungen in unserem Inneren zu achten, auch wenn wir sie nicht erklären können. Meine akademische Ausbildung – deren Fokus auf einer extrem rationalen Analyse lag – würde den Wert solcher fast unerklärlichen Instinkte und Sehnsüchte bestreiten. Aber wir müssen solche Botschaften aus den tieferen Regionen unseres Geistes respektieren. Das ist nicht unähnlich der Art, wie George Soros lernte, auf seine akuten Rückenschmerzen als Signal dafür zu achten, dass in seinem Portfolio »etwas nicht stimmte«. Wer kann schon sagen, wo der Geist endet und der Körper beginnt?

Ich empfand eine ähnliche Klarheit und Sicherheit, als ich mich entschloss, meine Frau Lory zu heiraten. Ich wusste mit Leib und Seele, dass wir zusammengehören. Und ich besaß dieselbe absolute Klarheit, als ich das Value Investing entdeckte: Ich *dachte* nicht, dass dies der richtige Weg für mich war, ich *wusste* es einfach. Ich bin überzeugt, Warren Buffett trifft seine Investmententscheidungen auf dieselbe Weise, indem ein außerordentlich komplexes Zusammenspiel von Analysen beinahe unbewusst abläuft.

Jeder von uns hat in seinem Leben ein paar von diesen Momenten erlebt. Aber wir brauchen auch den Mut, danach zu handeln.

Jedenfalls ging ich in Peter Sinclairs Büro und fragte, ob ich Wirtschaftswissenschaften im Rahmen des PPE-Curriculums (Politik, Philosophie, Wirtschaftswissenschaften) studieren könne. Bis heute weiß ich nicht, was ihn geritten hat, dass er ja sagte und mir beim Fachwechsel half. Aber ich bin ihm unendlich dankbar dafür, weil diese eine Tat mein Leben vielleicht mehr veränderte als alles andere. In dem Moment, als ich ein PPE-Student wurde, fühlte ich mich mit der Welt verbunden. Anstatt geschwollen formulierte Rechtsfälle zu lesen, fühlte sich meine Aufgabe nun an wie eine tiefgründige Erforschung dessen, was hinter den Schlagzeilen steckte. Es war ein eindrucksvolles Beispiel dafür, was passiert, wenn wir Joseph Campbells Imperativ befolgen: »Folge deiner Freude!« Es eröffnen sich neue Wege und wir empfinden Freude am Leben.

Doch nicht lange und ich kam wieder ins Trudeln. Ich mochte das Fach zwar wirklich sehr, aber ich kämpfte mit einem riesigen Nachteil: Zwei Jahre lang hatte ich an der Universität nicht einen Tag lang Politik, Philosophie oder Wirtschaftswissenschaften studiert und dementsprechend keine Ahnung, was ich tun sollte. Nach ein paar Monaten informierte mich die Universitätsverwaltung, dass ich aus akademischen Gründen exmatrikuliert würde, wenn sich meine Leistungen nicht verbesserten. Der vornehme Ausdruck in Oxford war dafür »to be sent down«, hinuntergeschickt werden.

Da ich mich hoffnungslos dumm fühlte, arbeitete ich bis tief in die Nacht, um einen halbwegs annehmbaren Essay zusammenzuschustern. Ich wusste, wie weit ich den anderen Studenten hinterherhinkte. Einer davon war der zukünftige britische Premierminister David Cameron, der hochintelligent und eloquent war, außerdem hervorragend vorbereitet durch seine Jahre in Eton. Wir saßen mit drei oder vier anderen Studenten gemeinsam in einem Wirtschafts-Tutorenkurs und ich traute mich vor ihm fast nicht zu sprechen, weil er so viel mehr über die britische Geschichte und Politik wusste als ich. Selbst die Professoren waren von ihm beeindruckt, während ich nur wenig Ahnung von irgendetwas hatte.

Die Kommilitonen machten manchmal Witze über Camerons gebildete Beiträge in seinen Politik-Tutorenkursen mit dem renommierten Verfassungsrechtler Vernon Bogdanor, der heute Berater sowohl der Queen als auch des Premierministers ist. Anscheinend debattierten Cameron und Bogdanor darüber, welcher der Premierminister unter Königin Victoria fähiger gewesen sei – Disraeli oder Gladstone. Als mir das erzählt wurde, fühlte ich mich jämmerlich unzureichend, denn ich hatte nur ein dürftiges Wissen über die britische Geschichte und verstand kaum die Grundzüge des politischen Systems.

Meine Art zu kämpfen bestand darin, mich wie wild auf Themen zu stürzen, in denen ich glänzen konnte. Ich verliebte mich in die Philosophie der Politik und verbrachte unzählige Stunden damit, über John Rawls' Theorie der Gerechtigkeit und andere Themen, die eher für Eingeweihte waren, zu debattieren. Aus lauter Angst von Oxford entblößt, ausgeschlossen zu werden und als dumm dazustehen, lernte ich, intellektuell zu glänzen, um meine Unsicherheit zu verdecken. Ich hatte den brennenden Wunsch, innerhalb dieser Gruppe von außergewöhnlich klugen Leuten akzeptiert und respektiert zu werden. Das machte immer dann Spaß, wenn es mir gut gelang und ich Erfolg hatte, ansonsten aber weniger.

Ich war getrieben von dem, was Warren Buffett die »Outer Scorecard« nennt – jenes Verlangen nach öffentlicher Akzeptanz und Anerkennung, das uns so leicht in die falsche Richtung lenken kann. Das ist eine gefährliche Schwäche für einen Investor, da die Mehrheit der Leute eher von irrationaler Angst und Gier beherrscht wird als von ruhiger Analyse. Ich würde sagen, dass man in einem solchen privilegierten akademischen Umfeld die Menschen weitgehend nach der äußeren Scorecard bewertet: Was eigentlich zählte, war, die Akzeptanz der anderen zu gewinnen.

Kein Wunder, dass ich während meiner Studienjahre einen schwerwiegenden Charakterfehler entwickelte, über den ich mir später klar werden musste um ihn dann auszumerzen. Value-Investoren *müssen* in der Lage sein, ihren eigenen Weg zu gehen. Beim Value Investing geht es ja genau darum, zu erkennen, wo die Masse falschliegt, sodass man von deren Irrtümern profitieren kann. Das erfordert ein Umdenken als dass man sich selbst nach einer »inneren Scorecard« bewertet.

Um ein guter Investor zu werden, müsste ich also mich selbst als Außenseiter akzeptieren. Vielleicht ist das eigentliche Ziel nicht die Akzeptanz der Anderen, sondern die Akzeptanz der eigenen Person. Natürlich habe ich das damals nicht verstanden. Also konzentrierte ich mich darauf, die Regeln zu beherrschen, die in jener exklusiven akademischen Welt galten. Ich lernte, schlagfertig zu sein und schnelle, scharf ausformulierte Antworten zu geben, sodass meine Kommilitonen und Professoren mir aufmerksam zuhören mussten. Bis zu einem gewissen Grad ist das noch immer eines meiner Handlungsmuster: Wenn ich gestresst bin oder mich unsicher fühle, schalte ich um auf den Modus »intellektuell brillieren«, den ich in Oxford gelernt habe. Erst später erkannte ich, dass diese hart erarbeitete Fähigkeit mir nur innerhalb der engen Grenzen einer Universität und in ein paar anderen intellektuellen Elitekreisen etwas nützte. Einer wie Mohnish hat solche Fähigkeiten des Brillierens nicht. Aber er ist viel klüger als ich und hat sich Wissen angeeignet, das im richtigen Leben weit praktischer und effektiver ist.

Und hier liegt das Problem: Was war es wert gewesen, die schöne Eleganz von Rawls' Theorie der Gerechtigkeit zu studieren und sich dafür zu begeistern, wenn ich gleichzeitig so stumpfsinnig war, dass ich nicht sehen konnte, dass D. H. Blair ein Schlangenloch war? Selbst als mir endlich klar wurde, dass ich selbst in dieses Loch geklettert war, verbrauchte ich mehrere sinnlose Monate, bevor ich die Kraft aufbrachte, wieder hinauszusteigen. Wie kann es sein, dass ich trotz meiner guten Ausbildung nicht den gesunden Menschenverstand oder den Mut besaß, D. H. Blair umgehend wieder zu verlassen?

Unsere Top-Universitäten formen so viele brillante Köpfe. Aber diese Leute – mich eingeschlossen – treffen dennoch dumme und oft unmoralische

Entscheidungen. Das gilt auch für meine zahllosen Kommilitonen, die es trotz ihrer Elite-Ausbildung versäumt haben, sich aus üblen Situationen zurückzuziehen, ob in Investmentbanken, Brokeragenturen, Kreditratingagenturen, Anleiheversicherungsunternehmen oder bei Hypothekenanbietern. Für die Dozenten und Professoren an den Universitäten wäre ein wenig Seelenerforschung ebenfalls nicht verkehrt.

Im Wirtschaftsstudium in Oxford konnte ich zumindest meine technischen Fertigkeiten und meine Fähigkeit zum analytischen Denken entwickeln; ich lernte, politische Entscheidungen zu analysieren. Manches von diesem technischen Können besitzt nicht nur eine intellektuelle Eleganz, sondern es ist auch von unschätzbarem praktischen Wert für jeden, der verstehen will, welche politischen Entscheidungen die Wirtschaft voranbringen. Doch es gibt auch ökonomische Theorien, die sich, bei aller Eleganz, im richtigen Leben als völlig wertlos erweisen. Ich verfügte nicht über die Fähigkeiten, diese kritisch zu hinterfragen, und mein akademisches Umfeld hätte eine solche Häresie auch keinesfalls belohnt. Also schluckte ich alles am Stück, ohne Fragen zu stellen.

Das wichtigste Beispiel dafür ist die Effizienzmarkthypothese, ein wirkungsvolles und theoretisch nützliches Konzept davon, wie die Welt funktioniert. Sie besagt, dass die Kurse an den Finanzmärkten alle den Marktteilnehmern verfügbaren Informationen widerspiegeln. Diese Annahme hat einige Bedeutung für Investoren. Falls sie nämlich stimmen würde, gäbe es keine Gewinne am Aktienmarkt, da jedes Preisungleichgewicht sofort wieder ausgeglichen würde.

Im richtigen Leben ist das einfach nicht so. Aber ich brauchte zehn Jahre, um das zu kapieren. Manches in meinem Curriculum in Wirtschaftswissenschaften war von solchem Wert, dass ich irgendwie annahm, alles sei gleichermaßen gültig. Das Problem lag zum Teil darin, dass ich meine Fähigkeit daraufhin ausgebaut hatte, meine akademischen Lehrer zu beeindrucken, anstatt meinen Geist darauf zu trainieren, Probleme der realen Welt zu lösen. Meine Professoren hatten es versäumt, ernsthaft die Frage zu stellen, ob die Effizienzmarkthypothese die Realität widerspiegelte – also konnte auch ich unbesorgt diese Frage vernachlässigen.

Ich hielt mit einer derart kritiklosen Überzeugung an dieser irrigen Hypothese fest, dass es mich überhaupt nicht interessierte, als ich Warren Buffett einige Jahre später an der Harvard Business School zum ersten Mal traf. Denn wenn der Markt effizient war, dann war das ganze mühevolle Suchen nach unterbewerteten Aktien doch völlig sinnlos. In meinem Streben nach akademischem Erfolg hatte ich mein Denken derart eingeschränkt, dass ich nicht in der Lage war, zu erkennen, was vor meiner Nase lag.

Auch in diesem Fall drückt sich an meinem Beispiel nur ein viel größerer Missstand aus. Denn eben die Institutionen, die wir dazu eingerichtet haben, uns unabhängiges Denken zu lehren, engen unser Denken oft auf potenziell schädliche Weise ein. Charles Munger sprach über genau dieses Problem in einem Vortrag an der Harvard Law School 1995 über die »24 häufigsten Gründe für menschliche Fehleinschätzungen«. Er beschrieb, wie B. F. Skinner eine ganze Generation von Psychologen derart beeinflusste, dass sie sich dem Behaviorismus zuwandten, trotz zahlreicher Gegenbeweise. In einem Witz heißt es, dass »die Wissenschaft mit jedem Begräbnis einen Schritt vorankommt« – wenn bedeutende Wissenschaftler, die aber völlig falschlagen, ins Gras beißen.

In Oxford störte es nicht, dass ich ebenso grundlegend in die Irre geführt wurde. Trotz meiner Unkenntnis über die reale Welt schloss ich meinen Wirtschaftskurs als Bester ab. Halten Sie an dieser Stelle kurz inne und denken Sie darüber nach – sollte das nicht eigentlich ein Grund zur Sorge sein? Aber mein Selbstbewusstsein – und meine Arroganz – stiegen.

Mit meinen neuen glänzenden Zeugnissen bekam ich einen Traumjob bei einer Strategieberatungsfirma namens Braxton Associates. Im Senior Management hatten alle die Harvard Business School absolviert, also bewarb auch ich mich ein paar Jahre später dort und wurde aufgenommen.

An der HBS besteht der Lehrplan ausschließlich aus dem Studium echter Businessfälle. Anstatt sich auf Theorien zu konzentrieren, wie die Welt laufen *sollte*, ging es hier um die praktische Diskussion darüber, was tatsächlich passiert war. Dieser Ansatz zur Ausbildung von Führungskräften ist viel bodenständiger und praxistauglicher als das Oxford-Modell, da jede

Case-Study neue Fakten und Umstände liefert, die es zu analysieren gilt, und das schafft ein nützliches Repertoire an Erfahrungswissen. Aber Harvard förderte auch meine Hybris. Ich war ein Überflieger und meine glänzenden akademischen Zeugnisse bestärkten mich in meiner Einstellung, dass die Welt mir für meine ganz allgemeine Großartigkeit ein entsprechendes Leben schuldete.

Als ich im ersten Semester in Harvard war, kam Warren Buffett zu einem Vortrag an die HBS. In meiner Ignoranz und Arroganz lehnte ich ihn sofort als irgendeinen Spekulanten ab, der bloß Glück gehabt hatte. Schließlich bewiesen doch die theoretischen Modelle, die in Oxford auf dem Lehrplan gestanden hatten, dass die Suche nach unterbewerteten Aktien sinnlos war, da die Märkte ja effizient waren. Hätte ich mir eingestanden, dass Buffett genau damit ein Vermögen gemacht hatte, dass er die Ineffizienz des Marktes ausgenutzt hatte, dann hätte ich all die akademischen Modelle, die ich mir mühevoll angeeignet hatte, verwerfen müssen. Also tat ich, was viele tun, wenn die Fakten mit ihren Theorien nicht übereinstimmen: Ich lehnte die Fakten ab und hielt mich an die Theorie. In dieser Zeit hätte ich zu ihm wahrscheinlich etwas in der Art gesagt wie: »Mr. Buffett, verwirren Sie mich nicht mit den Fakten, denn ich habe bereits meine festen Überzeugungen über effiziente Märkte.«

Aber um ehrlich zu sein war ich überhaupt nur deshalb im Hörsaal, weil ich hinter einer Frau im zweiten Studienjahr her war, die mich wütend gemacht hatte, weil sie am Abend zuvor mit einem anderen Kommilitonen ausgegangen war. Ich setzte mich während Buffetts Vortrag nicht einmal hin und erinnere mich an kein einziges Wort von ihm.

Für mich eine tragikomische Mahnung, dass mein schwaches Ego mir damals weitaus wichtiger war als die Gelegenheit, etwas zu lernen. Was dagegen Warren so erfolgreich macht, ist, dass er nie aufhört, sich zu verbessern, und dass er immer noch eine *Lernmaschine* ist. Wie Munger gesagt hat: »Warren ist in seinen Siebzigern und Achtzigern in vieler Hinsicht besser als im jüngeren Alter. Wenn man ständig weiterlernt, bringt einen das so viel weiter.« Damals konnte ich Buffetts Vortrag jedenfalls in keiner Weise schätzen.

Doch wie es so schön heißt: Wenn der Schüler bereit ist, erscheint der Meister. Und wirklich kehrte Warren Buffett vier Jahre später zurück in mein Leben, als ich über sein Vorwort zu *Intelligent investieren* stolperte und dann in Lowensteins Biografie über ihn las.

Damals ging ich gerade durch die Hölle von D. H. Blair. Meine Arroganz hatte einen solchen Dämpfer bekommen, dass ich auf eine Weise für Warrens Lektionen offen war, wie ich es niemals als MBA-Student gewesen wäre. Ich war so erniedrigt und gedemütigt durch meine Erfahrungen bei D. H. Blair, dass ich gezwungen war, alles, woran ich glaubte, infrage zu stellen. Das sind eben die guten Seiten im Unglück.

Darin liegt natürlich eine gewisse Ironie. Bei D. H. Blair anzufangen war die schlimmste Entscheidung meines Lebens. Aber sie war auch ein Geschenk – nicht nur, weil mir diese Demütigung die Augen geöffnet hat, sondern auch, weil meine Erfahrungen dort mich Dinge lehrten, die ich niemals in den Seminarräumen oder auf dem Campus der besten Universitäten gelernt hätte. So paradox es klingen mag – D. H. Blair war vielleicht der perfekte Ort, an dem ich meine Karriere starten konnte, denn ich lernte dort auf rohe und unverblümte Art, was mit der Wall Street nicht in Ordnung war. Ich erlebte aus nächster Nähe die Bereitschaft, zugunsten des bloßen Eigeninteresses die Wahrheit zu verdrehen und Kunden als Opfer zu missbrauchen, die es auszubeuten galt, anstatt ihnen zu dienen.

Von ihrer schlechtesten Seite betrachtet sind die Elite-Investmentbanken wie Goldman Sachs und J. P. Morgan gar nicht so viel anders. Nur dass die Ausbeutung der Kunden mit viel mehr Schein von Seriosität übertüncht wird.

Als ich begann, die Prinzipien zu verstehen, die Warren Buffett verkörperte, wurde mir klar, dass es noch einen anderen Weg zum Erfolg gibt. Und diese Entdeckung veränderte mein Leben.

3. Die Feuerprobe – Meine ersten Schritte als Value-Investor

Nach meinem Abschied bei D.H. Blair hatte ich sehr große Probleme, einen neuen Job zu finden. Da war dieser verdammte Fleck auf meinem bis dahin makellosen Lebenslauf, den ich nicht wegwischen konnte. Ich hatte den Fehler begangen, D.H. Blair eine Chance zu geben, doch potenzielle Arbeitgeber waren verständlicherweise nicht bereit, mir dieselbe Chance zuzugestehen.

Mein Lebenslauf war gut genug, um zu Vorstellungsgesprächen bei Unternehmen wie Goldman Sachs, Sanford Bernstein oder Credit Suisse First Boston eingeladen zu werden. Aber ich war ein Mängelexemplar, das niemand einstellen wollte. Wall-Street-Insider, die D.H. Blairs Ruf kannten, schätzten mich folgendermaßen ein: Entweder war ich zu dumm, um zu merken, was dort los war, oder ich war ein gefährlicher Bursche, der bereit war, über die Grenzen des Vernünftigen hinauszuschießen. So oder so würden sie die Finger von mir lassen.

Meine Verzweiflung wurde immer größer, je mehr Absagen ich bekam. In den hintersten Regionen meines Gehirns waren Begriffe wie »Absage« oder »finde keinen Job« eng verknüpft mit den Worten »Versager« und »Aussätziger«. Und tatsächlich fühlte ich mich allmählich wie ein Aussätziger. Außerdem war da noch meine innere kritische Stimme: »Welchen Sinn macht es denn noch, es zu versuchen? Es bringt doch sowieso nichts.« Oder die noch giftigere Version dieses negativen inneren Monologs: »Da siehst du es wieder, du Loser, immer versagst du. Du wirst es in der Finanzbranche nie zu etwas bringen.«

Doch nach nicht allzu langer Zeit sollte ich einen Weg aus der Sackgasse finden und anfangen, mich neu zu verkabeln. Die Details, wie genau das geschah, gehören zu meiner persönlichen Geschichte, aber der Prozess an sich ist auf jeden übertragbar, der in einer festgefahrenen Situation steckt und verzweifelt einen Weg sucht, wie es weitergeht. Was ich vor allem tun musste, war, mir eine neue Bildung anzueignen. Oder, in meinem Fall, meine alte Bildung zu vergessen.

Dieser Prozess begann auf höchst unerwartete Weise: Ich entdeckte den Selbsthilfe-Guru Tony Robbins. Seinen Namen hörte ich erstmals in einem Gespräch mit einem sehr klugen Schweizer Ehepaar, die beide in Stanford studiert hatten. Ich brüstete mich damit, ein seriöser Denker zu sein und die Themen Wirtschaft und Finanzen absolut durchdrungen und im Griff zu haben. Mein intellektueller Snobismus machte es mir leicht, jemanden wie Robbins abzulehnen. Mit meinem Bildungshintergrund, wie konnte ich da auch nur das Geringste von Wert von diesem primitiven Amerikaner lernen?

Ich glaube nicht, dass ich bereit gewesen wäre, mehr über Robbins herauszufinden, wenn diese Freunde von mir keine Europäer mit glänzendem akademischem Hintergrund gewesen wären. Ich gebe das nur sehr ungern zu, weil es zeigt, wie oberflächlich meine Wertvorstellungen zu dieser Zeit waren. Der erste Schritt auf meinem Weg zur Weisheit war, diese engstirnigen Vorurteile aufzugeben und damit anzufangen, von jedem Menschen etwas zu lernen.

Ich hatte vor, das Wochenende in San Francisco mit Bummeln und Entspannen zu verbringen. Aber meine Schweizer Freundin, Diana Wais, die jetzt eine begabte Psychologin und ein talentierter Management Coach ist, erzählte mir, dass Robbins dort ein Seminar abhielt und dass das mein Leben verändern würde. Der Titel der Veranstaltung lautete »Lass deine innere Kraft frei«. Ich war voll unangebrachter Skepsis, aber ich überwand sie und ging hin.

Im Rückblick habe ich erkannt, dass dies eine kluge Strategie im Leben ist: Immer wenn ich die Chance habe, etwas mit einem unsicheren, aber potenziell hohen Nutzen zu tun, versuche ich, es zu tun. Vielleicht zieht man nur hin und wieder Gewinn daraus, aber manchmal ist dieser Gewinn gigantisch. Und je öfter ich mein Glück versuche, desto wahrscheinlicher ist es, dass ich einen Volltreffer lande. Das ist die Anwendung einer wirkungsvollen Philosophie, die Mohnish in seinem Buch *Der Dhandho-Investor: So funktioniert Value-Investing auf Indisch* beschreibt. Er drückt es so aus: »Kopf, ich gewinne. Zahl, ich verliere nicht viel.«

Als ich mich in dem Konferenzzentrum in einem Vorort von San Francisco umsah, fragte ich mich, was zum Teufel ich hier zu suchen hatte. Es wirkte auf mich zunächst wie eine Art Kult, mit etwa zweitausend Menschen als Publikum. Was war dieser Robbins für ein selbstherrlicher Quacksalber – und was für eine bunt zusammengewürfelte Menge von Losern hatte er um sich versammelt?

Robbins selbst erschien mir zu meinem Erstaunen als markanter, typischer Kalifornier. Er war über zwei Meter groß und seine energiegeladene Erscheinung wirkte ansteckend. Viele Leute im Publikum hüpften auf und ab und riefen: »Ja! Ja! Ja! Ich bin eine Kraft des Guten!« Oder: »Step up! Step up! Step up!«

Da schrillten die Alarmglocken in meinem Kopf. War Robbins nur irgendein armer Komödiant, *der abstälzt und abschnauft auf der Bühne und dann nicht mehr vernommen wird*? War er bloß ein Dummkopf, der sein Märchen erzählt, *voller Getön und Toben*, das nichts bedeutet? Ich stand ganz hinten und nahm kaum Anteil. Doch im Lauf der Stunden merkte ich, dass ich mich, ohne es zu wollen, der Möglichkeit öffnete, dass er mir etwas zu sagen hatte.

Bei der Hälfte gewann mich Robbins, indem er seine Motive transparent machte. An einer Stelle sagte er: »Seht her, ich bin ein Amerikaner, genau wie ihr alle. Meine Motivation ist es, glücklich und erfolgreich zu sein und das beste Leben zu führen, das mir möglich ist. Und genau wie die meisten von euch will ich auch Geld verdienen und reich sein. Reicher als heute. Das erreiche ich zu einem Großteil durch Seminare wie dieses hier. Aber genauso sehr, wie ich reicher werden will, sogar noch mehr, will ich anderen helfen. Und ich weiß, dass ich euch Dinge beibringen kann, die euch helfen werden und die viel mehr wert sind als die Seminargebühr.«

Es war ein großartiges Beispiel für die Kraft der Authentizität – für ein aufrichtiges und von Herzen kommendes Sprechen. Sein offenes Bekenntnis über sein Eigeninteresse überzeugte mich und brachte mich dazu, ihm eine Chance zu geben. Also blieb ich.

In gewissem Sinn fand ich meine ursprüngliche Ablehnung bestätigt: Robbins' Seminare sind tatsächlich eine Form von Gehirnwäsche. Wenn man etwas oft genug herausschreit, hämmert es sich ein und jede mögliche Idee kann Menschen durch solche ständige Wiederholung eingepflanzt werden. Darin liegt eine Gefahr – nämlich, dass religiöse Fundamentalisten oder politische Extremisten ihren Nutzen daraus ziehen. Aber in diesem Fall war es eine Gehirnwäsche hin zum Guten, die uns dazu verhelfen sollte, ein besseres und erfolgreicheres Leben zu führen. Hinter einer solchen Gehirnwäsche stehe ich voll und ganz.

Unser Bewusstsein verändert unsere Realität. Allmählich erkannte ich, dass die positiven Leitsätze, die Robbins uns wiederholen ließ, ein machtvolles Instrument waren, um mein Bewusstsein umzuprogrammieren. Seitdem habe ich oft festgestellt, dass wir uns unsere Zukunft erst vorstellen müssen, damit sie eintritt.

Die Macht des menschlichen Bewusstseins wurde uns an jenem ersten Seminarabend auf unvergessliche Weise demonstriert. Robbins hatte uns in eine Stimmung intensiver Freude gepusht, die sich mit einer extrem starken Entschlossenheit verband. In diesem Ausnahmezustand gingen wir hinaus auf die Wiese außerhalb des Kongresszentrums, zogen Schuhe und Socken aus und schritten tatsächlich über rotglühende Kohlen. Ich habe keine Ahnung, welche rationale oder wissenschaftliche Erklärung es dafür gibt, dass wir uns die Füße nicht verbrannten. Doch für viele von uns war dies ein Erlebnis, das uns völlig veränderte. Ich konnte den Unterschied in den Augen der Menschen danach sehen, als wäre ein neues Feuer und eine neue Leidenschaft in ihnen entzündet worden – genau wie in mir.

Auch wenn es kitschig klingen mag – dieses Sieben-Meter-übers-Feuer-Gehen war für mich eine Metapher dafür, wie ich meine Grenzen sprengen und mir eine bessere Realität schaffen konnte. Es war eine Erfahrung, durch die ich verstehen lernte, wie Robbins es ausdrückt, »wie sich das Leben mit einem Herzschlag ändern kann«. Ein Ziel, das in einem Augenblick unerreichbar scheint, kann im nächsten vollkommen möglich erscheinen, wenn man nur bereit ist, jede Zelle des Geistes, des Körpers und der Seele darauf zu konzentrieren.

Meine Oxford-Professoren mit ihrer empirischen Denkweise – die sich so bemüht hatten, mich im logischen Denken zu trainieren – wären amüsiert und belustigt gewesen welche Wirkung, dieser Motivationstrainer auf mich hatte. Aber seine Botschaft war genau das, was ich brauchte, nachdem mich meine Studienausbildung in die berufliche Sackgasse geführt hatte.

Zum Beispiel hämmerte mir Robbins diesen Gedanken ein, wenn man irgendwohin kommen wollte, egal wohin, und man feststeckte: »Just do it! Just make a move. Any move!« Das mag manchen banal erscheinen. Und weiß Gott erschien es mir auch banal. Aber meine Neigung zum lähmenden analytischen Denken machte es mir leichter, in einer Bibliothek Vorträge zu halten, als zu handeln. Robbins überzeugte mich, dass ich das Muster der negativen Gedanken durchbrechen, meine Ängste überwinden und mich in Bewegung setzen musste.

US-Präsident Theodore Roosevelt erklärte in einer Rede, die er 1910 in Paris hielt: »Nicht der Kritiker zählt; nicht der Mann, der mit dem Finger darauf zeigt, wie der starke Mann stolpert oder wo der Vollbringer der Taten sie hätte besser machen können. Das Verdienst gehört dem Mann, der in der Arena steht, dessen Gesicht mit Staub, Schweiß und Blut verschmiert ist.«

Nachdem ich mich für Robbins' Ansatz geöffnet hatte, fing ich an, wie wild Bücher auch von anderen Selbsthilfe-Gurus zu lesen. Vor dem Besuch seines Seminars hätte ich angesichts eines Buches mit dem Titel *Wie man Freunde gewinnt* mit den Augen gerollt. Aber Warren Buffett höchstpersönlich sagt über dessen Verfasser Dale Carnegie, dass er ihm enorm geholfen habe. Einmal erzählte er sogar, das einzige Diplom, das er in seinem Büro aufgehängt habe, sei das Zertifikat über die »Erfolgreiche Teilnahme am Kurs nach Dale Carnegie in effektivem Sprechen, Führungstraining und der Kunst, Freunde zu gewinnen, beliebt und einflussreich zu werden«. Ich hätte ebenso ablehnend auf *Denke nach und werde reich* von Napoleon

Hill reagiert, obwohl es Prem Watsa überzeugt hatte, den höchst erfolgreichen Chairman und CEO von Fairfax Financial Holdings, der oft als der »kanadische Warren Buffett« bezeichnet wird.

Eine Zeit lang wurden diese Bücher zur Leitlinie meines Lebens. Ich las sie nicht, um auf Dinnerpartys schlau daherzureden; ich ackerte sie durch auf der Suche nach nützlichen Ideen für mein Leben. Sie lieferten mir die ersten entscheidenden Schritte in meiner Entwicklung zum Value-Investor und Geschäftsmann und führten mich zu einem praktischeren Denken über die Menschen und darüber, wie die Welt wirklich funktioniert.

Zum Beispiel erklärt Carnegie, dass die beste Art, jemanden zu überzeugen, im Ansprechen seiner Eigeninteressen liege. Weiter weist er darauf hin, wie wirkungsvoll es ist, Menschen mit ihrem Namen anzusprechen, und wie wichtig es ist, echtes Interesse an der Person zu zeigen. Diese einfachen Einsichten halfen mir, meinen Umgang mit anderen zu verändern. Früher hätte ich mich darauf konzentriert, meinen Intellekt spielen zu lassen, um anderen zu zeigen, wie schlau ich war, oder ich hätte mich dem anderen über das rationale Denken genähert. Ich war eben ein Klugscheißer.

Ich begann, die Selbsthilfe-Lektionen ganz bewusst anzuwenden und mir durch Selbst-Gehirnwäsche neue Erfolgsgewohnheiten anzueignen. Ich veränderte sogar die Art und Weise, wie ich zu mir selbst und anderen sprach. Anstatt zu sagen: »Ich bin krank«, sagte ich: »Ich freue mich schon darauf, wenn es mir wieder besser geht.« So banal es klingen mag, eine positive innere Haltung ist entscheidend, denn unser Denken führt uns zu den Dingen, auf die wir uns konzentrieren. Unsere Schulen und Universitäten sind so sehr damit beschäftigt, den Intellekt zu entwickeln, dass wir am Ende solche einfachen Strategien für ein glücklicheres und produktiveres Leben verpassen könnten.

Zur selben Zeit, als ich mir diese Ideen aneignete, unternahm ich auch praktische Schritte, um aus meinem Trott herauszukommen. Ich trat der New Yorker Society of Securities Analysts bei und begann, ihre mittäglichen Versammlungen im World Trade Center zu besuchen. Ich rannte dorthin durch den Zuccotti-Park und hatte keine Zeit mehr, mit den Schachspielern herumzutrödeln.

Ich kaufte mir auch eine Software von der American Association of Individual Investors, um im Benjamin-Graham-Stil nach »Net-net-Stocks« zu suchen. Ich stellte mir in Excel-Tabellen Übungsportfolios zusammen und aktualisierte jede Woche die Kurse per Hand. Es überkam mich eine Art Rausch, als ich feststellte, dass viele der von mir zusammengestellten Portfolios viel besser abschnitten als der Gesamtmarkt.

Ich investierte auch in ein Abonnement des Newsletters der unabhängigen Research-Firma Value Line und studierte die neuen Ausgaben immer äußerst sorgfältig. Dabei stieß ich auf ein Unternehmen namens Burlington Coat Factory, das günstig erschien und einen langfristigen Finanzbericht aufwies, die mich beeindruckte. Das waren die ersten Aktien, die ich je erwarb. Ich war fasziniert von Grahams Auffassung, dass eine Aktie nicht nur ein Stück Papier ist, mit dem man handeln kann, sondern ein Anteil an einem Unternehmen. Also besuchte ich voller Freude und Aufregung die Filialen des Unternehmens in New York und Omaha und fühlte mich dabei wie ein echter Kapitalist, mit dessen Geld in einem echten Unternehmen gearbeitet wurde. Zu dieser Zeit wusste ich fast nichts, aber ich behielt die Aktien einige Jahre und machte einen kleinen Gewinn damit.

Inzwischen erkannte ich allmählich, dass es eine kleine Gruppe von Value-Investoren gab, die mit derselben intellektuellen und moralischen Integrität arbeiteten, die auch Buffett auszeichnete. Sie waren der absolute Gegensatz zu den Leuten, die ich bei D. H. Blair getroffen hatte: Sie gingen Hypes aus dem Weg und konzentrierten sich stattdessen darauf, den langfristigen Interessen ihrer Aktionäre zu dienen. Ich empfand ein brennendes Verlangen, zu ihrer Welt zu gehören. Besonders ein Unternehmen ragte meiner Ansicht nach als Bastion dieser Art des Investments heraus: Tweedy, Browne, gegründet 1920.

Ich träumte davon, in so einem Unternehmen einen Job zu bekommen. Also kaufte ich ein paar Anteile von den Investmentfonds des Unternehmens und fragte dann, ob es möglich sei, den Sitz der Firma in Manhattan zu besuchen. Ich hatte gehofft, sie würden mich einstellen, aber sie brauchten gerade keinen Analysten – zumindest keinen solchen wie mich. Aber dennoch war ich ganz aufgekratzt, dass ich tatsächlich auf diesem heiligen Boden dahinschritt. Ich wusste, dass Buffetts alter Freund Walter

Schloss jahrzehntelang hier ein Büro gehabt und außerordentliche Gewinne eingestrichen hatte.

Wieder fühlte ich den Stachel der Ablehnung. Aber hier war man so freundlich, mir einen Ausdruck von Buffetts klassischem Essay *The Superinvestors of Graham-and-Doddsville* mitzugeben. Ich nahm sie mit nach Hause und entdeckte darin den spektakulären Finanzbericht einer anderen führenden Firma, Ruane Cunniff, die den Sequoia Fonds managt. Dies war eines von nur zwei Unternehmen, die Warren seinen Kunden empfahl, nachdem er das Investmentgeschäft 1969 niedergelegt und seinen Aktionären ihre Einlagen ausgezahlt hatte. Seit seinem Start 1970 ist der Sequoia Fonds um 38,819 Prozent gestiegen, der S&P 500-Index im Vergleich dazu um 8,916 Prozent.

In der Hoffnung, dort einen Job zu bekommen, schrieb ich einen Brief an Ruane Cunniff und wurde von Carley Cunniff, einer Direktorin und Tochter eines der Unternehmenspartner, in die Firmenzentrale eingeladen. Ich war voller Ehrfurcht für sie. Sie war in einer Welt aufgewachsen, in der Graham, Buffett und intelligentes Investieren regelmäßig Thema am Esstisch der Familie waren, und sie war eine ganz außergewöhnliche Analystin geworden.

Carley, die 2005 verstarb, war großzügig und elegant. Auch wenn es ganz offensichtlich keinerlei Möglichkeit für mich gab, bei Ruane Cunniff zu arbeiten, und ich nichts tun konnte, was für sie nützlich gewesen wäre, führte sie mich herum und stellte mich ihren Kollegen vor. Damit zeigte sie echte Fürsorge für mich und ich war ehrlich gerührt. Sie lehrte mich auch eine wertvolle Lektion fürs Leben: Es ist ganz wichtig, Menschen, die noch am Anfang ihrer Laufbahn stehen, mit Freundlichkeit und Hilfsbereitschaft zu begegnen, auch wenn sie nichts getan haben, womit sie sich das verdient hätten. Sie sah einfach den Menschen in mir, gab mir eine Chance und tat, was sie konnte, um einem Value-Investor-Kollegen zu helfen.

Eine Möglichkeit, in diesem Umfeld zu bleiben, war, Anteile am Sequoia Fonds zu kaufen. Dadurch könnte ich jedes Frühjahr die jährlichen Aktionärsversammlungen im New Yorker Athletic Club besuchen. Also suchte ich mir über Ebay jemanden, der bereit war, mir eine einzige Aktie für

500 US-Dollar zu verkaufen, obwohl der Buchwert nur bei 128 US-Dollar lag. Ich kaufte sie. Ich habe vor, diese Aktie mein Leben lang zu behalten.

Mein erklärtes Ziel ist es nicht, damit Geld zu verdienen, obwohl ich davon ausgehe, dass Sequoia sich weiterhin besser entwickeln wird als der Markt. Sondern es geht mir darum, bestimmte Leute in meinem Leben zu haben (wie oberflächlich auch immer), die Werte verkörpern, die ich hochhalte. Wie wir später noch sehen werden, trägt die Schaffung des richtigen Umfelds oder Netzwerks dazu bei, die Bedingungen nach und nach in die richtige Richtung zu verlagern, sodass es immer wahrscheinlicher wird, dass Sie Erfolg haben. Günstige Bedingungen ergeben sich oft unmerklich und in ganz kleinen Schritten, also bewirkt es durchaus etwas, wenn man in die Umlaufbahn eines Unternehmens wie Ruane Cunniff eintritt.

Viele der Teilnehmer bei den Aktionärsversammlungen des Sequoia-Fonds waren gleichzeitig Aktionäre von Berkshire Hathaway und manchmal kamen sogar die Berkshire-Vorstände selbst. In der Folge lernte ich Lou Simpson kennen, den Buffett ausgewählt hatte, um das Geld des Autoversicherers GEICO in Aktien anzulegen, und den er einmal als den »Besten, den ich kenne« bezeichnet hatte.

Ein weiterer Meilenstein in meiner neuen Entwicklung war das noch intensivere Studium von Buffetts Investmentstrategie. Es gibt keine bessere Art, dies zu tun, als die Lektüre der Jahresberichte von Berkshire Hathaway. In jener Zeit vor dem Internet bedeutete das, bei dem Unternehmen anzurufen und telefonisch seine Adresse anzugeben. Einige Tage darauf kam das erste Exemplar eines Berkshire-Berichts bei mir an, per Hand adressiert. Es war eine Erleuchtung.

Bei D. H. Blair hatte ich so viele Businesspläne mit Hockeyschlägerkurven und durchwegs positiven Prognosen geprüft. Der Berkshire-Bericht kam mit einem schlichten Umschlag daher und sein Aufmacher war ein offener, nicht werblich und leicht verständlich formulierter Brief von Buffett. Der Bericht enthielt auch eine Tabelle, die das jährliche Wachstum des Unternehmensbilanzwertes zeigte. Es war reine Information, nicht der Versuch, mit Statistiken etwas zu beschönigen oder über die Wahrheit einen Schleier aus hübschen, auf Hochglanzpapier gedruckten Bildern zu legen.

Niemals zuvor hatte ich einen solchen Jahresbericht gesehen. Er war dafür gemacht, Aktionäre anzuziehen, die ihn wirklich aus den richtigen Gründen lasen. Ich hatte angenommen, dass es in der Businesswelt darum ging, lauter zu schreien als der Nachbar, um Aufmerksamkeit zu bekommen. Aber Buffett wandte sich an Leute, die sich von lautem Geschrei nicht beeindrucken ließen.

Während ich immer wieder in der Zusammenfassung der alten Berkshire-Jahresberichte las, begann ich immer mehr zu denken wie Warren Buffett. Ich weiß, es klingt komisch, aber mir kam es vor, als ob er mir zulächelte, immer wenn ich mich so verhielt, wie er sich vielleicht verhalten hätte. Und es fühlte sich an, als wende er sich von mir ab, immer wenn ich von diesem Weg abkam. Nein, es war kein Personenkult, den ich da betrieb. Ich hatte mir nur einfach einen Lehrmeister genommen, der die Wahrheit schon gefunden hatte, nach der ich noch immer suchte.

Die Weisheit, die hinter diesem Vorgehen steckt, reicht weit über die eng gesteckte Welt des Investments hinaus. Was ich Ihnen hier sagen will, ist vielleicht das einzige und wichtigste Geheimnis, das ich in all den Jahrzehnten des Studierens und Scheiterns entdeckt habe. Wenn Sie diese Lektion wirklich anwenden, bin ich überzeugt, dass Sie ein wesentlich besseres Leben haben werden, auch wenn Sie alles andere, was ich schreibe, ignorieren.

Worüber ich gestolpert bin, war Folgendes. In dem verzweifelten Verlangen, herauszufinden, wie ich ein Leben führen konnte, das dem seinen ähnlicher war, begann ich mir permanent eine einfache Frage zu stellen: »Was würde Warren Buffett tun, wenn er in meiner Lage wäre?«

Ich stellte mir diese Frage nicht, während ich faul im Café saß und einen Cappuccino schlürfte. Nein. Ich setzte mich an den Schreibtisch und stellte mir aktiv vor, ich sei Buffett. Ich stellte mir vor, was er zuerst tun würde, wenn er in meiner Lage wäre und an meinem Schreibtisch säße.

Robbins nennt diesen Vorgang »Modellieren unserer Helden«. Dabei kommt es darauf an, so genau wie möglich zu sein und sie sich so detailliert wie möglich auszumalen. Die Technik, die er dazu lehrt, nennt er das »Angleichen und Spiegeln«, was unter Umständen bedeutet, sich anders zu bewegen oder sogar anders zu atmen, um sich den Bewegungen oder der Atmung der anderen Person anzugleichen. Ich habe die Erfahrung gemacht, dass man dann anfängt, sich zu fühlen, wie der andere sich fühlt, und dass man sogar anfängt, wie er zu denken.

Das klingt vielleicht eigenartig, aber die Nachahmung ist eine der wirkungsvollsten Fähigkeiten des Menschen für seine Weiterentwicklung. Denken Sie doch nur einmal daran, wie Kinder von ihren Eltern lernen. Wenn aber das Nachahmen eine angeborene Fähigkeit des Menschen ist, dann ist es umso wichtiger, sorgsam darauf zu achten, wen wir nachahmen. Solche Vorbilder brauchen ja nicht einmal noch am Leben zu sein. Wie Charles Munger erklärt hat, funktioniert es auch, »wenn Sie durchs Leben gehen und sich dabei mit herausragenden Persönlichkeiten aus der Geschichte anfreunden, welche die richtigen Ideen hatten«.

Zu meinem Glück ist dies kein wissenschaftliches Buch – und so muss ich keinen Beweis liefern oder irgendeine dem zugrunde liegende wissenschaftliche Methode erklären (wenn es überhaupt eine gibt). Aber ich kann Ihnen von meinem subjektiven Standpunkt aus nachdrücklich versichern, dass dies bei mir funktioniert hat. In dem Augenblick, als ich anfing, Buffett nachzuahmen und zu spiegeln, änderte sich mein Leben schlagartig. Es war, als hätte ich auf eine andere Frequenz umgeschaltet. Mein Verhalten wandelte sich und ich steckte nicht mehr fest.

Wie können Sie diese Erkenntnisse umsetzen? Wir wissen alle, dass Mentoring ein großes Thema ist. Studenten und Berufsanfängern wird oft geraten, sich Mentoren zu suchen, ebenso wie jene, die schon weiter sind, sich junge Leute suchen sollten, für die sie selbst Mentor sein können. Das ist alles schön und richtig, solange Ihre Vorbilder für Sie greifbar sind. Meines war es nicht. Buffett saß nicht in seinem Büro in Omaha und wartete nur auf einen Anruf von einem schmutzigen kleinen Ex-Mitarbeiter von D. H. Blair. Zum Glück machte das gar nichts. Ich genoss viele – wenn auch nicht alle – Vorzüge davon, ihn als Mentor zu haben, indem ich ihn ausgiebig studierte und mir dann vorstellte, was er an meiner Stelle getan hätte.

In der Vorstellung, ich sei Buffett, begann ich auch, die Unternehmen in seinem Portfolio zu studieren, denn ich wollte sie mit seinen Augen sehen und verstehen, warum er sie besaß. Also bestellte ich auch die Jahresberichte seiner bedeutenderen Beteiligungen, wie Coca-Cola, Capital Cities/ ABC, American Express und Gillette. Und wieder hatte ich das unheimliche Gefühl, dass Warren – ja vielleicht sogar Gott – mir dabei zulächelte.

Dann gingen die Berichte nacheinander ein. Ich erinnere mich lebhaft daran, wie ich den Bericht für Capital Cities/ABC las. Bis dahin hatte ich die Zahlen eines so erfolgreichen Medienunternehmens noch nie näher betrachtet. Als ich die Kapitalflussrechnung sah, traute ich kaum meinen Augen. Das Unternehmen schwamm im Geld und die Gewinn- und Verlustrechnung konnte die Macht dieser Gelddruckmaschine nicht annähernd vermitteln. Die meisten Unternehmen, die ich als Investmentbanker bis dahin analysiert hatte, verbrannten entweder Geld oder stellten ihre Möglichkeiten der Gewinngenerierung völlig übertrieben dar. Ich fühlte mich wie am Anfang eines zweiten MBA-Studiums.

Ich fasste den Entschluss, am Jahrestreffen von Berkshire Hathaway teilzunehmen. Über den Freund eines Freundes, der schon Aktionär war, ergatterte ich ein Ticket und flog nach Omaha, ohne dort eine Menschenseele zu kennen.

Ich hatte Schmetterlinge im Bauch, als ich das Kiewit Plaza erblickte, das Gebäude, wo Buffett arbeitet – wo die Magie geschieht! Ich mietete einen Wagen und fuhr mit derselben aufgeregten, kindlichen Freude an seinem schönen, aber unauffälligen Haus vorbei. Ich ging auch in seinem Lieblingsrestaurant etwas essen, Gorat's Steak House, und saß am Tisch mit einer Gruppe von Berkshire-Aktionären, die ebenfalls zum ersten Mal in Omaha waren. Ich hatte sozusagen die Investmentwüste hinter mir gelassen, das Rote Meer durchquert und mein gelobtes Land gefunden.

Ich hatte zwei ganz besondere Begegnungen in Omaha in diesem Jahr. Eine davon war die mit Rose Blumkin, einer russisch-jüdischen Einwanderin, die 1937 den Nebraska Furniture Mart gegründet hatte, mit 500 US-Dollar, die sie sich von ihrem Bruder geliehen hatte. Sie machte daraus Amerikas größte Möbelfirma. Berkshire erwarb 1983 einen 90-Prozent-Anteil für 55 Millionen Dollar und besiegelte das Geschäft mit einem Handschlag, ohne überhaupt ihre Bücher geprüft zu haben. Buffett erklärte später: »Lassen sie sie – unter denselben Startbedingungen – gegen die besten Absolventen der Top-Business-Schools oder die Vorstände der Fortune-500-Unternehmen antreten, sie würde sie alle in den Sack stecken.«

Als ich Mrs. B. – wie man sie nannte – kennenlernte, war sie 101 Jahre alt. Doch noch immer konnte sie niemand aufhalten. Sie war eine kleine Dame am Rollator, umringt von Bewunderern und Fans, die sie merklich langweilten. Als sich mir die Möglichkeit bot, sah ich ihr in die Augen und fragte frech: »Warren hat mir erzählt, Sie verkaufen Teppiche. Können Sie mir einen guten Preis machen?« Ihre Augen blitzten auf. »Aha«, antwortete sie. »Sinnd Sie ein echterrr Kunnde oder vollen Sie nur Smalltalk machen vie all die annderrenn hierrr?«

In dem Moment verstand ich, warum Warren sie so verehrte. Sie war eine Geschäftsfrau durch und durch, in jedem einzelnen Augenblick, und sie war vollkommen geradlinig. Mit 95 hatte sie kurz versucht, sich zur Ruhe zu setzen, dann aber schnell wieder die Arbeit aufgenommen. Ihr Motto war: »Verkaufe billig, sag die Wahrheit und betrüge niemanden.« Genau wie ich Warren Buffett in meinem Leben haben wollte, war dies die Sorte Mensch, die *er* in *seinem* Leben haben wollte. Im Laufe von Jahrzehnten hatte er sich solch ein Umfeld aufgebaut. Ich fing gerade erst an, mir meines aufzubauen, und ich begann zu lernen, die Sorte Menschen zu erkennen, die ich in meinem Leben haben sollte.

Die andere Begegnung war die mit dem Meister selbst, kurz bevor das Jahrestreffen der Aktionäre begann. Ich war auf dem Weg zu den Toiletten. Und wer kam da gerade heraus? Warren! Er lächelte mich an und sagte: »Ich bin immer ein bisschen aufgeregt vor so etwas.« Und dann ging er weiter.

Das letzte Mal, als ich Buffett persönlich gesehen hatte, war, als ich Student in Harvard war, und damals war er mir gleichgültig, ich hätte ihm niemals zugehört. Heute geriet ich in helle Aufregung, weil er mir aus dem Toilettenbereich entgegenkam!

Angesichts seines Erfolgs hatte ich halb erwartet, dass er eher distanziert sei. Ich hätte nie gedacht, dass er so menschlich und unkompliziert zu einem völlig Fremden sein würde. Selbst aus dieser kurzen Begegnung konnte ich den guten Willen erkennen, den er seinen Aktionären entgegenbrachte. Während der Versammlung konnte ich auch sehen, dass er keinem etwas vormachen wollte und sich ganz natürlich und offen gab. Er ist, der er ist.

Inspiriert durch Robbins und Buffett spürte ich, wie sich mir immer mehr Möglichkeiten eröffneten. Statt mich zu fühlen, als ob mir jede Tür verschlossen war, wurde mir langsam klar, dass ich mich vorwärtsbewegen konnte. Ich war besessen vom Value Investing und hoffte, jemand würde mich als Aktienanalyst einstellen. Aber ich fand immer noch keine Anstellung.

Dann, aus dem heiteren Himmel, rief mich mein in London lebender Vater an und schlug vor, dass ich für ihn Geld anlegen sollte. Das war 1996. Zu dieser Zeit war er wohl der einzige Mensch, der mir nach dem Desaster bei D. H. Blair vertraute. Als Sohn von Flüchtlingen aus Deutschland in Israel geboren, hatte mein Vater, Simon Spier, ein kleines, aber erfolgreiches Unternehmen gegründet, Aquamarine Chemicals, das mit Pflanzenschutzmitteln für die Landwirtschaft handelte. Er hatte meine wachsende Begeisterung fürs Investieren beobachtet und erklärte mir: »Guy, wenn du dich jetzt nicht selbstständig machst, bist du total verrückt.«

Dieser Schubs setzte mich in Bewegung. Er vertraute mir etwa eine Million US-Dollar an. Innerhalb etwa eines Jahres investierte er noch mehr und zwei seiner Geschäftspartner investierten mit ihm zusammen. Am Ende betrug das Anfangsvermögen des Fonds etwa 15 Millionen US-Dollar. Ich nannte ihn »Aquamarine Fund«, was mir irgendwie das Gefühl gab, in das Familienunternehmen mit einzusteigen. Der Fonds startete am 15. September 1997.

Lange Zeit versuchte ich, diesen Aspekt meiner Laufbahn zu verbergen oder zumindest zu vertuschen. Ich wollte der Welt unbedingt beweisen, dass ich es völlig alleine geschafft hatte – die Starthilfe meines Vaters erschien mir wie ein unfairer Vorteil. Aber ich war auch dankbar für diese Chance – und hatte gleichzeitig Angst vor der großen Verantwortung. Innerhalb von ein paar Jahren hatte ich mich von einem Möchtegern-Buffett in einen Manager des überwältigenden Vermögens meines Vaters – der Ersparnisse seines Lebens – und des Vermögens eines kleinen Kreises von Freunden und Verwandten verwandelt.

Doch selbst mit dieser Unterstützung waren meine Erfolgsaussichten gering. Die große Mehrheit der Hedgefonds überstehen die ersten 18 Monate nicht und es ist schwer, ohne ausreichendes Vermögen Skaleneffekte zu erreichen. Um Kosten zu sparen betrieb ich den Fonds von meiner Wohnung in New York aus.

Es war ein sehr bescheidener Anfang. Aber ich wusste, dass ich endlich das tat, wozu ich geboren war. Doch jetzt kam erst die echte Feuerprobe: Würde ich es schaffen, diese ganze Theorie ihrem sagenhaften Ziel entgegenzuführen und langfristige Gewinne über dem Marktniveau zu erzielen?

4. Im Strudel von New York

Ich begann, für Freunde und Verwandte Geld anzulegen. Ich war dreißig Jahre alt und relativ unerfahren. Doch ein paar Dinge machte ich richtig. Zum Beispiel erkannte ich, was ich vermeiden musste.

Warren Buffett sagt oft, wie wichtig es sei, alle Eier in einem Korb zu behalten – er zitiert damit Henry Ford – und dann diesen Korb sehr aufmerksam zu bewachen. Was ich entsetzlich fand und was ich nur allzu oft an der Wall Street gesehen hatte, war die Praxis, viele Eier in vielen Körben zu haben. Selbst die angesehensten Fondsgesellschaften verkaufen für gewöhnlich mehrere Fonds. Diejenigen, die gut laufen, bekommen die größten Marketingbudgets und damit wiederum mehr Geld von den Investoren. Diejenigen, die schlecht laufen, werden entweder geschlossen oder mit den besser laufenden Fonds zusammengelegt. Dabei werden die Misserfolge unterschlagen, als ob es sie nie gegeben hätte, und die Erfolge herausgestellt.

Etwas Ähnliches hatte ich auch bei D. H. Blair beobachtet. Dort brachten die Broker die Kunden in unterschiedlichen Aktienpaketen unter. Die Kunden, deren Anlagen im Wert sanken, waren ein Verlust, doch jene, deren Aktien stiegen, brachten noch mehr Geschäft. Ebenso ist es bei manchen Verfassern von Investment-Newslettern Usus, ihre Mailinglisten aufteilen und unterschiedliche Voraussagen unter unterschiedlichen Titeln an verschiedene Leute senden. Mit den Teilen, die gut gelaufen sind, können sie dann Geld machen.

Solche Tricks fand und finde ich schon immer widerlich. Ich war entschlossen, dass ich mein ganzes Berufsleben lang mit nur einem *einzigen* Fonds durchkommen würde, sodass ich nur *eine* Erfolgsbilanz hätte. Punkt. Wenn der langfristige Ertrag dieses Fonds mickrig sein würde, würde es jeder sehen können. Ich würde mich nirgends verstecken können.

Was ebenso wichtig war: Das Geld meiner Familie würde genauso in diesem Fonds stecken wie das meiner Investoren. Und ich habe tatsächlich nahezu 100 Prozent meines Eigenkapitals in den Aquamarine Fonds investiert. Also löffle ich wirklich die Suppe aus, die ich mir einbrocke. Diese gleiche Zielrichtung meiner Eigeninteressen und der meiner Aktionäre ist von unschätzbarem Wert. Dies ist keine Verkaufsmasche. Es geht nur darum, zu zeigen, dass dieser Ansatz zu gutem Investieren führt, nicht zuletzt weil ich mich dadurch auf das eine Portfolio konzentrieren kann, anstatt mich mit unterschiedlichen Interessen zu verzetteln. Darin habe ich Buffett bewusst nachgeahmt, der seine gesamte Investitionsenergie jahrzehntelang nur auf Berkshire Hathaway konzentriert hat.

Doch auf anderen Gebieten wich ich von den erprobten Prinzipien ab, die er mich gelehrt hatte. Zum Beispiel hätte ich einfach das Gebührenmodell von seinen Investmentpartnerschaften vor Berkshire kopieren sollen. Er verlangte keine Jahresgebühr, sondern nahm ein Viertel der Gewinne über 6 Prozent. Das ist ein extrem ungewöhnliches Modell, aber es garantiert auf die beste mir bekannte Weise, dass Investor und Aktionäre dieselben Interessen verfolgen. Es ist ein Ausdruck der inneren Haltung, *mit* ihnen Gewinne zu erzielen, nicht *aus* ihnen. Wenn es nicht gut läuft, verdient der Fondsmanager nichts.

Doch als ich den Aquamarine Fonds startete, entschied ich mich stattdessen für das Standard-Gebührenmodell, das bei den New Yorker Hedgefonds üblich war. Das hieß, dass ich jährliche Managementgebühren von einem Prozent erhob (eine Belohnung, egal wie erbärmlich meine Leistungen für die Aktionäre wären), plus einer Performancegebühr von 20 Prozent von den Gewinnen.

Warum machte ich das? Als ich den Fonds zum Laufen brachte, war ich natürlich umgeben von Anwälten, Brokern und anderen Ratgebern, die mir alle erklären wollten, wie das Spiel läuft. Ihnen erschien der Gedanke befremdlich, Buffetts unorthodoxes Gebührenmodell aus den 1950er-Jahren zu übernehmen. Sie wollten mich vor Schaden bewahren und sagten, ich bräuchte doch ein regelmäßiges Einkommen. Sie konnten sich nicht vorstellen, dass jemand von Performancegebühren lebte, die vollkommen unberechenbar waren. Was sie nicht verstanden, war, dass das

Eins-und-zwanzig-Gebührenmodell meine eigenen Interessen langsam, aber sicher von denen meiner Aktionäre entfernte. Ich hätte in diesem Fall viel eigensinniger sein sollen, aber ich habe mich von ihnen überreden lassen.

Ich wollte Buffett auch insofern kopieren, als ich den Investoren nur einmal im Jahr erlauben wollte, ihr Geld wieder herauszunehmen. Das hilft dem Fondsmanager, langfristig zu investieren, was wiederum den Aktionären nützt. Es ist auch psychologisch eine Hilfe, weil die Anleger dann weniger oft daran denken, wie der Fonds wohl läuft und ob sie ihn verkaufen sollten. In jedem Fall sind Nichtstun und Geduld fast immer die ratsamste Handlungsweise für Investoren am Aktienmarkt. Deshalb finde ich es auch besser, nicht jeden Tag meine Aktienkurse zu checken (oder jede Woche), weil es dann schwieriger ist, langfristige Ziele zu verfolgen.

Jedenfalls glaubten meine Berater, solche Grundsätze seien absurd. Sie bestanden darauf, dass ich meinen Investoren erlaubte, mit nur 30 Tagen Vorlauf ihre Einlagen herauszunehmen. Das Problem dabei ist, dass der Fondsmanager auf diese Weise ständig befürchten muss, dass die Aktionäre ihr Geld wieder abziehen. Als der Markt 2008 einbrach, erwies sich genau dieses Gebührenmodell als Achillesferse.

Ich schaffte es nicht, meinen Standpunkt durchzusetzen, kapitulierte und akzeptierte, dass dies nun einmal die gängige Praxis in New Yorker Hedgefondskreisen war. Das institutionelle Umfeld dort machte es schwer, dem zu widerstehen. Trotz meiner guten Absichten tappte ich in eine altbekannte Falle: Es ist immer leichter, mit dem Strom zu schwimmen, als gegen die Strömung anzukämpfen. Es gab mir ein Gefühl der scheinbaren Sicherheit, dies sei eben »Standard in der Branche«, auch wenn ich dadurch die Möglichkeit vergab, das ideale Gebührenmodell für mich zu entwickeln.

Erst später – als ich Mohnish Pabrai traf, und dann wieder während der Finanzkrise – erkannte ich, wie viel besser es gewesen wäre, Buffetts partnerschaftliches Modell so genau wie möglich zu kopieren. Solche faulen Kompromisse waren zwar keine Katastrophen. Aber wenn ich auf meine Investmentkarriere zurückschaue, tut es weh, zu sehen, wie leicht und schnell ich mich von der bewährten Weisheit abbringen ließ, die ich in Omaha kennengelernt hatte.

Es hätte einwandfrei funktionieren können. Die perfekte Bewertung. So erreichte ich zwar immer noch ganz gute Bewertungen, aber solche kleinen Unterschiede zählen nun einmal beim Investment – einer Verfolgungsjagd, bei der sich kleine strukturelle Veränderungen mit der Zeit zu ganz großen Unterschieden im Ertrag addieren können. Die langfristige Anlage ist des Investors bester Freund, warum sollte man ihr also Hindernisse in den Weg legen? Man hat einen riesigen Vorteil, wenn man solche scheinbar unwesentlichen Details von Anfang an richtig macht.

Ein Teil des Problems war, dass es so leichtfiel, sich vom Strudel der New Yorker Finanzwelt, mit ihren verdrehten Werten und ihren Versuchungen, mitreißen zu lassen. Ich fühlte, dass ich geistig in Omaha war, und ich glaubte, ich könne mich kraft meines Intellekts über mein Umfeld erheben. Aber ich täuschte mich: Wie ich nach und nach feststellen musste, ist unser Umfeld viel stärker als unser Intellekt. Erstaunlich wenige Investoren – ob Amateure oder Profis – haben diese entscheidende Tatsache wirklich verstanden. Die großen Investoren, wie Warren Buffett (der New York verließ und nach Omaha zurückkehrte) oder Sir John Templeton (der sich auf den Bahamas niederließ), haben dies klar erkannt – ich brauchte dagegen viel länger, um es zu lernen.

Zu dieser Zeit überlegte ich mir sogar, ebenfalls nach Omaha zu übersiedeln, aber ich hatte einen großen Freundeskreis in New York, deshalb wollte ich doch lieber bleiben. Dennoch hielt ich mich in diesen ersten Jahren nach dem Start die meiste Zeit von der New Yorker Szene und von der Wall Street fern. Ich arbeitete in glückseliger Einsamkeit in meinem Ein-Zimmer-Apartments in der West 66th Street und dann nacheinander in drei wenig offiziell anmutenden Büroräumen.

Einer davon lag in einem Apartment in der West 58th Street, wo eine meiner Nachbarinnen Monica Lewinsky war. Ein anderes lag in einem Zwei-Zimmer-Apartment in der West 55th Street. Mein Nachbar dort war David Neeleman, der Gründer von jetBlue. Ich hatte gelesen, dass er wie ich am ADS-Syndrom litt. Und doch hatte er es geschafft, ein erfolgreiches

Unternehmen aufzubauen. Ich fand das tröstlich: Dass er mit mir in einem Gebäude war, erinnerte mich oft daran, dass auch ich meine falsche Verkabelung überwinden konnte. Alle Investoren haben irgendwelche Schwächen. Nach meiner Erfahrung kommt es nur darauf an, uns selbst zu akzeptieren, wie wir sind, die eigene Andersartigkeit und die eigenen Grenzen zu verstehen und Wege zu finden, wie man auch mit ihnen erfolgreich sein kann.

In der Zwischenzeit fühlte sich mein Leben gut an – auch ohne ein professionell aussehendes Büro. Der Fonds war noch immer winzig klein, aber meine Investmenterträge waren anständig. Die gute Performance wurde durch den Erfolg von Aktien wie Duff & Phelps Credit Rating erzielt, deren Wert sich versiebenfachte. Es war das perfekte Abbild dessen, was ich von Buffett gelernt hatte: Finde Unternehmen, die preiswert sind, die Möglichkeiten zur Expansion haben und die im Geld schwimmen.

Während andere von der Technologieblase Ende der 1990er-Jahre erwischt wurden, war ich davon überhaupt nicht betroffen, unter anderem deswegen, weil ich mich an Investoren wie Buffett, Ruane Cunniff und Tweedy, Browne hielt, die einen kühlen Kopf bewahrten. Ihr gesunder Menschenverstand bewahrte mich vor dem Technologiefieber – ein weiterer Beweis dafür, dass das Umfeld über den Intellekt triumphiert.

Nach fünf Jahren hatte mein Fonds den Markt deutlich geschlagen. Ein langsamer, aber stetiger Zufluss von externen Investoren vertraute ihr sein Vermögen an. Schließlich betrug das verwaltete Vermögen des Aquamarine Fund über 50 Millionen US-Dollar; man wurde langsam auf mich aufmerksam. Ich wollte nichts von der Wall Street, aber die Wall Street wollte plötzlich etwas von mir. Und das war – bestenfalls – ein eher zweifelhafter Segen.

Ich stand nun im Fokus aller möglichen Leute, die ein Stück von mir haben wollten. Manche hofften, ich würde sie als Anwalt oder Analyst einstellen. Andere boten mir überteuerte Investment-Research-Services an. Wieder andere wollten mein Broker sein. Und manche wollten, dass ich sie bezahlte, damit sie den Fonds vermarkteten, um mehr Investitionsgelder zu gewinnen.

Diese Leute hofften, ich sei der nächste Chris Hohn oder Bill Ackman, die sehr schnell als zwei der strahlendsten Investmentsterne meiner Generation anerkannt wurden. Und diese Leute setzten darauf, dass hier Geld zu verdienen wäre, würde ich mich nach ihren Erwartungen (oder nach ihrem Wunschdenken) entwickeln. Schließlich hatte ich zusammen mit Chris und Bill die Harvard Business School besucht, also glaubte man, ich könnte aus demselben Holz geschnitzt sein wie sie.

Ich fühlte mich auf gefährliche Weise geschmeichelt. Schlimmer noch, die ganze Aufmerksamkeit stimulierte bei mir gewisse Macho-Instinkte – einen Drang zum Konkurrenzkampf und eine Testosteronausschüttung, wie ich sie seit meinen Anfängen als Investmentbanker nicht mehr empfunden hatte. Wenn mich all diese Marktkenner, ehrgeizigen Anwälte und Broker mit Bill und Chris verglichen, warum sollte ich selbst das dann nicht tun? Ich weiß noch, wie einer von ihnen mir einmal sagte, ich solle nicht 50 Millionen Dollar managen, sondern fünf Milliarden. An irgendeinem Punkt schien es mir, als stünde meine ganze Männlichkeit auf dem Spiel.

Zu dieser Zeit wurden Bill und Chris immer erfolgreicher. Da sie astronomische Gewinne einfuhren, managten sie *tatsächlich* Milliarden, während ich nach wie vor ein ganz kleiner Fisch war. Es dauerte nicht lange und ich entwickelte eine tiefe, unbändige Gier nach Größe und Status. Das grünäugige Monster hatte mich fest im Griff, ich wurde vom Neid zerfressen.

Das ist zwar eine starke Vereinfachung, die viele verschiedene Einflüsse beinhaltet, denen ich damals ausgesetzt war, aber es beschreibt doch im Wesentlichen den Strudel, der mich in New York erfasste. Bis zu diesem Zeitpunkt hatte ich Neid noch nie auf derart körperliche Weise empfunden und deshalb erkannte ich ihn damals auch nicht als solchen. Aber genau das war es.

Buffett und Munger bemerken gerne flapsig, dass der Neid die einzige der sieben Todsünden sei, die keinen Spaß mache. »Neid ist Wahnsinn«, sagt Munger. »Er ist zu 100 Prozent destruktiv… Wenn man es schafft, diese Dinge frühzeitig aus seinem Leben zu verbannen, wird es sehr viel besser laufen.«

Meiner Auffassung nach ist Neid auch eine Emotion, die wir auf gefährliche Weise verleugnen. In den Finanzmärkten ist Neid ein Mörder, der im Verborgenen arbeitet: Er verführt Menschen dazu, sich so zu verhalten, wie sie es nie täten, wenn sie sich selbst gegenüber ehrlicher wären. Zum Beispiel beobachten Investoren, wie ihre Freunde mit heillos überbewerteten Technologieaktien ein Riesengeschäft machen, woraufhin sie sich ebenfalls in die Blase hineinstürzen, kurz bevor sie platzt. Es ist uns wichtig, dass wir uns diese emotionalen Kräfte bewusst machen, die in uns aufwallen können, denn sie verzerren unsere Beurteilungsfähigkeit enorm und beeinträchtigen unsere Fähigkeit, rationale Entscheidungen zu treffen. Ein altes jüdisches Sprichwort lautet: »Wer ist stark? Jener, der seine eigenen Leidenschaften meistert.«

Benjamin Graham hat brillant über die Irrationalität von »Mr. Market« geschrieben. Wir müssen uns darüber im Klaren sein, dass solche Irrationalität auch ein untrennbarer Teil unserer nur allzu menschlichen Verkabelung ist. Ein wesentlicher Schritt in meiner Entwicklung als Value-Investor war, zu lernen, diese emotionalen Schwachstellen bei mir selbst aufzudecken, sodass ich Strategien entwickeln konnte – wie wir später noch sehen werden –, die verhindern, dass diese Emotionen mich mit der Zeit zerrütten. Dieser Prozess der Selbstkorrektur beginnt mit Selbsterkenntnis.

Dies alles ist deshalb so wichtig, weil beim Investieren unsere psychischen Schwachstellen zutage treten können – sei es Gier, Hunger nach Macht und sozialem Status oder andere Schwächen. Der Neid war meine größte Schwäche zu jener Zeit. Ich hätte mit meinem Schicksal zufrieden sein können, schließlich war ich nicht nur Teil des »einen Prozents« der reichsten Amerikaner, sondern gehörte auch noch zu dem einen Prozent des einen Prozents. Ich konnte frei über meine Zeit verfügen. Ich konnte leben oder reisen, wo und wohin und wann immer ich wollte. Ich hatte Menschen um mich, die für mich Dinge erledigten, die ich nicht gerne tat.

Doch das Problem an einem Ort wie New York oder London ist, dass es immer so viele Leute gibt, denen es noch besser geht als einem selbst. Mein Büro hatte keine spiegelnden Fensterfronten und keinen Panoramablick über die Skyline von Manhattan. Ich konnte nicht mithalten mit der Eleganz von Chris Hohns Büroräumen in Mayfair, dem Epizentrum der

Londoner Hedgefondsszene. Meine wunderschöne Wohnung in einer der hübschesten Straßen der Upper Westside eröffnete nicht den Blick über das Laub der Bäume im Central Park wie die von Bill Ackman.

Ich wollte das Spiel der Hedgefonds gewinnen. Zu Recht oder zu Unrecht, ich war überzeugt, dass ich genauso schlau wie meine Mitstreiter war, und es zerfraß mich innerlich, dass ich nicht der Beste von ihnen war. Es genügte mir nicht mehr, dass es mir gut ging.

Ich beschloss, mich selbst zu vermarkten, wusste allerdings nicht, wie ich das anstellen sollte. Bei den seltenen Gelegenheiten, bei denen ich vor potenziellen Investoren sprach, wurde ich nervös und griff auf das alte Verhaltensmuster zurück, das an den Universitäten gut funktioniert hatte: Ich überrollte die Leute innerhalb kürzester Zeit mit einer Lawine von Ideen, in der Hoffnung, beeindruckend zu klingen. Manchmal versuchte ich es auch mit intellektuellem Imponiergehabe und streute lateinische Phrasen ein, wie »ceteris paribus« oder »sine qua non«, und ich hoffte, was ich sagte, würde wichtiger erscheinen, wenn ich sprach wie in einem Seminar in Oxford.

In Wahrheit hätte ich diesen sinnlosen Kampf um Wachstum sein lassen sollen, denn was mich dazu motivierte, war nur mein eigenes Ego. Der Fonds lief gut und es war so viel Kapital von meiner eigenen Familie dort investiert, dass ich eigentlich keine Zeit darauf verschwenden musste, noch mehr Kapital von Investoren von außen anzuwerben. Mein Neid führte mich auf diese Abwege, denn ich wollte, dass die Leute sahen, dass ich Hunderte von Millionen managte, ja sogar Milliarden, genau wie Bill und Chris. Diese Zeit hätte ich besser damit verbracht, die besten Aktien herauszusuchen und meine Erträge für mich sprechen zu lassen.

Doch ich wurde noch auf andere, ebenso lächerlich dumme Weise in den New Yorker Strudel hineingezogen. Ich mietete ein elegantes Büro im Carnegie Hall Tower und erhöhte so mit einem Schlag meine jährlichen Mietkosten von 60 000 auf 250 000 US-Dollar. Ich mietete ein Bloomberg-Terminal – für Finanzinformationen das Äquivalent zum Crack-Rauchen – für etwa 20 000 Dollar im Jahr. Ich stellte auch einen Chief Operating Officer ein, einen Analysten und einen hochqualifizierten Anwalt. Wie sich zeigte, sind Neid und Hochmut ziemlich teure Schwächen.

Doch es ging mir nicht nur darum, Anerkennung von außen zu bekommen. Es erhöhte mein Selbstwertgefühl, die Insignien des Erfolgs um mich zu haben. Ich brauchte die Gewissheit, dass ich ganz oben war, und so jagte ich weiter falschen Göttern nach. Mein Vater stellte mir die weise Frage: »Warum machst du das bloß alles? Warum versuchst du, ein Mega-Star der Hedgefondsszene zu sein?«

Zum Glück machte ich viele andere Dinge richtig. Unter anderem spielte ich nicht Roulette mit dem Geld meiner Aktionäre, denn ich hatte Buffetts erste Investmentregel verinnerlicht: »Verlier kein Geld.« Und die zweite Regel lautet: »Vergiss nicht Regel Nummer eins.« Ich blieb dem Risiko gegenüber eher abgeneigt und das tat dem Fonds gut, besonders während des Technologie-Crashs. Aber ich finde, es bringt mehr, wenn ich Ihnen von meinen Fehlern erzähle, als ewig auf dem herumzureiten, was ich richtig gemacht habe. Wie Munger sagt: »Ich mag es, wenn Leute zugeben, dass sie vollkommen hirnverbrannte Idioten waren. Ich weiß, ich werde besser, wenn ich die Nase in meine eigenen Fehler stecke. Das ist ein toller Trick, wie man etwas dazulernt.«

Es gibt vieles, was ich aus dieser Zeit in New York bereue. Aber ich traf eine Entscheidung, die sich als höchst segensreich herausstellte: Ich begann, mich mit einer Gruppe von brillanten Köpfen unter den Investoren zu umgeben, die für mich zu lebenslangen Freunden und vertrauenswürdigen Beratern werden sollten. Es ist schwer, wenn nicht unmöglich, ganz allein erfolgreich zu sein. Die größten Opernstars haben Gesangslehrer. Roger Federer arbeitet mit einem Trainer. Sogar Warren Buffett trifft sich regelmäßig mit ihm ebenbürtigen Leuten.

Unser Forum, das wir schlicht »The Posse« – »Die Mannschaft « – nannten, traf sich einmal in der Woche, um sich über Aktien auszutauschen. Mit dabei waren Investoren wie David Eigen, Ken Shubin Stein, Stefan Rosen, Glenn Tongue und hin und wieder Bill Ackman. Dort lernte ich auch Joel Greenblatt kennen und wurde Mitglied des Value Investors Clubs. The Posse traf sich an einem Vormittag in der Woche und mindestens einer von uns musste ein potenzielles Investment vorbereitet haben, der von den anderen dann diskutiert und seziert wurde. Das erweiterte mein Wissen mehr als alles, was ich je in irgendeinem Buch oder MBA-Kurs hätte lernen können. Wir lernten nicht nur mehr über das Investieren, sondern gewannen auch tiefere Einsichten in uns selbst und die anderen – was uns antreibt und was nicht.

Aus den Meetings von The Posse entstanden Freundschaften, die allein schon ein Wert für sich waren. Aus Investorensicht wurden diese Allianzen ebenfalls zur Quelle von Stärke im Wettbewerb, weil wir aufeinander aufpassen. Wenn ich jemanden aus meiner Mannschaft anrufe und kurz mit ihm eine Idee bespreche, ist es nicht nur wichtig, was er sagt. Weil ich ihn gut kenne, kann ich die Information, die er mir gibt, auch entsprechend einordnen. Es ist ganz wesentlich, dass wir die Tendenzen und Sichtweisen des anderen kennen.

Bei einer denkwürdigen Gelegenheit rettete die Mannschaft mich vor mir selbst – und bewies mir einmal mehr, welchen Vorteil es uns bringt, offen für andere Perspektiven zu sein.

Ich hatte ein Unternehmen entdeckt, von dem ich glaubte, es sei fantastisch. Es hieß Farmer Mac. Eine meiner Methoden, nach Investmentgelegenheiten zu suchen, besteht darin, die großen Meister zu studieren und dann zu untersuchen, ob ich dieselben Aktien kaufen sollte oder die eines besseren Unternehmens mit ähnlichen Eigenschaften. Buffett hatte ganz groß investiert in Freddie Mac und ebenfalls beträchtliche Anteile an Fannie Mae. Beide Unternehmen würden später den Bach runtergehen. Doch zu jener Zeit waren Freddie und Fannie tolle Unternehmen. Ihr hauptsächlicher Wert lag im Glauben, Rückhalt und Vertrauen auf die US-Regierung, was bedeutete, dass sie zu praktisch risikofreien Konditionen Kredite bekamen. Ich suchte nach einem Unternehmen mit ähnlichen Vorteilen und fand Farmer Mac – ein kleines, staatlich gesponsertes Unternehmen im US-Landwirtschaftssektor. Es kam mir vor wie ein unerkannter Edelstein derselben Sorte.

2003 lud ich das Management des Unternehmens zu einer Präsentation vor The Posse ein. Whitney Tilson, ein renommierter Hedgefondsmanager, Autor und Fernsehkommentator, erzählte später Bill Ackman von der Idee. Bill, der nach seinem Harvard-Abschluss eine Investmentfirma namens Gotham Partners gegründet hatte, ist ein brillanter Analyst mit einer außergewöhnlichen Gabe, zu sehen, was anderen Investoren entgeht.

Ein paar Wochen später nahm mich Bill nach einem Frühstückstreffen mit The Posse zur Seite und sagte: »Guy, ich möchte mit dir über etwas reden.« Ich kannte seine Großzügigkeit und seine Vorliebe, bei seinen Single-Freunden als Vermittler aufzutreten, und ich dachte schon, dass er mir ein Rendezvous mit einer Frau vorschlagen würde. Doch er wollte mir mehr über Farmer Mac erzählen, nachdem er gehört hatte, dass ich die Aktie besaß. Offenbar war Bill bis 4 Uhr früh aufgeblieben und hatte Recherchen über das Unternehmen angestellt, nachdem Whitney ihm von meinem Interesse daran erzählt hatte. Am nächsten Morgen rief er Whitney an und dankte ihm für »die unglaublichste Gelegenheit, die ich je gesehen habe«. Aber am Ende kaufte Bill doch keine Aktien, sondern verkaufte sie leer. Mit anderen Worten: Er war überzeugt, dass Farmer Mac platzen würde.

Wir gingen etwa 20 Blocks bis zu seinem Büro im Stadtzentrum und währenddessen erklärte mir Bill, was mir seiner Ansicht nach entgangen war und warum er einen massiven Leerverkaufsposten eingerichtet hatte. Er glaubte nicht nur, dass die Aktie implodieren, sondern dass sie bis auf die Nulllinie abstürzen würde. Dann machte er mir klar, warum Farmer Mac nicht vergleichbar war mit Freddie und Fannie. Mir drehte sich der Magen um. Als er bemerkte, dass ich es immer noch nicht ganz verstanden hatte, nahm er mich mit hinauf in sein Büro. Dort zeigte er mir zu meinem Erstaunen ein ganzes Regal voll mit den Ausdrucken der Akten von Farmer Mac über mehr als zehn Jahre. Sie waren über und über bedeckt mit Anmerkungen und Post-it-Zetteln. Er hatte auch die Akten über viele der Verbriefungen des Unternehmens ausgedruckt.

Auf den ersten Blick schienen diese Verbriefungen wie die von Freddie und Fannie zu sein. Doch in Wahrheit unterschieden sie sich ganz enorm davon, wie Bill mir erklärte. Im Fall von Freddie und Fannie umfasste eine Verbriefung normalerweise Hunderte, wenn nicht Tausende ähnlicher Einfamilienhäuser. Im Fall von Farmer Mac enthielten die Verbriefungen oft nur eine Handvoll Hypotheken auf Farmen, die alle sehr unterschiedlich waren. Aus Bills Sicht war dies kein Vermögen, das verbrieft werden konnte, und dies hier sei eher wie eine ganz normale Unternehmensfinanzierung zu betrachten. Seiner Ansicht nach waren diese Hypothekenpakete weit riskanter, als sie zunächst schienen, und das Unternehmen konnte leicht pleitegehen lassen.

An einer Stelle sagte ich zu ihm: »Aber es ist noch ein staatlich gefördertes Unternehmen. Es ist doch fast wie ein Arm der US-Regierung.« Bill antwortete: »Guy, du hast viel zu viel Vertrauen in die Regierungsinstitutionen unseres Landes.«

Als es Mittag wurde, war ich hin- und hergerissen zwischen dem Verlangen, bei ihm zu bleiben und mehr zu erfahren, und dem Impuls, zurück in mein Büro zu hetzen, um die Aktien zu verkaufen. Mir war jetzt absolut klar, dass ich nicht annähernd so viel über Farmer Mac wusste, sodass es gerechtfertigt war, Anteile davon zu besitzen. Das war eine wichtige Erkenntnis: So oft konzentrieren wir unsere Analysen auf das Falsche, wobei uns dann etwas Wesentliches entgeht. Es ist also von entscheidender Bedeutung, immer in Erwägung zu ziehen, dass wir uns vielleicht irren. Bei unserem Benefiz-Lunch sah mir Buffett in die Augen und behauptete allen Ernstes von seiner Investmentanalyse: »Ich täusche mich nie.« In seinem Fall mag das ja stimmen, oder zumindest fast. Doch wie Hedgefondsmanagerin Lisa Rapuano einmal sagte: »Ich bin nicht Warren Buffett und Sie auch nicht.«

An jenem Tag verkaufte ich zwei Drittel meiner Anteile. Am nächsten Tag verschleuderte ich den Rest. Zu meinem Glück konnte ich mit dem Verkauf auch noch einen Gewinn erzielen.

Danach arrangierte ich ein Treffen mit dem CEO und dem CFO von Farmer Mac. An einem verregneten Herbstnachmittag traf ich mich mit Bill und Whitney an der Penn Station, wo wir den Zug zur Firmenzentrale in Washington, D.C, nahmen. Das Managementteam hatte eine Standard-Investorenpräsentation vorbereitet, welche die Ähnlichkeiten zwischen Farmer Mac, Freddie und Fannie unterstrich. Nach ein oder zwei Seiten hob Bill die Hand und sagte: »Bitte, wir müssen nicht Ihre ganze Präsentation durchgehen. Ich habe da nur ein paar Fragen.«

Er ging dann genau auf das ein, was er mir zuvor erklärt hatte. Das Management war entweder unfähig oder nicht gewillt, auf Bills bohrende Fragen einzugehen, und sie waren offensichtlich beleidigt. An einer Stelle sagte der CEO: »Vielleicht ist dies einfach nicht das richtige Unternehmen für Sie.« Ich war schockiert, dass er keine überzeugendere Antwort parat hatte.

Eine Woche später verkaufte ich die Aktien leer. Das war eines von nur drei Malen in meinem Leben, dass ich einen Leerverkauf tätigte. Vom Charakter her liegt mir diese Vorgehensweise einfach nicht. Aber die Reaktion des Managements bestätigte mir, dass Bill recht hatte. Später erzählte er mir, dass sie ihn sogar von den vierteljährlichen Telefonkonferenzen ausgeschlossen hatten.

Ich wurde von diesem ganzen Kampf mit dem Aktien-Leerverkauf mitgerissen. Ich nahm selbst an diesen Telefonkonferenzen teil und stellte kritische Fragen, die darauf abzielten, die Schwächen des Unternehmens hervorzuheben. Ich war entschlossen, auch anderen Investoren das Risiko aufzuzeigen, das hinter der Fassade lauerte. Ich wandte mich sogar an die *New York Times* und erklärte denen meine Bedenken. Es waren wertvolle und wichtige Kritikpunkte und die Investoren hatten ein Recht, zu erfahren, dass das Unternehmen mehr Risiko barg, als sie dachten. Aber es lag etwas Rechthaberisches und Selbstgerechtes in meiner empörten Haltung, das mich nicht gerade in einem guten Licht erscheinen ließ.

Im Rückblick kommt es mir vor, dass ich mich damals wie ein kleiner Tyrann benahm. Mein Ziel als Investor ist, Geld für meine Aktionäre zu generieren und nicht irgendwelche unnötigen Kämpfe anzuzetteln oder mich aufzuführen wie ein rachsüchtiger moralischer Eiferer. Damit will ich andere Fondsmanager, die das tun, gar nicht kritisieren, aber das ist eben nicht meine Rolle im Leben und ich finde, es brachte mich mental vom Wesentlichen ab und ich machte mir damit die Hände schmutzig.

Kurz darauf bekam ich die Quittung dafür. Das *Wall Street Journal* veröffentlichte einen Artikel, der behauptete, dass einige Hedgefondsmanager sich zusammengetan hätten, um die Preise von Aktien zu manipulieren, die sie leerverkauften. Darunter die von MBIA, Allied Capital und Farmer Mac. Eliot Spitzer, damals Generalstaatsanwalt des Staates New York, ordnete eine Untersuchung an, ebenso wie die US Securities and Exchange Commission (Börsenaufsichtsbehörde). Man wollte herausfinden, ob einer von den im Artikel erwähnten Fondsmanagern an der Marktmanipulation beteiligt gewesen war.

Ich wurde in die Untersuchung hineingezogen, ebenso wie Bill und der renommierte Hedgefondsmanager David Einhorn. Die Untersuchung führte zu nichts, aber es war eine stressige und teure Ablenkung, denn ich musste eine Menge Informationen heraussuchen, um den Forderungen der Ermittler nachzukommen. In der Finanzkrise brachen alle drei Aktienkurse ein und bestätigten damit Bills Analysen. Farmer Mac erwies sich als hoch einträglicher Leerverkauf für ihn und mich.

Dennoch wünschte ich, ich hätte die Aktien einfach verkauft und wäre weitergezogen, ungeachtet der Gewinne, die ich aus der Wette gegen das Unternehmen eingefordert hatte. Aus heutiger Sicht sage ich, das Leben ist zu kurz für diese Art Konflikte – und die Erträge aus der Investition rechtfertigten in keiner Weise die Kopfschmerzen. Und, so seltsam es auch klingen mag, ich glaube auch, dass wir oft das Schlechte über uns selbst bringen, wenn wir mit dem Finger auf andere zeigen oder uns wie ein Tyrann aufführen. Meiner Erfahrung nach ist es besser für das Karma, sich auf das Positive zu konzentrieren und als Kraft des Guten zu wirken, anstatt sich unnötig in irgendwelche erbitterten Kämpfe verwickeln zu lassen. Ich frage mich, ob Eliot Spitzer – der später selbst nach seinen jahrelangen Kreuzzügen, um andere Leute fertigzumachen in Ungnade fiel – dies ebenfalls erkannt hat.

Ich sehnte mich danach, einen Weg zu finden, der einfacher und besser für meinen Seelenfrieden war. In New York war ich vom Kurs abgekommen und hatte mich in eine Reihe unnötiger Abwege verwickeln lassen. Doch langsam dämmerte mir, dass ich eigentlich gar kein schickes Büro brauchte; ich musste nicht noch mehr Kapital für meinen Fonds anwerben, um anderen (und mir selbst) zu beweisen, dass ich jemand war; und ich brauchte auch nicht den Stress und die Verbitterung, die Leerverkäufe mit sich brachten.

Kurz, ich hatte nun genug darüber gelernt, was für mich *nicht* funktioniert. Doch noch immer musste ich einen besseren Weg finden. Damals wusste ich noch nicht, dass ich schon bald zwei Meister des Investierens kennenlernen sollte, die mir dabei helfen würden, mich auf die richtige Spur zu bringen.

5. Begegnung mit einem Meister

In meinen Anfangsjahren als Investor wollte ich ein Superstar sein, dessen Brillanz die anderen anerkennen sollten. Von Haus aus war ich ein schlechter Verkäufer, aber ich kam nach und nach dahinter, dass ich eben genau das Verkaufen lernen musste. Ich begann nachzuforschen, wie ich mich selbst besser vermarkten und verkaufen konnte. Das Ergebnis war seltsam und unerwartet. Denn was ich über Marketing lernte, veränderte mich als Mensch – und zwar so sehr, dass ich mir irgendwann gar keine Gedanken mehr um mich selbst machte.

Ich hatte Marketing in Harvard studiert. Aber meine richtige Ausbildung in diesem Fach begann, als ich die Jahrestreffen des Sequoia Fonds besuchte. Ich freundete mich dort mit einem sympathischen amerikanischen Geschäftsmann namens John Lichter an, der sowohl von Berkshire Hathaway als auch von Sequoia Investor war. Er gab mir eine CD von Charles Mungers Rede in Harvard über die 24 häufigsten Gründe für menschliche Fehleinschätzungen.

Ich merkte gleich, dass ich hier ein Opus Magnum der Weisheit bekommen hatte, das es nirgendwo sonst gab, und ich beschloss, mir diesen Vortrag so oft wie möglich anzuhören. Bald ersetzte sie meine Tony-Robbins-CDs und war 18 Monate lang die einzige CD, die ich im Auto hatte. Munger ist ein erstaunlich heller Kopf. Mohnish Pabrai, der mit ihm einige Zeit verbracht hatte, erzählte mir später, dass Charles der klügste Mensch sei, den er je getroffen hatte – sogar noch klüger als Buffett. Außerdem besitzt Munger einen außerordentlichen Überblick über mehrere Fachgebiete und seine Rede gibt sein Wissen über Psychologie, Wirtschaft und die Businesswelt in so konzentrierter und integrierter Weise wieder, dass es mich förmlich umhaute.

Beispielsweise sprach er von »überpräsenten Hinweisen«, die unser Denken beeinflussen. So sieht ein Investor während eines Runs auf Technologieaktien, dass Yahoo! in die Höhe schießt, und hört auf CNBC, wie jeder mit diesen heißen Internetinvestments reich wird. Das Reptiliengehirn des Investors reagiert irrational auf diesen überpräsenten Hinweis und macht es schwerer, zu erkennen, dass der Aktienpreis schon längst nicht mehr dem Sachwert des Unternehmens entspricht. Diese primitive Verkabelung – die wir alle in uns tragen – war zu Zeiten der Jäger und Sammler sinnvoll, wenn man ein wildes Tier oder ein Feuer vor sich hatte, aber bei der Analyse der Nuancen des Aktienmarktes ist sie völlig fehl am Platz.

Munger erklärte auch, dass es einen »Lollapalooza-Effekt« gebe, wenn mehrere Arten von Fehleinschätzungen gleichzeitig auftreten. Zum Beispiel, wenn ein Investor sieht, wie Freunde und Verwandte ein Vermögen mit Internetaktien machen, dann ist das für ihn ein vermeintlicher Beweis dafür, dass diese Investitionen ein toller Tipp sein müssen, denn 10 000 Lemminge können sich doch nicht irren! Dann ruft noch der liebenswerte Broker des Investors an und empfiehlt diese Aktien wärmstens. Die Tatsache, dass er so nett ist und dass wir eine eingebaute Tendenz zur Reziprozität in uns tragen, macht es dem Investor noch schwerer, dem Angebot nicht zu folgen.

Es ist nicht nur für Amateure, sondern auch für Profi-Investoren, die neu am Markt sind schwer, diesem Lollapalooza-Effekt und seiner bewusstseinsverändernden Verführung zu widerstehen. Wir halten uns gerne für immun, aber solche Kräfte sind so stark, dass sie unser Urteilsvermögen ständig unterlaufen. Und das sind ja nur einige wenige Beispiele für Fehleinschätzungen, die uns ein Bein stellen. Im richtigen Leben gibt es davon noch viel mehr – und oft treten sie gleichzeitig auf.

Munger half mir, die Streiche zu verstehen, die der Geist uns spielt. Mit der Zeit erkannte ich diese Muster überall in meinem Umfeld. Was aber genauso wichtig war: In seiner Rede erwähnte Munger Robert Cialdini, einen renommierten Wissenschaftler, der ein Buch mit dem Titel *Die Psychologie des Überzeugens* geschrieben hatte. Munger sagte, Cialdinis Buch habe in seinem eigenen »grob gerasterten psychologischen System eine Menge Lücken gefüllt«.

Jedes Jahr am ersten Maiwochenende pilgerte ich nach Omaha zur Hauptversammlung von Berkshire. Für gewöhnlich wohnte ich dann im Omaha Marriott, nahe am Veranstaltungsort. Am Abend vor dem Meeting gab Munger dort immer ein privates Dinner. Ich hielt mich in der Lobby auf und sah voller Faszination, wie diese Gruppe ganz unterschiedlicher Gäste vorbeiging – Leute wie Bill Gates, Ajit Jain und Robert Cialdini. Das bestärkte mich in dem Gefühl, dass Cialdini ganz wichtig sei, also las ich seine Bücher immer wieder und trichterte mir seine Botschaft immer wieder ein.

Was mich am meisten berührte, war die außergewöhnliche Geschichte, die Cialdini über einen Verkäufer erzählte, Joe Girard, der regelmäßig an Tausende seiner ehemaligen Kunden Urlaubskarten schrieb mit den aufgedruckten Worten »Ich mag Sie« und seinem Namen darauf. Dieser persönliche Ausdruck von Freundlichkeit hatte eine unglaubliche Wirkung: Girard bekam einen Platz im Guinnessbuch der Rekorde, weil er in fünfzehn Jahren 13 001 Autos verkaufte. Wie Cialdini schreibt: »Wir sind phänomenal gierig nach Schmeicheleien.« Und: »Wir neigen dazu, Komplimenten und denen, die sie uns machen, zu glauben.«

Ich fand das faszinierend. War es wirklich so einfach? Musste man sich nur einfach dieses »Ich-mag-dich-Prinzip« zunutze machen? Ich habe eine Tendenz zum Extremen: Wenn mir eine Idee gefällt, dann flirte ich nicht nur mit ihr – ich wühle mich richtig in sie hinein. Also beschloss ich, pro Arbeitstag drei Briefe zu schreiben, also fünfzehn pro Woche. Ich fing an, Leuten für ihre tolle Rede zu danken, dafür, dass sie mir ihren Investorenbericht zugesandt hatten, für das tolle Abendessen in ihrem Restaurant, für die Einladung zu ihrer Konferenz. Ich schickte Leuten Karten zum Geburtstag. Ich schickte ihnen Rechercheberichte oder Bücher oder Artikel, von denen ich glaubte, dass sie sie interessieren würden. Ich schickte ihnen Briefe, in denen ich schrieb, wie schön ich es fand, sie kennengelernt zu haben.

Ungefähr zur selben Zeit, als ich Cialdinis Bücher las, stolperte ich auch über ein Buch, das viele von Ronald Reagans Briefen enthielt. Er schrieb erstaunlich vielen und ganz verschiedenen Leuten und jedem Einzelnen von ihnen schien er echtes Interesse entgegenzubringen. Er teilte mit ihnen Witze genauso wie Ratschläge, sprach über ihre Sorgen und ermutigte Kinder. Das schien mir zum Teil das Geheimnis seines Erfolgs zu sein. Er war nicht der intellektuellste Präsident der USA, aber er beherrschte die Kunst, sich für andere zu interessieren, und er drückte dieses Interesse durch seine Briefe aus. Wenn das beim Präsidenten wie bei Amerikas Top-Autoverkäufer funktioniert hatte, war ich sicher, dass da auch etwas für mich drin war.

Zuerst war mein Experiment »Briefe schreiben« sehr berechnend angelegt, denn ich tat es mit dem ausdrücklichen Ziel, meine Geschäfte zu verbessern. Ich hatte eine klare Erwartung, wie die Ergebnisse aussehen sollten. Aber nach einer Zeit fühlte es sich gut an – ich wurde richtig süchtig nach den positiven Gefühlen, die diese Tätigkeit in mir auslöste. Auf der Suche nach mehr Gelegenheiten, Menschen zu danken, merkte ich, dass ich tatsächlich dankbarer wurde. Und je mehr Freundlichkeit ich zum Ausdruck brachte, desto mehr begann ich sie auch zu empfinden. Es lag etwas Magisches in diesem Prozess, indem ich aus mir herausging und mich auf andere konzentrierte.

Tony Robbins hatte mich gelehrt, dass schon kleine Unterschiede in unserem Verhalten mit der Zeit starke Auswirkungen haben können. Und diese kleine Geste, Hunderte von Briefen im Jahr zu schreiben, bewirkte in mir eine Veränderung. Am Anfang war es nicht so leicht. Oft wusste ich gar nicht, was ich schreiben sollte oder wem. Also schrieb ich schließlich meinem Hausmeister oder der Frau, die mir morgens den Kaffee gebracht hatte. Manchmal kam ich mir schon komisch vor. Und ich bemerkte auch keine unmittelbare Wirkung. Aus heutiger Sicht weiß ich, dass es bis zu fünf Jahren dauern kann, bis man einen spürbaren Effekt bekommt, also geben die meisten auf, bevor sie etwas davon haben.

Dadurch, dass ich diese Flut von Briefen schrieb, fing ich an, mich anderen in einer Weise zu öffnen wie nie zuvor. Und ich begann, jeden um mich herum als Menschen zu betrachten, von dem ich etwas lernen konnte. Jetzt verstand ich, dass die Angewohnheit, Briefe zu schreiben, eine unglaublich effektive Art ist, Wohlwollen zu vermehren und Beziehungen anzuhäufen – und nicht bloß an Geld. Man sagt oft, dass Einstein den Zinseszins das achte Weltwunder nannte. Doch die bloße finanzielle Bedeutung des Zinseszinses ist wohl das am wenigsten wertvolle und interessante dieses Phänomens.

Meine Mission des Briefeschreibens hatte ich als Marketinginstrument für meinen Fonds begonnen, doch am Ende gewährte sie mir einen Reichtum im Leben, wie ich ihn mir niemals vorgestellt hätte. Anstatt ein guter Verkäufer zu werden, fing ich an, mich für die Menschen zu interessieren, denen ich schrieb, und darüber nachzudenken, wie ich ihnen helfen konnte. Das Paradoxe ist, je authentischer ich wurde und meine Agenda ausdünnte, desto mehr Leute wollten in meinen Fonds investieren. Das war eine unbeabsichtigte Konsequenz dessen, dass ich weniger egozentrisch und dafür aufrichtiger wurde.

Ein paar Jahre nach dieser Briefaktion lernte ich einen Studenten der Wharton School namens Aaron Byrd kennen. Er war ein sympathischer Kerl und wir hatten gleich einen guten Draht zueinander, also lud ich ihn ein, bei mir ein Praktikum zu machen. Später in diesem Sommer erzählte mir Aaron, dass er nach Chicago auf die Jahresversammlung eines Investors namens Mohnish Pabrai fahren würde. Ich hatte noch nie etwas von Mohnish gehört, aber Aaron sagte, er habe phänomenale Investmenterträge. Also beschloss ich, mitzufahren.

Später erfuhr ich von Mohnishs buntem familiären Hintergrund. Sein Großvater war ein wandernder Zauberkünstler und sein Vater ein Geschäftsmann, der mindestens so viele Misserfolge wie Erfolge hatte. Mohnish wurde 1964 geboren und wuchs in Mumbai, Neu-Delhi und Dubai auf und kam als mittelloser Student in den 1980er-Jahren in die Vereinigten Staaten. Er baute eine IT-Consulting- und Servicefirma namens TransTech auf, die er mit 70 000 US-Dollar aus Kreditkartenschulden und etwa 30 000 Dollar aus seiner Rentenversicherung finanzierte. Die Einnahmen von TransTech wuchsen bis auf 20 Millionen Dollar an und er verkaufte das Unternehmen für 6 Millionen Dollar.

Mohnish hatte Warren Buffett und Value Investing genau wie ich durch Lowensteins Biografie und durch die jährlichen »Briefe an die Aktionäre« von Berkshire entdeckt. Er war so davon gefesselt, dass er 1999 seine eigene Investmentfirma eröffnete. Die Erträge der Pabrai-Fonds waren hervorragend. Im September 2013 veröffentlichte das Magazin *Forbes* einen Artikel mit der Überschrift »Wie Mohnish Pabrai den Markt seit 2000 mit 1100 Prozent hinter sich ließ«.

Schon 2003, als ich Mohnishs Jahresversammlung in Chicago besuchte, war klar, dass er etwas Besonderes war. Er konnte auf eine Verzinsung seines Kapitals von über 30 Prozent pro Jahr verweisen. Aber ich war ebenso beeindruckt von seinem bescheidenden und eigenwilligen Geschäftsstil. Jeder in der New Yorker Investmentwelt war schon auf genügend »Gummiadler-Lunches«. Diese Veranstaltungen werden in schicken Hotels abgehalten wie The Pierre, wo ein Manager oder ein Managementteam einem alle möglichen Gründe präsentiert, warum man jetzt ihre Aktien kaufen sollte.

Die Pabrai-Versammlung lief vollkommen anders ab. Sie fand nicht in einem eleganten Hotel in der Innenstadt statt, sondern in einem Carlucci-Restaurant mit einem Auditorium, das praktischerweise gleich in der Nähe des Chicagoer O'Hare-Flughafens lag. Und sie wurde übers Wochenende abgehalten. Die Gäste kamen in Freizeitkleidung und manche hatten sogar Familienmitglieder mitgebracht. Das war typisch für Mohnish. Es war ihm nicht wichtig, den Standarderwartungen der Leute zu entsprechen. Er hatte keine Angst, anders zu sein, und seine unkonventionellen Entscheidungen erschienen mir vollkommen vernünftig.

Beim Meeting selbst ging er die Ertragsleistungen des Fonds durch und lieferte dann einige Beispiele seines Investmentansatzes: ein Erfolg und ein Misserfolg. Das Publikum von etwa 100 Personen war also nicht hier, um angeworben zu werden. Sie waren hier, damit sie etwas lernen konnten. Mohnish sprach aufrichtig und geradeheraus und ohne Angst davor, was irgendjemand von ihm denken könnte.

Besonders gefesselt war ich von seiner Beschreibung einer erfolgreichen Investition, die er bei dem Unternehmen Frontline Ltd. getätigt hatte. In einem irren Tempo machte ich mir Notizen, während er erklärte, dass er zu einem Zeitpunkt investiert hatte, als deren Öltanker unter ihrem Wiederbeschaffungswert gehandelt wurden. Ich war bereits gut mit dem Konzept vertraut zu weniger als dem Wiederbeschaffungswert zu kaufen, aber er gab mir einen noch tieferen Einblick in den Mechanismus. Bei diesem wird der niedrige Preis selbst ein Beschleuniger für die Wende am Markt, da es zu diesen niedrigen Preisen nicht mehr profitabel war Tanker zu produzieren und so würde sich das Angebot erschöpften. Dadurch zeigte Mohnish etwas, das Howard Marks später das »Second-level-Denken« nennen würde – ein Erfassen von Nuancen, das für Investoren wichtig ist, das man aber selten findet. Mohnish verfügte über eine andere Sichtweise auf die Welt als andere, aber sein Grundprinzip, nonkonformistische Investitionen dieser Art zu machen, war überaus überzeugend.

Für einen außenstehenden Beobachter muss es eine interessante Szenerie gewesen sein. Zum Beispiel bemerkte ich, dass zwei Leute im Publikum im Grunde hier waren, um Werbung für sich selbst zu machen. In einem Fall stellte ein Fondsmanager seine Fragen so, dass er dabei seine eigenen Leistungen hervorhob. Ein anderer, ein Investmentbanker, war ebenfalls ganz klar gekommen, um Werbung für seine eigenen Dienste zu machen. Ich konnte den Missmut spüren, mit dem die meisten aus dem Publikum darauf reagierten. Ein gutes Meeting ist immer eine Teamleistung. Aber diese zwei waren hier, um sich zu verkaufen, nicht um etwas zu lernen, und sie waren einfach nur aufdringlich.

Im Gegensatz dazu kam Mohnish aus einer Situation persönlichen Reichtums, der nicht nur durch finanziellen Wohlstand definiert war: Er war mit sich im Reinen und freute sich, sein Wissen mit anderen zu teilen. Es ist typisch für ihn, dass er von seinem Haus in einem schicken Vorort in Kalifornien in ein bescheideneres Heim gezogen ist, das aber näher bei seinem Büro liegt. Für mich ist das ein weiterer Beweis dafür, dass er sich selbst nicht nach der »äußeren Scorecard« bewertet, wie Buffett es nennt, und darin liegt eine Quelle für große Kraft.

Nach Mohnishs Jahresversammlung fuhr ich zurück nach New York, nahm einen Füllfederhalter zur Hand und schrieb ihm einen kurzen Brief. In meinem immer leicht unleserlichen Gekritzel schrieb ich so etwas wie: »Lieber Mr. Pabrai, vielen lieben Dank, dass ich als Gast bei Ihrem Partnermeeting dabei sein durfte. Ich habe viel über das Leben und Investieren gelernt und ein paar tolle Leute kennengelernt. Mit herzlichen Grüßen, Guy Spier.«

Das war nur ein einfacher Brief von mindestens einem Dutzend, die ich in dieser Woche verschickte. Ich verfolgte damit kein Ziel und erwartete nicht einmal eine Antwort. Kaum hatte ich ihn abgeschickt, vergaß ich ihn sofort wieder. Aber Mohnish erzählte mir später, dass ich der Einzige gewesen sei, der ihm nach jenem Meeting geschrieben hatte, und mein Brief blieb ihm im Gedächtnis. Etwa sechs Monate später informierte er mich in einer E-Mail, dass er zu einem Meeting in Greenwich, Connecticut, fahre. Ob ich mich nicht mit ihm zum Abendessen treffen wolle. Aber sicher wollte ich das.

Jenes Abendessen mit Mohnish veränderte die Richtung meines Lebens – vielleicht noch mehr als später mein Mittagessen mit Warren Buffett. Wenn ich mir nicht die Mühe gemacht hätte, Mohnish zu danken, hätten vielleicht viele schöne Dinge, die seit unserem ersten gemeinsamen Abendessen geschehen sind, niemals stattgefunden. Ich habe das damals nicht erkannt, aber heute verstehe ich, dass jeder einzelne Brief, den ich schrieb, eine Einladung an das Glück war. Vielen mag so etwas als Zeitverschwendung erscheinen. Aber ich konnte nicht in der Lotterie gewinnen, ohne vorher ein Ticket zu kaufen, und diese Tickets hier kosteten fast nichts. In gewissem Sinn ist dies Value Investing ins Leben: Such dir etwas Billiges, das eines Tages vielleicht sehr viel wert sein wird.

Wir trafen uns im Delamar Greenwich Harbor Hotel. Ich traf eine halbe Stunde zu früh ein und war voller Vorfreude, denn ich fühlte mich geschmeichelt, dass ein so bemerkenswerter Investor mit mir Kontakt aufgenommen hatte. Auf dieser Stufe meines Lebens neigte ich noch dazu, stets mit einer eigennützigen Zielvorstellung in Gespräche zu gehen. Doch an jenem Abend kam ich ganz bewusst ohne Plan. Ich widerstand der Versuchung, das Gespräch durch meine eigenen Fragen zu dominieren; ich wollte nachvollziehen können, wie er es anstellte, dass er so hohe Erträge erzielte. Ich war nur einfach dankbar für die Möglichkeit, mit ihm etwas Zeit zu verbringen.

Vielleicht spürte Mohnish das; es trug dazu bei, dass wir den richtigen Ton fanden. Wenn jemand einen Plan verfolgt, merkt es der andere und dann neigt er dazu, in die Defensive zu gehen. Auch wenn es sich komisch anhören mag, ich fühlte mich, als hätte ich eine Art göttliche Eingebung, durch die mir klar war, dass ich ihm gegenüber ganz ich selbst sein musste. Seine eigene Authentizität zeigte mir, wie dumm es war, sich zu verstellen und unaufrichtig zu sein.

Im Verlauf dieses Abendessens erlebte ich einen Menschen, der mit sich selbst völlig im Reinen war. Genauso, wie er sich nach außen hin zeigte, war er auch in seinem Inneren. So oft im Leben war ich nicht eins oder im Reinen mit mir gewesen. Doch in Mohnishs Gegenwart fühlte ich mich vom ersten Moment an ganz ich selbst. Mit sich selbst im Widerspruch zu sein birgt Gefahren – nicht nur in Beziehungen, sondern auch bei Geschäften und Investitionen. Charles Munger weist zum Beispiel darauf hin, dass es immer einfacher ist, die Wahrheit zu sagen, denn dann muss man sich nicht ständig an seine eigenen Lügen erinnern. Dies befreit das Gehirn von einem hohen und unnötigen Aufwand, sodass es sich auf etwas Sinnvolleres konzentrieren kann.

Mohnish sprach bei unserem Abendessen über ein Buch mit dem Titel *Die Ebenen des Bewusstseins – Von der Kraft, die wir ausstrahlen.* Sein Autor David Hawkins vertritt die Theorie, dass wir einen größeren Einfluss auf andere haben, wenn wir ganz authentisch sind, denn diese Aufrichtigkeit spricht den anderen auf einer tiefen psychologischen Ebene an. Auch Mohnish schien diesen Gedanken zu verkörpern, dass echte Kraft nur in dem Menschen wohnt, der ehrlich und mit sich selbst im Einklang ist. Unser Gespräch ließ in mir einen Vorsatz aufkeimen: In Zukunft wollte ich wirklich authentisch sein und die Verwandlung meiner selbst zu Ende führen, die mit dem Verlassen von D. H. Blair und dieser ganzen Welt der Lügen begonnen hatte.

Ich merkte schnell, dass Mohnish genau wie ich auf der Suche nach Lebensweisheit war. Aber er war aus einer ganz anderen Richtung dorthin gekommen und mit einem ganz anderen Denken. Ich hatte durch Tony Robbins entdeckt, welche Kraft im Nachahmen der Gewohnheiten erfolgreicher Menschen lag. Mohnish, der das als »Klonen« bezeichnete, sagt manchmal im Spaß, dass er im Leben noch nie eine eigene Idee hatte, aber das störe ihn in keiner Weise. Denn oft findet Fortschritt genauso statt: Wir kopieren die besten Ideen und eignen sie uns selbst an.

Mohnish hatte verstanden, dass dies auch fürs Business gilt. Unternehmen können stark davon profitieren, wenn sie ihre Wettbewerber studieren, herausfinden, was diese gut machen, und es dann im eigenen Unternehmen anwenden. Er illustrierte dies am Beispiel zweier sich gegenüberliegender Tankstellen. Die eine hat einen klugen Eigentümer, der den Tankservice zum selben Preis anbietet wie den Self-Service und darüber hinaus noch kostenlos die Scheiben waschen und den Öl- und Wasserstand testen lässt. Mit anderen Worten, der Eigentümer unternimmt ständig kleine Aktionen, die das Angebot verbessern, und schafft dadurch eine Spirale nach oben. Die Tankstelle gegenüber versäumt es, so etwas zu tun, und dümpelt dahin. Es wäre doch, so Mohnish, ganz einfach für den Eigentümer der schlecht laufenden Tankstelle, alles zu kopieren, was der erfolgreichere Rivale unternimmt. Viele der besten Ideen existieren bereits auf der Welt; wir müssen sie nur sehen und nachmachen.

Genau das hatten Mohnish und ich uns in unserer Investmentlaufbahn angeeignet. Wir hatten gesehen, was Buffett machte, und wir versuchten ganz bewusst, ihn zu kopieren. Aber Mohnish war dank seines unbestechlichen Auges für Details darin viel besser als ich. Zum Beispiel hatte er Buffetts Form der Investmentpartnerschaft originalgetreu kopiert, inklusive ihres Gebührenmodells und ihrer Rückkaufterminierung; ich brauchte mehr als zehn Jahre, um einzusehen, dass ich das auch hätte tun sollen, als ich meinen Fonds eröffnete.

Bei diesem Dinner bemitleideten Mohnish und ich einhellig die Dummköpfe, die es versäumten, die großartigen Ideen zu kopieren, die es doch schon gab. Doch schon ein paar Jahre später musste ich mir eingestehen, dass ich wie der Eigentümer der schlechteren Tankstelle auf der anderen Straßenseite war, während Mohnish die erfolgreichere Tankstelle besaß. Wie wir später noch sehen werden, wurde ich irgendwann doch noch klüger und lernte etwas von ihm.

Mein nächstes Treffen mit Mohnish war von noch viel größerer Bedeutung für mein Leben. Ich hatte keine Ahnung, ob er unser Dinner genauso genossen hatte wie ich, also freute ich mich sehr, als er mir ein paar Monate später in einer E-Mail ein Treffen zum Frühstück vorschlug, denn er würde in New York beim Value-Investing-Kongress eine Präsentation halten. Ich wollte im Vorfeld für ein unvergessliches Zusammentreffen sorgen, denn ich wusste intuitiv, dass es für mein Leben sehr wichtig sein würde. Meine Wahl fiel auf das Restaurant im Mandarin Oriental Hotel, von wo man einen atemberaubenden Blick über den Central Park hat und das nicht weit entfernt vom Veranstaltungsort von Mohnishs Konferenz lag. Ich ging sogar am Tag vor dem Frühstück in das Restaurant, um einen guten Tisch zu reservieren und sicherzustellen, dass die Rechnung auf mich gehen würde und nicht auf meinen Gast.

Das erscheint Ihnen vielleicht übertrieben. Aber es soll nur etwas zeigen, das ich von Mohnish gelernt hatte: Manche Geschäfte sind erfolgreich, weil sie *eine* Sache richtig machen; aber die meisten sind erfolgreich, weil sie eine ganze Menge kleiner Dinge richtig machen. So wurde ein Unternehmen wie Wal-Mart erfolgreich. Eine zentrale Lektion, die mich das Studium des richtigen Lebens lehrte, bestand darin, so oft und so viel wie möglich auf solche Kleinigkeiten zu achten: Dankesbriefe zu schreiben, ein tolles Restaurant fürs Frühstück auszusuchen, aktiv zuzuhören, wenn mir andere etwas erzählten, oder sie so zu behandeln, wie ich selbst gerne behandelt würde. Im Lauf des Lebens können Myriaden solcher kleiner Handlungen in ihrem Zusammenwirken große positive Effekte auf Ihren Ruf und Ihre Beziehungen haben. So etwas ist nicht einfach nur Glück. Sondern man muss sich etwas mehr anstrengen und diese kleinen Dinge vollbringen, damit es wahrscheinlicher wird, dass etwas Gutes geschieht.

Das Frühstück war wunderbar. Zunächst war ich voller Ehrfurcht vor Mohnish. Meine Investmenterträge waren zwar gut und ich war einigermaßen intelligent, seine Erträge jedoch waren spektakulär und sein Geist war so außergewöhnlich, dass ich mir sehr banal vorkam. Wir sind auch unterschiedliche kognitive Typen: Ich kann viele Dinge gleichzeitig und alles auf einmal wahrnehmen, was sich um mich herum abspielt, während er vollkommen auf eine Sache konzentriert ist. Doch wir hatten vieles gemeinsam, unter anderem auch das tiefe Gefühl, Außenseiter zu sein. Ich stamme aus einer aus Deutschland geflohenen jüdischen Familie, die es in Israel und England zu etwas gebracht hatte; er ist ein indischer Einwanderer, der in Amerika groß herausgekommen ist. Aus welchem Grund auch immer, ich fühlte mich sowohl emotional als auch intellektuell zunehmend mit ihm auf einer Linie, obwohl ich wusste, dass ich ihm nichts beibringen konnte.

Wie wir da im Mandarin am Fenster saßen und über den Park und die Skyline von Manhattan blickten, kam Mohnish auf eine Idee zu sprechen, auf die ich selbst nie gekommen wäre. Er fragte, ob wir uns zusammentun sollten, um auf ein Benefiz-Mittagessen mit Warren Buffett zu bieten, das jedes Jahr auf Ebay versteigert wurde. Zuerst dachte ich, es sei verrückt, Hunderttausende Dollar für ein einziges Mittagessen auszugeben, auch wenn es mit einem Investor war, der mein Leben verändert hatte. Ich wollte höflich sein und sagte: »Das ist aber ein ziemlicher Haufen Geld für ein Mittagessen. Warum sollte man so etwas tun?«

Konventionell gedacht war das eine sinnvolle Frage, aber Mohnish führte mich voller Geduld durch seine unkonventionelle Analyse der Gründe, warum es so vernünftig war wie nur irgendetwas auf der Welt, auf den Lunch zu bieten. Er wies mich darauf hin, dass das Geld an eine sehr verdienstvolle Wohltätigkeitseinrichtung gehe, die GLIDE Foundation, und dass es noch dazu einen Lunch mit Warren dafür gab. Mohnish hatte sich überlegt, dass so viele Spenden für wohltätige Zwecke nichts weiter brächten als eine bedeutungslose Anstecknadel, auf welcher der Name des Spenders steht und die hauptsächlich dafür gedacht ist, dessen Ruf aufzupolieren oder seinem Ego zu schmeicheln. In diesem Fall würde die Spende etwas unendlich viel Wertvolleres mit sich bringen: ein Zusammentreffen mit einer Ikone der Finanzwelt, die ein leuchtenderes Beispiel dafür abgab, was ein Kapitalist sein kann.

Mohnish brachte mich auch zu der Einsicht, dass man sich von diesem Lunch nichts Greifbares erwarten sollte. Stattdessen war es eher eine Gelegenheit für uns, Buffetts Anwesenheit zu genießen und ihm zu danken für all das, was er uns beigebracht hatte. Gegen Ende des Frühstücks war ich vollkommen überzeugt.

Also waren wir uns einig, dass wir uns zusammentun und gemeinsam auf den Lunch mit Buffett bieten wollten. In diesem ersten Jahr verloren wir die Auktion an einen höheren Bieter. Aber im folgenden Jahr war Mohnish entschlossen, wieder zu bieten. Ich war auf Reisen in Europa unterwegs, als er mich auf dem Handy anrief. »Guy«, sagte er, »diesmal müssen wir das Rennen machen.«

Würden wir gewinnen, wollten wir es so machen, dass Mohnish seine Frau und seine Töchter mitbrachte, während ich nur mit meiner Frau käme, denn unsere Kinder waren noch zu klein. Da mehr Pabrais als Spiers dabei sein würden, schlug Mohnish fairerweise vor, zwei Drittel der Kosten zu übernehmen, egal wie viel es sein würde, und ich sollte ein Drittel zahlen.

Aber ich machte mir immer noch Sorgen, dass das Gebot außer Kontrolle geraten würde. Ich war noch ein junger Geldmanager mit einem kleinen Fonds und Lory und ich erwarteten unser drittes Kind, also würden wir vielleicht eine größere Wohnung in Manhattan brauchen. Ich sagte Mohnish, dass ich bis 250 000 Dollar einsetzen könnte, es aber nicht vernünftig hielte, darüber hinauszugehen. Wenn das Gebot die Schwelle von 750 000 Dollar überschreiten würde, wie er erwartete, würde ich vielleicht aussteigen müssen. Mohnish blieb einen Moment still. Dann versicherte er mir, wenn dies geschähe, würde er die Differenz bestreiten, sodass mein Beitrag bei 250 000 Dollar gedeckelt sein würde. Ich war sprachlos angesichts seiner Großzügigkeit. Wir besiegelten diese Abmachung nicht einmal mit einem Handschlag, ganz zu schweigen von einem schriftlichen Vertrag. Dieses Ausmaß an Vertrauen berührte mich zutiefst. Es erinnerte mich an die Art, wie Buffett selbst oft finanzielle Vereinbarungen getroffen hatte, zu denen es kaum schriftliche Unterlagen gab. Im Geschäftsleben hatte mich niemand außer meinem Vater je so behandelt.

Am Ende gewannen wir die Auktion in unserem zweiten Anlauf, mit einem Gebot von 650 100 Dollar. Ich war so aufgeregt – und so besorgt, dass Mohnish denken könnte, ich würde ihn im Stich lassen –, dass ich mein Drittel des Geldes gleich am nächsten Morgen an die GILDE Foundation überwies. Erst dann, nachdem das Geld auf dem Weg und die Sache abgeschlossen war, rief ich Mohnish an, um ihm zu sagen, wie wahnsinnig ich mich freute.

Unser Lunch wurde auf den 25. Juni 2008 festgelegt. Also würden mir mehrere Monate bleiben, um mich vorzubereiten – gerade genug Zeit, so hoffte ich, um dafür zu sorgen, dass ich auch würdig war, dem großen Meister selbst entgegenzutreten. Schließlich sollte man erst einmal an sich selbst arbeiten, bevor man sich mit jemandem trifft, der besser ist als man selbst.

6. Mit Warren zum Lunch

Seit mehreren Jahren näherte ich mich immer stärker der Umlaufbahn von Warren Buffett. Ende der 1990er-Jahre, als die Technologieaktien in die Höhe schossen, blieb Berkshire zurück und es gab viel dummes Gerede, Buffett habe »sein Gespür für den Markt verloren«. Die Skeptiker fragten sich, warum er an seinem »altmodischen« Investmentstil festhalte und in »unsexy« – aber hochprofitable – Branchen investierte, während die große Herde ein Riesengeschäft mit den heißen Technologieaktien machte, die zu verrückten x-fachen Preisen ihrer Erträge gehandelt wurden.

Mitten in diesem Wahnsinn sackte die aus der Mode gekommene Berkshire-Aktie auf ein Niveau ab, das mir irrational niedrig erschien. Also stockte ich auf und investierte über 20 Prozent meines Fonds in das Unternehmen. Seit damals hat sich die Aktie mehr als vervierfacht, während viele der einst so heißen Technologie-Schätzchen über den Jordan gegangen sind. Berkshire ist für mich ein wichtiger Investitionsposten geblieben und für meinen Fonds ein bedeutendes Stück Fundament. Noch immer kann man damit hohe Erträge erzielen, auch noch in vielen Jahren.

In der Zwischenzeit bemühte ich mich weiterhin, Buffetts Art des Denkens und des Investierens nachzuahmen. Ich las ständig über ihn, studierte die Aktien, die er kaufte, und tat mein Bestes, die Eigenschaften zu kopieren, die ihn so großartig machten. Zur Zeit unseres Benefiz-Mittagessens hatte ich auch schon etwa ein Dutzend Mal Omaha besucht, um an seinen Jahresversammlungen teilzunehmen.

In jenen Jahren, als ich anfing, nach Omaha zu fahren, steckte ich noch in meinem New Yorker Strudel fest, also hielt ich mich dort normalerweise zusammen mit anderen Typen aus der Hochfinanzwelt des Big Apple im Omaha Marriott auf. Das änderte sich mit der Zeit. Anstatt mich unter die Menge aus New York zu mischen, fing ich an, im DoubleTree-Hotel abzusteigen und mich den Mitgliedern eines Buffett-Fanclubs anzuschließen, der sich Yellow BRKers nannte. Ihre Webseite enthält eine Warnung: »Die Yellow BRKer sind eine zu 100 Prozent informelle und inoffizielle Versammlung von Berkshire-Aktionären. Die Versammlung ist nicht als Forum gedacht, um für irgendein spezielles Produkt oder einen Service zu werben.«

Die Leute, die zu dieser Gruppe gehörten, waren nicht gekleidet wie erfolgreiche Geschäftsleute und sie hatten nicht das geringste Interesse, in der Berkshire-Versammlung Geschäfte zu machen. Sie waren hier, um etwas dazuzulernen, um ihre Freundschaften zu pflegen und aus dem Brunnen der Weisheit zu schöpfen. Sie waren vor allem Amateure, die ihr eigenes Geld in Berkshire-Aktien investiert hatten. Viele besaßen die Aktien schon jahrzehntelang. Sie hatten eine andere Ausstrahlung als meine Kollegen aus New York – jene Profi-Investoren und -Netzwerker, die oft eine Standarduniform aus sandfarbenen Hosen und blauen Blazern trugen.

Über Mohnish lernte ich auch mehrere indische Fans von Warren kennen, von denen manche Tausende Meilen gereist waren, um in Omaha dabei zu sein. Es gefiel mir, mit all den Nicht-Profis zusammen zu sein, die keinerlei Interesse an irgendwelchen Deals hatten und kein bestimmtes Ziel verfolgten. Sie nahmen sich selbst nicht so ernst und wir wurden eine lustige Truppe, in der auch mal laut gelacht wurde. Mir kamen die Werte und Ethik dieser unkomplizierten Gruppe einfach gesünder und bodenständiger vor.

Anstatt in meinem langweiligen und überheblichen Oxford-Harvard-New-York-Stil zu erscheinen, erlaubte ich mir, mich lässig zu geben und es den Buffett-Fans und -Schülern gleichzutun, die ihren Spaß hatten. Am Tag, als das Jahrestreffen stattfand, trudelte ich nicht wie bisher zur Startzeit gegen 8 Uhr ein. Nein, um nicht in den großen Run zu kommen, stand ich um 05:30 Uhr auf, sodass ich mich in die Schlange der Hardcore-Anhänger am Südtor des Kongresszentrums einreihen konnte.

So kam es, dass ich mit Mohnish ganz vorne im Saal saß und einen perfekten Blick auf Warren und Charles genießen konnte. Um etwas mitzubekommen, war dies ein viel besserer Platz als die hinterste Reihe, wo ich ein passiver, ja sogar wertender Beobachter gewesen war. Ich hatte erkannt, dass es besser war, etwas mit ganzem Herzen zu tun, wenn man es tun will. Auch andere ernst zu nehmende Investoren – darunter Prem Watsa, Li Lu und Mario Gabelli – waren wohl zu diesem Schluss gekommen, denn ich sah sie ebenfalls in einer der ersten Reihen sitzen. Wie schon gesagt, es sind die kleinen, scheinbar nebensächlichen Handlungen, die eine große Wirkung haben.

Außer meinem wirklich sehr kurzen Austausch mit Buffett vor der Herrentoilette im Kongresszentrum von Omaha war ich ihm noch nie persönlich begegnet. Die ganzen Jahre über hatte ich ihn nur aus der Ferne betrachtet und studiert. Aber meine Briefkampagne – durch die ich Mohnish kennenlernte und wir beide dann die Versteigerung des Benefiz-Mittagessens gewannen –, diese Briefkampagne versetzte mich nun in eine ganz neue Umgebung voller Möglichkeiten. Plötzlich stand ich kurz davor, meinen Helden persönlich kennenzulernen, beim gemeinsamen Mittagessen!

Es war irgendwie unwirklich. Ich hatte gerade erst begonnen, mich mit dem Universum in Einklang zu bringen, und noch gar nicht so viel Richtiges getan. Aber wenn man anfängt, sich selbst innerlich zu ändern, dann reagiert das Umfeld darauf. Ich hoffe, dieser Gedanke kommt bei Ihnen an, denn er ist wichtig – vielleicht wichtiger als die Tatsache, dass ich mit Warren Buffett zu Mittag gegessen habe. Wenn sich Ihr Bewusstsein oder Ihre innere Haltung wandeln, geschehen außergewöhnliche Dinge. Ich hoffe, Sie können das durch meine Erlebnisse erkennen. Dieser Wandel ist der ultimative Schlüssel fürs Business – und fürs Leben.

Ich hatte schon viel verändert seit meiner Zeit bei D. H. Blair. Doch es gab noch verschiedene Punkte in meinem Hedgefondsgeschäftsmodell, die nicht passten. Je näher der Lunch mit Buffett rückte, desto unwohler fühlte ich mich deswegen. Ich fürchtete, dass er mich sehen und zurückschrecken würde vor dem Anblick eines weiteren gierigen »Hedgies« aus New York, der seine Investoren abzockt, indem er 1 Prozent jährliche Managementgebühr und 20 Prozent Performancegebühr forderte.

Mohnish verlangte keine Jahresgebühr; er wurde nur bezahlt, wenn seine Aktionäre Gewinne einfuhren. Was Warren betraf, so betrug sein Jahresgehalt für Berkshire 100 000 Dollar – beinahe lächerlich wenig im Vergleich zu den vielen Milliarden Dollar an Profit, den er für seine Aktionäre schon erzielt hatte. Ich würde also zu diesem Lunch gehen mit den höchsten Gebühren und dem egoistischsten Gebührenmodell, während ich gleichzeitig am wenigsten Geld managte und die niedrigsten Erträge von uns dreien hatte. Es ist schmerzlich, das zu sagen, aber es ist nun mal wahr.

Ich hätte mich damit herausreden können, dass viele andere Hedgefondsmanager sogar 2 Prozent Managementgebühren pro Jahr verlangten. Aber die Tatsache, dass deren Gebührenmodell noch dreister war als meines, war für mich nur wenig tröstlich. Ich war zwar nicht der Schlimmste aller Abzocker, aber ich wollte auf der richtigen Seite stehen. Buffett wusste nicht, welch großen Einfluss er auf mich ausübte, aber er war ein so leuchtendes Beispiel mit seinem eigenen Gebührenmodell, dass auch ich meine eigenen Aktionäre fairer behandeln wollte. So viel Macht besaß die bloße Erwartung, ihm persönlich gegenüberzustehen.

Es kursiert ein Witz an der Wall Street, dass ein Hedgefonds in Wahrheit nur ein Gebührenmodell auf der Suche nach einem Investor ist, den man abzocken kann. Ich wollte nicht Teil dieses Systems sein, aber ich hatte zugelassen, dass es dennoch dazu kam, indem ich nur allzu bereitwillig dem Druck der Berater und ihren Erklärungen nachgab, dies sei nun einmal die übliche Vorgehensweise. Nun, da ich mit dem Gegensatz zwischen Buffett und mir konfrontiert war, empfand ich es als unerträglich, bei dem Lunch zu erscheinen und als Einziger eine jährliche Managementgebühr zu verlangen.

Also richtete ich eine neue Aktiengattung für meinen Fonds ein, die Buffetts ursprüngliches partnerschaftliches Gebührenmodell widerspiegelte. Meine bisherigen Aktionäre konnten, wenn ihnen das lieber war, beim alten Modell bleiben, aber sie hatten jetzt auch eine bessere Möglichkeit der Langzeitanlage: In der neuen Aktiengattung würden sie keine jährliche Managementgebühr zahlen und ich hätte keine Ansprüche auf Erfolgsbeteiligung, bis sie 6 Prozent jährliche Investmentrendite erzielt hatten. Bei Überschreiten dieser Grenze würde ich ein Viertel der Gewinne und somit nur dann eine großzügige Performancegebühr erhalten, wenn meine Aktionäre ebenfalls Gewinn machten. Ich hätte diese Idee schon zehn Jahre früher umsetzen sollen, dann wäre ich vom ersten Tag an auf dem richtigen Weg gewesen.

Kluge Investoren würden sofort verstehen, dass dieses Gebührenmodell sinnvoll ist. Dieser Wandel würde dem Fonds im Lauf der Zeit also die richtigen Langzeitanleger bringen und ich müsste nicht mehr angestrengt versuchen, an Leute zu verkaufen, die gar kein Verständnis für meine wahren Ziele hatten.

In meiner Anfangsphase als Fondsmanager wollten mir aalglatte Marketingmenschen helfen, den Fonds an mehr Investoren zu verkaufen, damit er größer und profitabler würde. Das funktionierte nie so richtig; ich jagte dem Erfolg am falschen Ort nach. Was am Ende am besten funktionierte, war, den Blick nach innen zu richten, meine innere Haltung zu ändern und die Interessen meiner Aktionäre vor meine eigenen zu stellen. Wie auf so vielen Gebieten brauchte ich Jahre, um zu begreifen, was Buffett bereits wusste.

Noch vor unserem Lunch wollte ich die GLIDE Foundation besuchen, die von ihm unterstützte Wohltätigkeitsorganisation. Ich war neugierig, zu erfahren, warum er seine Zeit genau dieser Stiftung widmete. Heute weiß ich: Wenn man jemandem begegnet, der über herausragende Eigenschaften verfügt, lohnt es sich, Zeit und Energie in Reisen zu investieren, um in deren Kraftfeld zu sein. GLIDE war Teil von Buffetts Kraftfeld und ich wollte wissen, warum.

Also flog ich nach San Francisco, um mehr über diese bemerkenswerte Hilfsorganisation zu erfahren, deren Ziel es ist, »eine radikal inklusive, gerechte und liebevolle Gemeinschaft« zu schaffen. Unter anderem unterhält GLIDE eine Kirchengemeinde im verarmten Stadtteil Tenderloin, bietet medizinische Hilfen und gibt mehr als 800 000 Essen im Jahr an Bedürftige aus. Warren lernte GLIDE über seine verstorbene Frau Susan kennen, die eine überaus großzügige Seele war. Er begann mit seiner Unterstützung, indem er einmal im Jahr einen Lunch im Internet versteigerte, und auch nach Susans Tod 2004 machte er damit weiter.

Vor der GLIDE-Zentrale empfing mich mit strahlendem Gesicht der Gründer der Organisation: Reverend Cecil Williams, Pfarrer und Aktivist für die Rechte der Armen und Benachteiligten. Der Reverend war ein Mensch, der seinen Job, genau wie Buffett, mit jeder Faser seines Körpers lebte. Später aßen wir gemeinsam in der Suppenküche von GLIDE zu Mittag, wo ich selbst sehen konnte, wie er mit jedermann scherzte und wie die Leute zu ihm hingezogen wurden. Ich brauchte nicht lange, um zu verstehen, dass dies eine wunderbare Einrichtung war, die echte Wärme und Menschlichkeit an Menschen weitergab, die sich selbst bereits aufgegeben haben. Wie Buffett es einmal ausdrückte, vertritt GLIDE die Auffassung, dass »jeder über Potenzial verfügt, egal aus welchem Umfeld er stammt. Es ist eine bewiesene Tatsache, dass eine Kombination aus Liebe, Zeit, Energie und Ressourcen einen Menschen völlig verändern kann.«

Und da war noch etwas: Mir dämmerte, dass Reverend Williams durch und durch ein Manager im Buffett-Stil war – nicht viel anders als die CEOs, die das Unternehmen Berkshire führten. Er war authentisch bis ins Mark. Es gab keine Fassade. Er widmete seine Aufmerksamkeit und Energie den Menschen, denen er half. Und ganz offensichtlich liebte er seine Arbeit. Später an diesem Tag nahm ich für GLIDE ein Video auf, in dem ich erwähnte, dass Buffett nicht nur »seine Unternehmen sehr genau auswählte«, sondern auch ebenso sorgfältig »eine ganz besondere Wohltätigkeitsorganisation« herausgesucht hatte.

Was vielleicht noch wichtiger war: Der Besuch bei GLIDE zeigte mir, wie sehr Buffett darauf bedacht war, seine Macht dazu zu verwenden, Gutes zu tun. Sein Beispiel ermunterte mich, weniger auf mich selbst zu achten als auf andere, um zu erkennen, wem ich helfen konnte – und je mehr ich das tat, desto glücklicher wurde ich im Leben.

Gemäß den Regeln hatten Mohnish und ich einen »Power Lunch« für sieben Personen – plus Warren – im Steakhaus Smith & Wollensky in Manhattan gewonnen. Von unserer Seite würden Mohnish und seine Frau Harina kommen, ihre beiden Töchter Monsoon und Momachi sowie Lory und ich. Mit anderen Worten, wir waren nur zu sechst, was bedeutete, dass praktisch noch ein Platz frei war. Mehrere Bekannte hatten sich schon an mich gewandt und wollten diesen Platz kaufen. Ein Londoner Fondsmanager bot mir sogar 100 000 Dollar, um dabei sein zu können, und ein angeberischer Private-Equity-Typ schlug vor, wir sollten den Platz David Cameron anbieten und außerdem unsere Familien zu Hause lassen.

Als Lory von diesen Angeboten erfuhr, bot sie großzügig ihren Platz an, damit wir ihn jemandem geben konnten, der bereit war, dafür mehr zu bezahlen. Doch dies war kein geschäftliches Abkommen und ihr Platz war nicht zu verkaufen. Dennoch fühlte ich mich verpflichtet, Mohnish über das 100 000-Dollar-Angebot zu informieren. Er blieb ungerührt: Dies war ausschließlich eine Familienfeier und ein Anlass, um Warren zu danken. Es gab keine versteckten Ziele. Hätten wir die Plätze weiterversteigert oder Fremden erlaubt, mit uns zu kommen, so hätten wir damit diese Atmosphäre zerstört.

Endlich war der Tag gekommen, an dem der Lunch stattfinden sollte. Es war ein schöner sonniger Morgen Ende Juni. Lory und ich nahmen ein Taxi von unserem Apartment zum Restaurant, das an der Ecke 49th Street und Third Avenue liegt. Wir trafen eine Stunde früher ein, denn ich wollte den Augenblick auskosten und nicht zu einer so wichtigen Angelegenheit zu spät kommen. Kamerateams von CNBC und anderen Sendern hatten sich bereits vor dem Restaurant aufgebaut. Mit Warrens Einwilligung hatten wir auch unseren Hochzeitsfotografen engagiert, um diesen Moment für uns festzuhalten.

Ich war so nervös, dass ich mich vollkommen heruntergewirtschaftet fühlte, und obendrein schleppte ich eine Erkältung mit mir herum. Buffett, das wusste ich, war ein scharfer Beobachter was den Charakter eines Menschen betraf – und ich hatte Angst, bloßgestellt zu werden. Wenn er mich nun durchschaute und noch irgendwelche Reste meiner Gordon-Gekko-Seite an mir entdeckte? Aber ich war auch über die Maßen aus dem Häuschen vor Vorfreude. Von meinen Essen mit Mohnish wusste ich, welche gigantische Wirkung es haben kann, wenn man einfach nur mit jemandem zusammensitzt, den man verehrt. Also war ich wie elektrisiert von der Aussicht, Warren ganz nah zu erleben und zu sehen, was ihn antrieb. Es würde der ultimative Meisterkurs in Kapitalismus sein.

Gegen 12:30 Uhr setzten wir sieben uns an den Tisch in einer gemütlichen holzvertäfelten Nische nahe der Küche. Es war nur halb privat und es ging ein Raunen durch die Reihen der anderen Gäste, als sie in die Nische lugten und sahen, dass Warren Buffett hier war. Er trug einen Businessanzug, ein weißes Hemd und eine leuchtend gelbe Krawatte mit schwarzem Muster. Je eine von Mohnishs Töchtern setzte sich ihm zur Seite, ich nahm den zweiten Platz rechts von ihm ein, zwischen Momachi und Lory, Mohnish und Harina setzten sich zur Linken Buffetts.

Es war wunderbar, unsere Frauen und Mohnishs Kinder dabeizuhaben, denn das machte es zu einem unbeschwerten und fröhlichen Familientreffen und nicht zu einem formellen Geschäftsessen. Warren, der Geschenke für die beiden Mädchen mitgebracht hatte, strahlte vor Freude und Warmherzigkeit – eher wie ein liebenswerter Großvater als einer der reichsten Männer der Welt und der großartigste Investor aller Zeiten.

Genau wie ich ihn schon in den Jahresversammlungen von Berkshire erlebt hatte, hatte er nichts Aufgesetztes oder Steifes an sich. Warmherzig und freundlich bestand er darauf, dass wir ihn Warren nannten, und tat alles dafür, dass wir uns alle wohlfühlten. Er fragte die Mädchen, wie alt sie seien, und meinte dann: »Du bist zwölf, du bist elf und ich bin 77.« Dann, als die Speisekarte kam, scherzte er mit den beiden und sagte, er würde nichts essen, was er mit unter fünf Jahren auch nicht angerührt hätte. Und wirklich bestellte er dann ein Steak, medium rare, Kartoffelrösti und eine Cherry Coke – passend gewählt, schließlich ist Berkshire der größte Aktionär von Coca-Cola. Da ich mich nicht mit der Speisekarte aufhalten wollte, folgte ich seinem Beispiel und bestellte ebenfalls ein Steak und Rösti und dazu eine Cola light.

Buffett hatte sich offenbar die Mühe gemacht, vor dem Lunch etwas über uns in Erfahrung zu bringen. Er fragte Lory nach Salisbury, North Carolina, wo sie geboren war, und erwähnte, dass er dort eine Zeit mit einem Studienfreund von der Columbia University verbracht hatte. Er betonte auch, wie beeindruckt er von dem bemerkenswerten Jahresbericht von Mohnishs Wohltätigkeitsorganisation Dakshana gewesen sei, die sich der Schulbildung von Kindern in Indien annimmt. Mohnish war ganz überwältigt, als Warren sagte, er habe den Bericht an Charles Munger und Bill Gates weitergeleitet. Und als Buffett auf Fox News über unseren Lunch sprach, erwähnte er eigens noch einmal Mohnishs Stiftung, indem er anmerkte: »Er ist ein ebenso heller Kopf als Philanthrop wie als Investor … Der Mann hat sich viele Gedanken darüber gemacht, was er mit dem Geld macht, das er im Lauf der Zeit generiert. Er verwendet es zugunsten von, ich denke wirklich, Tausenden von Menschen … Ich bewundere ihn sehr.«

Es war auch klar, dass Buffett sich selbst ebenfalls eine Menge Gedanken darüber gemacht hatte, was er mit seinem Geld anfangen sollte. Er sprach mit uns über seine Idee, je eine Wohltätigkeitsorganisation für jedes seiner drei Kinder ins Leben zu rufen, und fügte hinzu, es sei »für gewöhnlich keine gute Idee, abzuwarten«, bis man das Geld an die Gesellschaft zurückgibt: Am besten sei es, meinte er, jetzt zu handeln, anstatt das Geld anzuhäufen und erst später eine größere Summe zu geben. Im Scherz erwiderte ich, er sei damit praktisch der am wenigsten wohlhabende Mensch hier am Tisch, da er die meisten seiner Berkshire-Hathaway-Aktien schon der Bill & Melinda Gates Foundation überschrieben habe; dadurch arbeite er jetzt ja praktisch für umsonst, ganz ähnlich wie der Gründer von GLIDE, Cecil Williams. Mit einem fröhlichen Grinsen antwortete er, das sei »absolut korrekt«. Er schien sich zu freuen, dass ich verstanden hatte, wie wenig er sich aus persönlichem Reichtum machte und wie viel daraus, mit seinem Reichtum anderen zu helfen.

Als wir uns bei Warren bedankten, dass er diesen Lunch ermöglicht hatte, sagte er, er freue sich immer sehr darauf. Denn einerseits war es für ihn eine großartige Möglichkeit, Reverend Williams und auch seine eigene verstorbene Frau Susan zu würdigen. Er sagte, er habe von Anfang an, mit etwa 18 Jahren, gewusst, dass sie die Frau war, die er heiraten wollte, und dass er nie dorthin gekommen wäre, wo er jetzt sei, wenn sie nicht gewesen wäre. Er sprach mit zärtlicher Bewunderung über ihre Freundlichkeit und erinnerte sich daran, wie sie schließlich AIDS-Patienten in ihr Haus aufgenommen und ihnen ihr eigenes Schlafzimmer gegeben hatte, um irgendwie den Schmerz ihrer letzten Tage zu lindern. Mohnishs Töchtern gab er zum Abschied mit auf den Weg, den richtigen Menschen zum Heiraten zu finden sei die wichtigste Entscheidung in ihrem Leben.

Drei Stunden lang genossen wir eine ganz wunderbare Konversation über eine breit gefächerte Themenvielfalt. Zum Beispiel fragten Harina und Mohnish Warren über Sir Isaac Newton, da er einmal gesagt hatte, dass Newton die historische Figur sei, mit der er am liebsten einmal zu Mittag essen würde. Er erklärte uns, dass Newton »wahrscheinlich der klügste Mensch in der Geschichte« gewesen sei, aber er scherzte, er habe es sich noch einmal überlegt und würde jetzt doch lieber mit Sophia Loren essen gehen. Außerdem verriet er uns, Charles Munger würde am liebsten mit

Benjamin Franklin essen gehen, denn »Newton war klüger, aber Franklin war weiser«.

Warren erzählte bei dieser Gelegenheit auch von einer Reise nach China, die er zusammen mit Bill Gates gemacht hatte. Während sie den Jangtsekiang hinauffuhren, sprachen sie über einen Mann, dessen Arbeit es war, »die Boote heranzuziehen«, wenn sie am Dock ankamen. Warren erinnerte sich, dass Gates gesagt hatte, egal wie klug dieser Mann war, er würde nie eine Chance bekommen, aus seinem Leben jemals etwas Besseres zu machen. Für ihn selbst, fügte Warren hinzu, wäre es ein entscheidender Nachteil gewesen, irgendwo sonst als in den Vereinigten Staaten geboren zu werden, denn dann hätte er vielleicht nie Benjamin Grahams Buch *Intelligent investieren* gelesen, das damals in keiner anderen Sprache als Englisch verfügbar war. Grahams Buch *Wertpapieranalyse* sei sein »Heiliger Gral« gewesen und er sei erstaunt gewesen, als er entdeckte, dass Graham an der Columbia lehrte. In der Hoffnung, Grahams Aufmerksamkeit auf sich zu ziehen, schrieb er ihm einen Brief, in dem stand: »Ich dachte, Sie seien schon gestorben.«

Gegen Anfang des Gesprächs machte ich Warren ein Geständnis: Ich erzählte ihm, wie ich mein Gebührenmodell verändert hatte, damit er nicht denken würde, ich sei nur wieder so ein gieriger Zwei-plus-zwanzig-Hedgefondstyp. Ich erwähnte auch von den Schwierigkeiten, meine Fonds-Anwälte davon zu überzeugen, dass dieser unorthodoxe Ansatz sinnvoll sei, da er fairer gegenüber meinen Aktionären war. Ich werde Warrens Antwort nie vergessen: »Man wird immer versuchen, Sie davon abzuhalten, das Richtige zu tun, wenn es unkonventionell ist.« Ich fragte ihn, ob es mit der Zeit leichter würde, das Richtige zu tun. Er hielt inne, schaute kurz weg und antwortete: »Ein bisschen.«

Im weiteren Verlauf des Gesprächs erklärte er, wie entscheidend es sei, sich an die Werte zu halten, die man in seinem Innersten für richtig hält, und sich nicht von äußeren Kräften oder Gruppendruck ablenken zu lassen. »Es ist sehr wichtig, sein Leben immer nach einer inneren Scorecard zu führen, niemals nach einer äußeren.« Zur Verdeutlichung stellte er uns die Frage: »Wäre es dir lieber, alle halten dich für den besten Liebhaber der Welt, aber du weißt, dass du eigentlich der schlechteste bist – oder dass du weißt, du bist der beste Liebhaber der Welt, aber alle halten dich für den schlechtesten?«

Ich weiß noch, dass ich in dem Moment dachte: »Ja, genau. Das stimmt.« Doch erst später spürte ich die volle Kraft dieses Ratschlags. In den folgenden Monaten ging mir langsam auf, wie lange ich mich in meinem Leben nach der äußeren Scorecard bewertet hatte. Ich wollte immer unbedingt von den anderen gemocht und respektiert werden – Lob von meinen Professoren in Oxford und Harvard bekommen, bei D. H. Blair als erfolgreicher Investmentbanker und Macher von Deals betrachtet, als Top-Fondsmanager bewundert werden. Diese ständige Jagd nach Anerkennung führte mich unweigerlich auf Abwege. Was ich wirklich brauchte, war eine innere Scorecard, nach der ich mich selbst beurteilen konnte. Dann hätte ich es geschafft, D. H. Blair sofort mit fliegenden Fahnen zu verlassen, als ich merkte, wie übel es dort zuging.

Buffetts Einsichten kann man gar nicht hoch genug einschätzen. Wie viele selbstsüchtige Exzesse und moralische Kompromisse, welche die Finanzkrise von 2008/09 verursacht haben, hätten verhindert werden können, wenn Hypothekenbroker, Banker und andere sich selbst nach einer inneren Scorecard bewertet hätten? Durch Warren verstand ich, dass die Menschen nur allzu gern ihre falschen und irregeleiteten Handlungen damit rechtfertigen, dass alle anderen es ja auch tun.

Ein Charakterzug von Buffett ist, dass er so klar nach seiner eigenen inneren Scorecard lebt. Er tut nicht nur das Richtige, sondern er tut das, was er für richtig hält. Wie ich bei unserem Lunch erleben konnte, hat er nichts Aufgesetztes oder Gezwungenes an sich. Es gibt für ihn einfach keinen Grund, warum er von seinen Grundsätzen abweichen oder gegen seine Überzeugung handeln sollte. So hat er auch den Berkshire-Aktionären erklärt, dass er durchaus Verschiedenes tun könnte, um das Unternehmen größer und profitabler zu machen, aber nicht bereit sei, das zu tun. Zum Beispiel weigere er sich, Leute zu entlassen oder Holdings zu verkaufen, die er ganz einfach durch profitablere Unternehmen ersetzen könnte. Auch hatten sich manche Investoren beklagt, dass Berkshire sehr viel profitabler wäre, würde es – so wie viele andere Holdings das getan hatten – seinen Steuersitz auf die Bermudas verlegen. Doch Buffett wollte sein

Unternehmen nicht auf den Bermudas ansiedeln, auch wenn es legal gewesen wäre und er dadurch zig Milliarden Dollar an Steuern gespart hätte.

Das war eine der wichtigsten Lektionen aus unserem Lunch. Warren Buffetts Kraft rührt teilweise von seinem felsenfesten Sinn dafür, wer er wirklich ist und wie er leben will. Daran ist nichts Künstliches. Kein Bedürfnis, nach den Standards oder Ansichten anderer zu leben. Als wir mit ihm bei Smith & Wollensky saßen, konnte ich sehen, dass er keine Kompromisse macht, wenn es um sein eigenes Glück geht – selbst bei so kleinen, scheinbar unbedeutenden Dingen wie dem Dessert, das er sichtlich genoss. Es ist ganz klar, dass er sein Leben so eingerichtet hat, dass es zu ihm passt und dass er es genießen kann. Als ich ihn fragte, ob er die dezentrale Struktur bei Berkshire bewusst so gestaltet habe, betonte er, das Unternehmen laufe so, weil das seiner Persönlichkeit entspreche, nicht weil es damit Gewinne maximiere.

Als Investor ist er sich selbst immer treu geblieben. Während der Technologieblase, als sich so viele anstecken ließen, hatte er kein Problem damit, sich weiter an seine Prinzipien zu halten, auch wenn das bedeutete, dass er massiv hinter der Entwicklung des Marktes zurückblieb, bevor dieser implodierte.

Buffett fiel es auch nicht schwer, der Versuchung zu widerstehen, geborgtes Geld zu investieren. Das hätte ihn vielleicht reicher gemacht – oder in Schwierigkeiten gebracht. Eine weitere Schlüssellektion bekamen wir, als Mohnish während unseres Lunchs fragte, was denn aus Rick Guerin geworden sei, einem Freund Buffetts, den er in seinem Artikel *The Superinvestors of Graham-and-Doddsville* erwähnt hatte. Eine Zeit lang war Guerins Investmentwertentwicklung spektakulär. Doch Warren erzählte uns, Guerin habe »es eilig gehabt, reich zu werden«, und mittels Leverage versucht, seine Gewinne zu steigern. Als der Markt 1973/74 einbrach, traf es Guerin hart und er war gezwungen, Anteile an verschiedenen Holdings zu verkaufen, darunter Tausende Aktien von Berkshire Hathaway, die heute ein Vermögen wert wären.

Für Warren waren die Bemühungen dieses begabten Investors ein klares und eindrucksvolles Beispiel dafür, wie gefährlich Schulden waren und welche Tugend in der Geduld liegt. »Charles und ich wussten immer, dass wir sehr reich werden würden«, erzählte er uns, »aber wir hatten es nicht eilig.« Schließlich sei es so: »Auch wenn man als Investor nur knapp über dem Durchschnitt liegt – wenn man weniger ausgibt, als man einnimmt, dann kann man gar nicht anders, als im Lauf des Lebens sehr reich zu werden. Man muss nur Geduld haben.«

Hilfreich ist, dass Buffett sich ein friedliches Umfeld geschaffen hat, in dem er in Ruhe nachdenken und arbeiten kann. Indem er in Omaha blieb, hielt er sich fern von der Menge, die einen nur verrückt macht. Seine legendäre Assistentin Debbie Bosanek (die mehr als 30 Jahre bei Berkshire gearbeitet hat) schirmt ihn ebenfalls von unnötigen Ablenkungen ab. Sie erzählte Mohnish und mir einmal, dass er für gewöhnlich sein Handy ausgeschaltet lässt und nicht einmal eine E-Mail-Adresse besitzt. Die Tatsache, dass er die richtigen Filter hat, hilft ihm, sich vor der falschen Sorte Informationen zu schützen.

Bei allem Charme und aller Leutseligkeit sondert Buffett sich also ohne Zögern von der Welt ab, wenn er Ablenkungen vermeiden möchte, die sein Urteilsvermögen beeinträchtigen könnten. Er erzählte uns, dass oft Leute versuchten, ihn zu einem Treffen zu überreden, damit sie ihm Investitionen aufschwätzen können. Aber er habe kein Problem damit, viel öfter »nein« zu sagen als »ja« – auch wenn sie mit Schmeicheleien kommen. Außerdem meide er normalerweise ein Zusammentreffen mit dem Management von Unternehmen und verlasse sich lieber auf den Finanzbericht eines Unternehmens.

Seine Tage stopft er sich auch nicht mit Meetings voll, die nur vom Wesentlichen ablenken. Bei unserem Lunch zeigte er uns seinen Terminkalender, dessen Seiten größtenteils leer waren, und fügte hinzu, er kümmere sich selbst um seine Termine. Bill Gates' Kalender sei dagegen voll mit genauen Angaben wie »06:47 Uhr: Duschen« und »06:57 Uhr: Rasieren«. Das soll nicht heißen, dass das eine System besser ist als das andere. Nur hat Buffett eben ein System gewählt, das perfekt zu ihm passt, das es ihm ermöglicht, mit Muße und in Ruhe nachzudenken, unberührt von dem Lärm, der die Wall Street beherrscht. Wie Buffett mir erklärte, reicht es nicht, sich auf seinen Intellekt zu verlassen, um sich vor diesem Lärm zu schützen.

Man muss dafür den richtigen Tagesablauf und das richtige Umfeld haben. Deshalb beschloss ich nur sechs Monate nach unserem Lunch, nach Zürich zu ziehen, weil ich wusste, dort wäre es leichter für mich, einen klaren Kopf zu behalten, weit weg vom New Yorker Strudel.

Dies ist ein weiterer Punkt, für den wir Investoren Buffett dankbar sein sollten: Wir können das Umfeld und den Tagesablauf kopieren, die er sich geschaffen hat, um sich den Lärm fernzuhalten. Für mich bedeutete dies, dass ich nicht nur von der Wall Street weg, sondern auch andere Lärmquellen abstellen musste, die sonst mein Denken verschmutzen würden. So ignoriere ich zum Beispiel Marktvorhersagen vollkommen und konzentriere mich stattdessen darauf, in Unternehmen zu investieren, die voraussichtlich auf lange Sicht wachsen würden. Bei dem Lunch gab ich offen zu, bis zu welchem Ausmaß ich versuchte, Buffetts Handlungen zu studieren und zu klonen. Ich erklärte meine Haltung, indem ich ihm eine Geschichte aus dem Talmud erzählte: über zwei Studenten, die so begierig waren, von ihrem Rabbi zu lernen, dass sie sich sogar unter seinem Bett versteckten, um ihn auch nachts zu beobachten. Warren erwiderte lachend, er werde von jetzt an immer unters Bett schauen, um zu sehen, ob ich mich dort verstecke.

Doch eine Seite an Buffett ist absolut nicht zu kopieren: die Kraft seines Denkens. Bei unserem Lunch spürte ich, dass sein Denken gerade auf fünf unterschiedlichen Ebenen gleichzeitig arbeitete. Seine Biografin Alice Schroeder hat einmal selbst ein ähnliches Gefühl in seiner Gegenwart beschrieben. Es ist schwer zu erklären, doch als ich an jenem Tag mit Buffett am Tisch saß, spürte ich, dass er mit einer viel höheren Schlagzahl arbeitete als ich. Früher, als Jahrgangsbester in Oxford, war ich irgendwie überzeugt, die geistige Kapazität zu besitzen, mich mit ihm zu messen, und ich hatte gehofft, dass ich eines Tages lernen würde, ebenso gut zu sein wie er. Als ich ihn aber an jenem Tag persönlich erlebte, hatte ich keinerlei Zweifel mehr, dass ich niemals hoffen konnte, seine Leistungsfähigkeit zu erreichen.

Das hätte mich entmutigen können, aber ich empfand es seltsamerweise als befreiend. Mir war klar, was ich hier zu lernen hatte. Anstatt zu versuchen, mich mit Buffett zu messen, sollte ich mich auf die echte Chance konzentrieren, nämlich die bestmögliche Version von Guy Spier zu werden. Das erinnerte mich an einen alten Witz, den Warren gerne erzählt: »Wie schlägt man Bobby Fisher? Antwort: Indem man etwas anderes mit ihm spielt als Schach.«

Ich konnte Warren in seinem eigenen Spiel nicht schlagen. Aber was ich konnte, war, seinem Beispiel zu folgen. Was mich am meisten an ihm beeindruckte, war nicht nur sein blitzgescheiter Geist, sondern auch die Tatsache, dass er ein Leben führte, das mit seinem Wesen völlig im Einklang war. Alles schien zu passen. Ganz offensichtlich hatte er im Leben immer danach gestrebt, sich selber treu zu bleiben.

Und dies wurde nun auch mein eigenes Ziel: nicht, Warren Buffett zu werden. Sondern eine authentischere Version meiner selbst. Er selbst hatte mich gelehrt: Wahren Erfolg erlangt man nur mit Authentizität.

7. Die Finanzkrise – Sturz in den Abgrund

Value-Investoren brüsten sich gerne damit, sie seien in der Lage, zu kaufen, wenn der Markt am Implodieren ist. Wir glauben, wir besäßen die Gelassenheit, den Mut und die Kraft – ganz zu schweigen von der intellektuellen Klarheit und der Sachkenntnis –, rational zu handeln, wenn fast alle anderen in Panik ausbrechen. Aber was passiert wirklich, wenn der Markt zusammenbricht und »das Blut in den Straßen fließt«? Ich sollte dies aus erster Hand erfahren, als die Finanzwelt 2008/09 in den Abgrund stürzte und mich und meinen Fonds mit sich riss. Warren Buffett hatte gesagt, wenn du keine Angst hast, hast du nicht aufgepasst. Und weiß Gott, ich hatte Angst.

Dieser Crash war für mich ein so schmerzliches Erlebnis, dass es mir selbst jetzt noch schwerfällt, darüber ganz ehrlich und aufrichtig zu schreiben. Das ist keine bewusst getroffene Entscheidung: Ich habe bestimmte Erinnerungen aus dieser Zeit zweifellos verdrängt, weil sie fast zu quälend sind, um sich ihnen zu stellen. William Green, ein Aktionär und Freund, der mir beim Schreiben dieses Buches behilflich war, erinnerte mich neulich an ein Telefongespräch, das wir damals geführt haben und in dem ich ihm erzählte, nur halb im Spaß: »Wir bluten aus allen Poren.« Ich habe keinerlei Erinnerung daran. Und doch gibt es bestimmte Momente aus dieser Zeit, die mir unvergesslich sind, auch wenn ich sie lieber vergessen würde.

Einer der schlimmsten Momente kam mit der Auslieferung der *Financial Times* an einem Morgen im März 2008. Beim Frühstück las ich auf der ersten Seite, dass Bear Stearns kurz vor der Insolvenz stand. Mein Fonds war ein Brokerkunde von Bear Stearns und die Bank verwaltete unser gesamtes Vermögen auf verschiedenen Konten. Ich weiß noch, wie meine Frau mir eine Szene machte, weil ich so abgelenkt war und meine Familie überhaupt nicht mehr beachtete. Gereizt entgegnete ich: »Kapierst du es nicht? Das ganze Geld von Aquamarine ist bei Bear Stearns! Morgen könnte alles futsch sein!«

An diesem Wochenende verbrachte ich viel Zeit im Büro und recherchierte die Namen von Experten, die mich gleich am Montag darüber aufklären konnten, was eine Pleite von Bear Stearns für den Fonds bedeuten würde. Ich musste unbedingt wissen, was mit unseren Konten passieren würde, ob es möglich war, dass sie über Jahre eingefroren wurden, während ein Insolvenzverwalter die Trümmer der Firma filzte.

Als konservativer, risikoaverser Investor hatte ich bewusst all unsere Wertpapiere in Bear-Stearns-Geldkonten angelegt, die unserem Fonds gehörten. Ich wusste, dass es katastrophal enden kann, sich Fremdkapital zu leihen und auf Kredit zu investieren, weil dann eine Brokerfirma in einem Einschusskonto die Kontrolle über die Wertpapiere übernehmen und diese zum schlechtestmöglichen Zeitpunkt verkaufen kann. Genau das war Jahre zuvor mit dem Hedgefonds Long-Term Capital Management passiert.

Ich war fast schon zwanghaft darauf fokussiert, solche Risiken zu meiden, denn mir war schmerzlich bewusst, dass ich unser Vermögen schützen musste; ich hatte nicht einen Cent Leverage oder Schulden, weder privat noch im Fonds. Bear Stearns war einfach nur unser Depotverwalter – und das bedeutete, dass unsere Geldkonten theoretisch überhaupt nicht in Gefahr waren. Dennoch war die Unabsehbarkeit der Situation erschreckend. Wer konnte schon wirklich sagen, was mit diesen abgetrennten Konten geschehen würde, wenn Bear unterging? Man musste mit allem rechnen.

Ich saß an meinem Schreibtisch in meinem Büro in Manhattan am Nachmittag des 16. März, einem Sonntag, und sah zu, wie sich vor meinen Augen Finanzgeschichte ereignete. Im Büro herrschte auf unheimliche Weise Stille. Alles schien sich in Zeitlupe abzuspielen. Ich wusste, ich hatte nichts mehr unter Kontrolle, mein Schicksal lag in den Händen von Hank Paulson, Ben Bernanke und anderen Politikern, deren einziges und aufrichtiges Interesse darin bestand, das weltweite Finanzsystem zu schützen – nicht mich, meinen Fonds oder meine Investoren. Fast das gesamte Vermögen meiner Familie sowie die Ersparnisse von Dutzenden von Freunden, Verwandten und Geschäftspartnern standen auf dem Spiel. Und dennoch war ich in diesem Augenblick der Krise seltsam ruhig.

Dann plötzlich erwachte mein Bloomberg-Monitor zum Leben und es poppte eine Kurzmeldung auf, dass JPMorgan beschlossen hatte, Bear Stearns zu kaufen. Ich griff nach dem Telefon und rief meinen Vater an, um ihm die Neuigkeiten mitzuteilen. Später an diesem Abend wählte ich mich in eine Telefonkonferenz ein und hörte mit überwältigender Erleichterung Jamie Dimons Zusicherung, dass JPMorgan »hinter Bear Stearns steht ... und JP Morgan für Bear Stearns Vertragsrisiken garantiert«. Noch niemals hatten mir so prosaische Worte so viel bedeutet. Selbst jetzt, da ich dies schreibe, steigen die Emotionen in mir hoch.

Das Damoklesschwert Bear Stearns, von dem ich bis vor ein paar Tagen nicht einmal gewusst hatte, dass es existiert, war bedrohlich nahe gekommen. Aber wir waren gerettet worden. Ich habe Jamie Dimon nie kennengelernt, aber ich schicke ihm seitdem jedes Jahr eine Weihnachtskarte. Ich habe ihn einmal auf einer Cocktailparty in Davos gesehen, aber nicht mit ihm gesprochen. Dennoch war ich versucht, zu ihm hinzugehen und ihn zu umarmen.

Zu einer Zerreißprobe, die sich mir ins Gedächtnis eingebrannt hat, kam es im September 2008. Wir waren gerade von einem wundervollen Familienurlaub in Europa zurückgekehrt. Lory und ich hatten kürzlich unser drittes Kind bekommen und waren froh, uns in einer neuen Wohnung in der Upper West in Manhattan eingerichtet zu haben. Dann, an jenem sonnigen Septembernachmittag, rief mich mein Vater aus heiterem Himmel an und fragte mich, ob ich glaube, dass Lehman Brothers bankrottgehen würde. Der größte Teil seines Geldes war im Aquamarine Fund investiert. Aber es stellte sich heraus, dass er auch einen ansehnlichen Batzen seines liquiden Vermögens in Lehman-Brothers-Bonds gebunkert hatte. Jetzt sah es so aus, als ob sich Lehman auf einer tödlichen Talfahrt befand.

Ich war fast sprachlos. Wir waren vor Kurzem erst dem Desaster mit Bear Stearns entgangen – und nun das? Ich lief in meinem Wohnzimmer auf und ab und hörte meinem Vater voller Unglauben zu. »Lehman-Brothers-Bonds? Du hast Lehman-Bonds gekauft? Warum?«

Ich konnte mir einfach nicht vorstellen, wie er nur in dieses Minenfeld geraten sein konnte. Weniger als ein Jahr zuvor hatte ich einen hervorragenden Vortrag von David Einhorn über Lehman beim Value Investing Congress gehört. Er hatte die Finanzberichte der Bank auseinandergenommen, um zu zeigen, wie verwundbar sie war, also wusste ich, ich würde sie nicht einmal mit einer zehn Meter langen Stange anfassen. Und jetzt musste ich feststellen, dass mein eigener Vater eine beträchtliche Summe in Lehman-Bonds investiert hatte, ohne auch nur daran zu denken, mir davon zu erzählen.

Er erklärte mir, ein Finanzberater von einer der größten und bekanntesten Banken der Welt habe ihn angerufen, um ihm diese Bonds zu empfehlen, und der Mann habe ihm versichert, dass sie ein AAA-Rating von Moody's bekommen hatten. Mein Vater hatte sich bei dem Kauf besonders sicher gefühlt, weil er wusste, dass ich ebenfalls Anteile an Moody's besaß und dass ich in Unternehmen mit guten Produkten investierte.

Aber ich verstand genau, wie dieses Spiel lief. Professionelle Investoren liefen Lehman in Scharen davon. Also schaltete die Wall-Street-Verkaufsmaschine einen Gang rauf und drehte diesen Schrott allzu vertrauensseligen Kunden an. Da Lehmans übliche Investoren von deren Bonds die Finger ließen, musste sich die Firma gutgläubigere Kunden suchen. Die Bank meines Vaters hatte zweifellos eine fette Kommission als Belohnung dafür eingestrichen, dass sie ihn für ihre eigenen Interessen missbraucht hatte.

Ich wurde wütend und ließ eine Schimpftirade los. »Wie oft hab ich dir schon gesagt, kauf niemals irgendwas, das an der Wall Street verkauft wird? Niemals! Ich mag Moody's, aber nicht ihre Ratings. Sie hinken immer dem Markt hinterher.« Während ich das in den Hörer bellte, brannte mir die Kehle wie Feuer.

Mein Vater wollte wissen, ob er die Bonds loswerden sollte, die zu dem Zeitpunkt gerade einmal 34 Cent wert waren. »Ja!«, rief ich. »Verkauf sie jetzt gleich!« Aber es stellte sich heraus, dass die Liquiditätsreserven erschöpft waren, und sein Auftrag wurde nie ausgeführt. Ein paar Tage später, am 15. September, beantragte Lehman Insolvenz nach Chapter 11 des US-Insolvenzrechts, worin die gerichtlich organisierte Reorganisation der Firmenfinanzen geregelt wird. Es war der größte Bankrott in der Geschichte der USA.

Ich war wütend und fühlte mich gedemütigt. Mein Selbstbild gründet sich zum Großteil darauf, dass ich das Vermögen meiner Familie und Freunde schütze und vermehre. Ich hatte versagt – und ich war verletzt, weil mein Vater mich umgangen hatte, indem er mich nicht informiert hatte, bevor er die Bonds gekauft hatte. Aber dies war nicht nur ein Schlag für mein Ego. Es erschütterte mich auch, weil ich mich jetzt fragen musste, was ich sonst noch nicht wusste und welche weiteren Löcher es in meinem Schutzpanzer gab.

Ich hatte angenommen, dass meine Sicherheitsvorkehrungen absolut solide seien, doch mit der Zeit merkte ich, dass das nicht ganz so war. Erstens war mein Vater bei Weitem der größte Investor meines Fonds. Die Tatsache, dass er sich zum Kauf von Lehman-Bonds hatte überreden lassen, hätte eine gefährliche Kettenreaktion auslösen können. Jetzt, da der Markt zusammenbrach, war jene lange herbeigesehnte Gelegenheit für mich gekommen, in der ich als leidenschaftsloser Käufer in Unternehmen investierte, deren Aktien auf lächerlich niedrige Preise abgesackt waren. Mir war klar, ich musste meine Chance nutzen, und ich hatte Wirtschaftsgeschichte und Investoren wie Buffett lange genug studiert, um zu wissen, dass dies die für mich beste Zeit in meinem ganzen Leben sein konnte, um Aktien zu kaufen.

Um dies durchführen zu können, musste ich es schaffen, dass meine Investoren – besonders mein Vater – Ruhe im Sturm bewahrten. Wenn seine liquiden Mittel aufgerieben würden, wäre es umso schwieriger für mich, gegen den Strom zu schwimmen und weiter zu kaufen, während alle anderen in Panik verfielen. Das Bewusstsein, dass meine Aktionäre demselben emotionalen und finanziellen Druck ausgesetzt waren, belastete mich noch mehr, und das zu einem Zeitpunkt, da ich unbedingt eiskalt analytisch vorgehen musste.

Der Druck erhöhte sich auf völlig andere Weise als erwartet. Ein Beispiel: Ich beschäftigte damals einen sehr klugen, fleißigen Aktienanalysten, den ich als verlässlichen Verbündeten betrachtete. Dann, eines Tages im Herbst 2008, kam er in mein Büro, das ich mittlerweile als meinen Bunker betrachtete, und erzählte mir, er habe alle Aktien aus seinem persönlichen Brokerdepot verkauft. »Ich habe alles zu Bargeld gemacht«, sagte er. »Ich werde warten, bis sich alles wieder beruhigt und die Aussichten wieder klarer sind.«

Wie vom Donner gerührt fragte ich ihn: »Sind Sie noch ganz bei Trost?« Ich konnte meine Verachtung nicht verbergen. Da stand ein Mann, der voller Stolz behauptet hatte, ein Value-Investor zu sein, und von dem ich dachte, er handle rational. Er sollte mit mir auf einer Linie sein und mir helfen, diese unglaubliche Chance zu nutzen, die der Markt uns bot. Und nun waren ihm die Emotionen so außer Kontrolle geraten, dass er sich von der Panik mitreißen ließ. Er hielt es einfach nicht mehr aus. Daran kann man sehen, wie akut sich Stress in Zeiten wie diesen auswirken kann – selbst für einen intelligenten und gebildeten Analysten, der dem Fonds bis dahin einige sehr gewinnbringende Investments eingebracht hatte.

Später würde ich beschließen, niemals mehr einen anderen Analysten einzustellen, und zog es damit vor, mich fernzuhalten von diesen tückischen Verwerfungen des Verstandes. Wie immer hätte ich Warren und Mohnish besser kopieren sollen, von denen keiner einen Vollzeit-Analysten beschäftigte. Ich muss nicht eigens erwähnen, dass sie beide billige Aktien kauften, so viel sie konnten, genau zu dem Zeitpunkt, als schwächere Investoren emotionale Sicherheit im Bargeld suchten.

Während sich die weltweite Finanzkrise verschärfte, waren die dadurch ausgelösten Turbulenzen unglaublich. Dabei kam das Platzen der Hypothekenblase für mich wenig überraschend. Ein paar Jahre zuvor hatte ich mit großer Aufmerksamkeit zugehört, wie Buffett bei einer Berkshire-Hauptversammlung erklärte, warum er keine Anteile mehr an Freddie Mac besitze: Er und Munger hatten frühzeitig die Warnsignale erkannt, als Kreditrisikomanagement und Finanzberichte sich bis über die gesunden Grenzen hinaus verschlechterten. Ich hatte auch einige brillante Investmentberichte von dem Hedgefondsmanager Michael Burry gelesen, in denen er stichhaltige Erklärungen lieferte, warum es im Hypothekensektor und den damit zusammenhängenden Finanzmärkten ein Desaster geben würde. Das ist der Vorteil, wenn man im richtigen geistigen Umfeld bleibt: Klarsichtige Investoren wie Einhorn, Buffett, Munger und Burry halfen mir, die Augen weit offen zu halten.

Deshalb hielt ich mich von den gefährlichsten Bereichen fern. Ich mied alle Unternehmen, die mit Hypotheken zu tun hatten, inklusive derer, die sie finanzierten. Stattdessen besaß mein Fonds beispielsweise Anteile an Gas-Pipeline-Unternehmen, also alles, was vom Hypothekensektor möglichst entfernt war. Schiefergasbohrung stellte einen enormen Wachstumsmarkt dar und Pipelines waren die billigste Transportmethode von den Gasfeldern zu den Endnutzern.

Ich hielt durchaus auch einige Aktien im Finanzsektor, aber ich war überzeugt, dass sie sicher waren und immer über die nötige Liquidität verfügten. Zum Beispiel war Mastercard nicht direkt Teil des Kapitalmarktes, doch es bot eines der beiden beherrschenden Zahlungssysteme der Welt. Die größte Nähe zum Epizentrum der Krise in meinem Portfolio hatte Moody's, die Instrumente ratifiziert hatten, welche die Krise mit verursachten. Aber Moody's Bilanz stand nicht auf dem Spiel; sie gaben eher eine Empfehlung über die Kreditwürdigkeit verschiedener Unternehmen ab, keine Garantie. Und zahlreiche Vorgänger hatten gezeigt, dass sie nicht dafür haftbar gemacht werden konnten, wenn sie lediglich eine Einschätzung äußerten.

Ich hatte hart gearbeitet, um in Unternehmen zu investieren, die weit unter ihrem inneren Wert gehandelt wurden. Alle von ihnen verfügten über hochwertige »ökonomische Burggräben« (*economic moat, ein von Warren Buffett geprägter Begriff; Anm. d. Übers.*) und erzielten wunderbare Ergebnisse. Keines dieser Unternehmen war hoch verschuldet oder benötigte regelmäßig Zugriff auf die Finanzmärkte. Die Kreditkrise war gefährlich für jedes Unternehmen, das verschuldet war und kontinuierlich Zugriff auf Fremdkapital brauchte, doch die langfristige Stabilität meiner Unternehmen sah auffallend gesund aus. Als ich also erfuhr, dass Lehman zusammenbrach und die Liquidität versiegte, interessierte mich das anfangs nur sehr wenig.

Aber es stellte sich heraus, dass niemand in Sicherheit war, besonders nicht solche langfristigen Investoren mit einem konzentrierten Portfolio wie meinem, das aus etwa 15 Aktien bestand. Bis dahin hatte ich den Aquamarine Fund erfolgreich durch einige Marktschwankungen gesteuert, darunter die Asienkrise von 1997, den Dotcom-Crash von 1999/2000 und die Markterschütterungen in der Folge des 11. September 2001. In den ersten zehn Jahren des Fonds lag ich erheblich über dem Index und hatte das Geld meiner Investoren vervierfacht. Mein schlechtestes Jahr war 1999 gewesen, mit einem 6,7-Prozent-Verlust.

Aber 2008 war etwas anderes. Ich hatte noch nie so einen Erdrutsch mit meinem Portfolio erlebt. Die Verwüstung nahm ihren Anfang im Juni, als der Fonds um 11,8 Prozent fiel. Im darauffolgenden Monat ging er nochmals um 3,5 Prozent runter. Und dann wurde es richtig hässlich. Im September rutschte er nochmals um 12,5 Prozent ab. Über das ganze Jahr gerechnet war sein Wert um 46,7 Prozent gesunken. Das bedeutete schwarz auf weiß, dass fast die Hälfte von dem Geld meiner Aktionäre und meiner Familie in Rauch aufgegangen war.

In der Vergangenheit hatte ich in meinen Briefen an die Aktionäre ausdrücklich gewarnt, es sei eine statistisch unvermeidliche Tatsache, dass der Fonds eines Tages um bis zu 50 Prozent fallen würde. Man musste sich nur die krisengebeutelte Geschichte der Finanzmärkte ansehen, um zu wissen, dass es irgendwann wieder passieren würde. Die Schwierigkeit besteht natürlich in der Vorhersage, wann so ein Erdrutsch auftreten wird. Als langfristig orientierter Investor versuche ich nicht – damals wie heute –, die Bewegungen des Marktes vorauszusehen, denn das erscheint mir schlicht unmöglich, zumindest was mich betrifft. Ich beschloss auch, mich nicht gegen Kursverluste abzusichern (zum Beispiel durch Leerverkäufe oder Verkaufsoptionen), da dies zwar die Volatilität verringert, jedoch den Langzeitertrag vermindert.

Dieser Ansatz passt zu meiner Persönlichkeit. Emotional war 2008 für mich sehr schmerzlich. Doch ich konnte mit diesen massiven Verlusten auf Papier umgehen, weil mir klar war, dass sie nicht den inneren Wert meiner Investitionen widerspiegelten. Ich wusste, es würde alles wieder gut werden, wenn ich es über die Krise hinweg schaffte und mich die Kräfte von außen nicht in die Knie zwingen würden. Irgendwann startete ich einen Rundruf, in dem ich meine makroökonomische Sicht erklärte, dass wir nämlich nicht auf eine Wiederholung der Großen Depression zusteuerten, weil wir Politiker hatten, welche die Risiken erkannten und zur Abwendung einer Katastrophe bereit waren, jede verfügbare Maßnahme in die Tat umzusetzen.

Außerdem half mir, dass ich selbst auf genau diese Art Turbulenzen vorbereitet war. Eine der zentralen Entscheidungen in Finanzdingen, die ich als ganz junger Erwachsener getroffen hatte, war die, niemals über meine Mittel zu leben oder mich zu verschulden. Die höchste Summe, die ich je an Schulden hatte, waren ein paar Tausend Dollar auf meinen Kreditkarten, die ich immer prompt zurückgezahlt habe. Ich habe nie ein Auto geleast oder einen Kredit für ein Haus aufgenommen. Als der Markt 2008 zusammenbrach, wohnte ich in einem gemieteten Apartment und hatte genug Bargeld zur Seite gelegt, um die Krise aussitzen zu können.

Diese Haltung gegenüber Geld ist in meiner Familienpsyche tief verwurzelt. Mein Großvater war 1936 aus Nazi-Deutschland geflohen und hatte sämtliche Ersparnisse, die er mitnehmen konnte – 1000 Pfund Sterling – dafür benutzt, um in Israel ein Haus zu bauen, ohne einen Penny Schulden zu machen. Als meine Familie 1977 nach England zog, kauften meine Eltern ein Haus in einer weniger teuren Gegend von London, wo sie es sich leisten konnten. Und als ich ein Haus nicht in New York City, sondern im Staat New York kaufte, bezahlte ich es mit Bargeld, nicht mit Schulden. Meine wohlhabenden Vorfahren hatten ihr Vermögen verloren, als sie aus Deutschland fliehen mussten; auf einer ganz tiefen Bewusstseinsebene hege ich ständig eine existenzielle Angst, dass so etwas wieder passieren könnte. Da ich weiß, dass dies ein Teil meiner Persönlichkeit ist, weiß ich auch, dass ich Schulden vermeiden muss, denn das würde meine Fähigkeit, rational zu denken, beeinträchtigen. Und genauso investiere ich auch kein geborgtes Geld, da dieser zusätzliche Stressfaktor es mir unmöglich machen würde, ruhig zu bleiben und einen kühlen Kopf zu bewahren.

Meine Einstellung gegenüber dem Schuldenmachen ist auch von Warren Buffett beeinflusst worden – sogar noch bevor er uns die Geschichte von Rick Guerins schmerzlicher Erfahrung mit der Verschuldung erzählt hatte.

Einmal hatte Warren eine Hypothek auf seinem Haus in Omaha, aber die hat er längst abbezahlt. Er hat früher oft gesagt, dass er niemals ernsthaft Schulden haben wolle, weil er nicht wissen wolle, wozu er dann fähig wäre. Ich erzählte ihm bei unserem Lunch, dass meine Eltern in der Zeit, in der ich in Israel aufwuchs, es sich nicht leisten konnten, mit uns in Urlaub zu fahren oder einen Fernseher zu kaufen. Sie warteten geduldig, bis sie sich leisten konnten, was sie wollten, anstatt sich Geld zu leihen, um es sofort zu kaufen. Hin und wieder gingen wir, um uns etwas zu gönnen, auf einen Eiskaffee in ein elegantes Hotel, das Dan Accadia in Herzliya. Das war eine kostensparende und kluge Art, dennoch das Leben zu genießen.

Aus Sicht der Gesellschaft sind Schulden ein zentrales ökonomisches Schmieröl. Wenn man es moderat anwendet, ist es nützlich. Doch für einen einzelnen Investor können Schulden katastrophal sein, denn sie machen es ihm noch schwerer, im Spiel zu bleiben – sowohl finanziell als auch emotional –, wenn der Markt sich gegen ihn wendet.

Buffett schrieb in seinem Aktionärsbrief 2001 sehr treffend: »Wer nackt schwimmt, sieht man erst, wenn die Ebbe einsetzt.« Eine meiner Aktionärinnen war eine Marketingfrau, die mich überredet hatte, mit ihr nach Europa zu fahren und dort ein paar Werbezirkusshows zu veranstalten, um neue Investoren für meinen Fonds zu gewinnen. Sie war so begeistert vom Langzeitkonzept des Fonds, dass sie selbst 2 Millionen Dollar investierte. Aber ihr Vertrauen ins Langzeitinvestieren löste sich plötzlich in nichts auf und sie kaufte sich im Januar 2009 wieder heraus. Ich war völlig baff. Mir war nicht ganz klar, ob sie die schmerzlichen Verluste einfach nicht aushielt oder ob sie dringend Geld haben wollte, weil sie sich die Verluste, die wir erlitten, nicht leisten konnte. Klar war aber, dass ihre Verzweiflung das perfekte Signal dafür war, dass wir am Tiefpunkt des maximalen Pessimismus angelangt waren. Einige Monate später hatten die Märkte die Talsohle erreicht und begannen wieder zu steigen.

Auch alle meine Firmenkunden zogen die Reißleine und machten den Absprung, zum Teil weil sie selbst liquide Mittel brauchten. Doch die große Mehrheit meiner Aktionäre blieb und vertraute darauf, dass sich die Lage wieder bessern würde. Was am wichtigsten war: Mein Vater, der als Soldat der israelischen Armee lebensbedrohliche Situationen erlebt hatte, blieb außerordentlich ruhig. Am Tiefpunkt der Krise, als fast die Hälfte seiner Lebensersparnisse in Rauch aufgegangen war, fragte er mich, ob er einen Teil des Geldes aus dem Fonds nehmen sollte. Ich sagte, es sei der schlechtestmögliche Zeitpunkt, um Aktien zu verkaufen, und dass ich lieber in einer Hütte wohnen würde als jetzt Geld aus dem Fonds zu nehmen.

Ich werde ihm ewig dankbar sein, dass er damals nicht einen Heller abgezogen hat, obwohl er sein Geld mit kurzfristiger Kündigung in null Komma nichts hätte herausnehmen können. Sein Anteil war so groß, dass er damit wohl meine Firma zugemacht hätte. Doch er verlor nie das Vertrauen in mich. Im Rückblick wird mir klar, dass ich auf den Schultern eines Riesen stand. Ohne die Kraft dieses stillen Partners hätte ich es nicht geschafft.

Für Fondsmanager ist die ganze Geschichte mit dem Rückkauf der Aktionäre zumeist mit Stress und Schwierigkeiten verbunden. Vor der Krise lag mein Fondsvermögen etwa bei 120 Millionen Dollar. Die Finanzkrise ließ dieses Vermögen auf nur 60 Millionen Dollar zusammenschrumpfen. Noch schlimmer wurde es dadurch, dass die Aktionäre nochmals 10 Millionen Dollar herausholten. Ein Grund dafür war, dass die Kündigungsfrist des Fonds von 90 Tagen den Verkauf von Anteilen relativ leicht machte. Andere Hedgefonds sperrten die Rückkäufe, indem sie eigennützige Klauseln ausnutzten, die raffinierte Anwälte im Kleingedruckten ihrer Verträge versteckt hatten. Ich fand das gewissenlos.

Um den Verkaufsforderungen meiner Investoren nachzukommen, musste ich Aktien in einem Umfeld verkaufen, in dem sie so billig wie noch nie aussahen. Indem sie genau zu diesem ungünstigen Moment ausstiegen, machte es mir eine kleine Schar meiner Investoren noch viel schwerer, rational zu handeln und daraus Nutzen zu ziehen. Stattdessen musste ich meine mentale Kraft auf die wahnsinnig schwierige Entscheidung konzentrieren, was ich nun verkaufen sollte.

Ich zog eine wichtige Lehre daraus. Worum ich in diesem Augenblick Buffett am meisten beneidete, war nicht seine erstaunliche Intelligenz, sondern sein struktureller Vorteil: Er hatte immer Kapital zum Investieren zur Verfügung, weil Berkshire ein Unternehmen ist, kein Fonds. Das bedeutete, dass er sich überhaupt keine Sorgen machen musste, wie er mit Aktionärsrückkäufen umzugehen hatte. In der Folge besaß er alle Freiheiten, um enorme Investitionen genau zum perfekten Zeitpunkt zu tätigen. Laut Warren ist Temperament wichtiger als IQ, wenn es ums Investieren geht. Das ist zweifellos richtig. Aber ich bin überzeugt, dass ein struktureller Vorteil noch wichtiger ist.

Was Mohnish betraf, er hatte seinen Fonds so gestaltet, dass Investoren ihre Aktien nur einmal im Jahr einlösen konnten. Seine Verluste bei den Investitionen durch den Markteinbruch waren sogar noch schlimmer als meine. Aber er musste sich mit den Verkaufsaufträgen nur einmal während der Finanzkrise herumschlagen, Ende 2008. Dieser Vorteil in seiner Fondsstruktur gab ihm mehr Ruhe als mir, um klar über sein Portfolio nachzudenken. Die Mehrheit meiner Investoren besaß hingegen noch immer eine Aktienklasse, die es ihnen erlaubte, vierteljährlich zu verkaufen. Zehn Jahre waren vergangen, seit ich den Fonds mit dieser Gebührenstruktur gegründet hatte. Jetzt, nach all dieser Zeit, zahlte ich den Preis für meinen Fehler. Das war eine sehr wirkungsvolle Mahnung, wie wichtig es ist, von Anfang an die richtige Struktur zu schaffen.

Mitten in der Krise beneidete ich Warren auch um seine physische Entfernung von der Wall Street und der Herde der Investmentbanker. Im Unterschied zu den meisten professionellen Investoren schien er von der Angst und Irrationalität, die den Markt erfasst hatte, völlig frei zu sein. Sein kleines, bescheidenes Büro in Omaha befindet sich im Kiewit Plaza; er teilt es sich mit der Kiewit Corporation, einem Bauunternehmen. Ein perfekter Ort für einen nonkonformistischen Investor, um mit kühlem Kopf darüber nachzudenken, wo die Masse in die falsche Richtung steuern könnte.

Dagegen war mein eigenes Büro – im Carnegie Hall Tower in Manhattan – ein furchtbarer Aufenthaltsort während des Finanzcrashs. New York lag im Herzen der Krise und das Gebäude selbst war voll von angsterfüllten Investmentprofis, darunter auch viele Hedgefondsmanager, die ordentlich eine auf die Mütze kriegten. Jeden Morgen nahm ich den Bus zur Arbeit, weil ich fand, ich sollte keinen Dollar mehr für ein Taxi verschwenden. Ich trat durch die Glastüren in die beeindruckende Lobby des Gebäudes, die eine Atmosphäre von Opulenz und Understatement ausstrahlt. Das erste

Mal, als ich diesen Wolkenkratzer betrat, hatte ich mich wie ein König der Wall Street gefühlt. Jetzt aber fühlte es sich eher so an, als beträte ich ein Krankenhaus. Die Gesichter um mich herum waren angespannt und nachdenklich. Es klingt vielleicht übertrieben, aber diese Gesichter erinnerten mich an die der Menschen, die am 11. September 2001 durch Manhattan liefen.

Als ich in mein Büro im 25. Stock kam, empfing mich eine gedrückte Stimmung. In diesen brutalen Monaten waren meine Angestellten ruhiger und ernster als normal. Es gab kein frohes Gekicher. Keiner sagte etwas. Auch wenn es nicht ausgesprochen wurde, war jeder besorgt um sein Gehalt. Alle fingen an, schon einmal ihren Lebenslauf zu überarbeiten. Bis dahin hatte ich immer die Tür zu meinem Eckbüro offen gelassen. Jetzt machte ich sie immer öfter hinter mir zu und versuchte damit bewusst, die Außenwelt auszusperren, damit diese spürbare Depression mein Denken nicht infizierte.

Wenn ich heute auf die Finanzkrise zurückblicke, bin ich froh, dass ich meine Gefühle gut im Griff behielt. Ich war damals schon emotional so stabil, dass ich mich von dem ganzen enormen Druck nicht mitreißen ließ. Hilfreich war auch, dass ich fest an die tragfähige Kraft des Value Investing glaubte. Dieser Ansatz hatte bei mir ein Jahrzehnt lang funktioniert und ich hatte absolut keinen Zweifel, dass er für mich weiterhin und langfristig funktionieren würde – wenn ich die Sache nur überstand.

Dennoch war es nicht leicht, ruhig und positiv zu bleiben. Eine Strategie, die mir half, mit dem Stress fertig zu werden, hatte ich von Tony Robbins gelernt: Ich studierte meine persönlichen Helden, die mit Krisensituationen erfolgreich umgegangen waren, und stellte mir dann vor, dass diese Helden mir zur Seite stünden, sodass ich ihre Haltung und ihr Verhalten nachahmen konnte. Eine historische Gestalt, die ich auf diese Weise einsetzte, war der römische Kaiser und Stoiker Mark Aurel. Abends las ich in seinen *Selbstbetrachtungen*. Er schrieb, man müsse die Widrigkeiten des Lebens mit Dankbarkeit willkommen heißen als eine Möglichkeit, den eigenen Mut, die eigene Stärke und Widerstandskraft zu beweisen. Ich fand das besonders hilfreich zu einer Zeit, in der ich es mir nicht erlauben konnte, mich von der Angst vereinnahmen zu lassen.

Ich versuchte auch, mir vorzustellen, wie sich Sir Ernest Shackleton an meiner Stelle gefühlt hätte. Bei seiner berühmten Expedition in die Antarktis hatte er schwerwiegende Fehler gemacht – zum Beispiel versäumte er es, mit seinem Schiff, der *Endurance*, an Land anzulegen, solange es noch möglich war, und dann gab er sein erstes Camp zu früh auf. Und doch gelang es ihm, diese Fehler hinter sich zu lassen und das Leben eines jeden Mitglieds in seinem Team zu retten. Das machte mir klar, dass meine eigenen Fehler ein Teil des Prozesses waren, den man annehmen musste. Und wie konnte ich das Vermögen meiner Freunde und Familie durch den plötzlich aufkommenden Sturm steuern, ganz ohne Fehler zu machen? Genau wie Shackleton musste ich erkennen, dass noch nicht alles verloren war, und den Glauben aufrechterhalten, dass ich es bis ans andere Ufer schaffen würde.

Mit dieser Unterstützung von berühmten Persönlichkeiten aus der Geschichte gelang es mir, meine fünf Sinne zusammenzuhalten. Ich ging mein Portfolio immer wieder durch, prüfte es zwei- und dreimal, um sicherzugehen, dass meine Anteile alles Überlebensnotwendige hatten. Da ich mir meiner Analysen sicher war, lehnte ich es ab, auch nur eine Aktie von den größeren Investitionsposten zu verkaufen, wie zum Beispiel American Express. Im März 2009 waren die Aktien des Unternehmens auf etwa 10 Dollar abgerutscht. Ich behielt sie – und in den folgenden Jahren machte ich einen neunfachen Gewinn damit.

Nur eine meiner Aktien erschien mir zu riskant, um sie zu behalten: CarMax, ein Unternehmen, das Gebrauchtwagen verkaufte. Seine Aktien waren bereits auf die Hälfte ihres Wertes abgesunken und ich machte mir Sorgen, dass das Businessmodell zusammenbrechen könnte, wenn man bedachte, wie schwer es für die Käufer von Autos geworden war, Kredite zu günstigen Konditionen zu bekommen. Am Ende stellte sich heraus, dass ich mich getäuscht hatte, und sogar CarMax erholte sich wieder. Nur in diesem einen Fall hatte ich zugelassen, dass die Ängste des Marktes mein rationales Denken beeinflussten. Das war eine deutliche Erinnerung daran, dass ich nicht gegen irrationale Ängste immun bin, egal wie sehr ich versuche, mich gegen sie zu wappnen.

Zur selben Zeit kaufte ich auch ein paar unglaublich billige Aktien, obwohl ich Kapitalgeber auszahlen musste. Zum Beispiel investierte ich in London Mining, die unter ihrem Barwert verkaufte. Ich kaufte Anteile an Brookfield Office Properties, die Filetgrundstücke besaßen, die weit unter ihrem Rückkaufswert gehandelt wurden. Ich kaufte Aktien von Cresud, einem argentinischen Verwalter von riesigen Gebieten wertvollen Farmlandes, die ich kostenlos erhielt, weil das ganze Unternehmen für weniger als den Marktwert seines Anteils in der IRSA, einem börsennotierten Immobilienunternehmen, verkauft wurde. Ich investierte auch in die Fortescue Metals Group, die zu außergewöhnlich geringen Kosten verschiffbare Eisenerzreserven entdeckt hatte. Die Preise von Eisenerz waren zusammengebrochen, aber ich war sicher, dass die Nachfrage aus China weiter steigen würde.

Diese Ideen hatten ihren Charme. Sie waren nicht nur besonders billig, sondern in jeder von ihnen steckte ein Beschleuniger, der unweigerlich irgendwann zutage treten würde. Auch verfügten sie nicht nur über gewaltige Profitmaschinen, sondern auch über erheblichen Beleihungswert. Die Chancen auf Erfolg waren also außergewöhnlich hoch.

All diese Investmentideen entstanden aus Gesprächen mit Mohnish. Ich profitierte unermesslich von seiner analytischen Brillanz. Seine Gedanken und Einsichten überrollten mich fast und ich war manchmal zu langsam, um sie alle aufzunehmen. Mohnish sagte im Scherz, es wirke so, als würde ich »von einem Hydranten trinken«. Unsere wachsende Freundschaft gehörte zum wertvollsten Lohn des Buffett-Lunchs, denn dieses intensive Erlebnis schweißte Mohnish und mich noch mehr zusammen. Ich staunte über die Großzügigkeit, mit der er sein unkonventionelles Wissen mit mir teilte, und ich kann nicht genug würdigen, wie wichtig seine Hilfe für mich war, um mich während der Hypothekenkrise für die richtigen Investitionen zu entscheiden.

Es war wie Fische aus einem Fass angeln. Im Lauf der folgenden Jahre, während sich die Weltwirtschaft erholte und langsam wieder Normalität einkehrte, schoss jede Einzelne dieser Aktien in die Höhe. Zum Beispiel verdoppelte sich Brookfield, Cresud verdreifachte sich und London Mining vervierfachte sich. Wie ich mir damals schon dachte, kann die Finanzkrise für mich eine einmalige Gelegenheit im Leben gewesen sein.

An der Investmentfront hatte ich mich gut gehalten. Im Kern war meine Aktienauswahl gut. Aber ich erkannte, dass es noch immer ein paar grundlegende Dinge gab, die ich an meinem Fonds – und an meinem Leben – ändern musste. Die Finanzkrise hatte mir gezeigt, dass Investmenterfolg nicht nur daraus besteht, tolle Aktien zum Kaufen zu finden. Wie ich durch schmerzliche Erfahrung gelernt hatte, musste ich auch für mich das bestmögliche Umfeld schaffen – physisch, intellektuell und emotional –, sodass ich effektiver arbeiten konnte und weniger anfällig für negative Einflüsse war, wie ich sie während der Krise erlebt hatte.

Bei der Gestaltung dieses Umfeldes musste ich, genau wie Warren und Mohnish, strategischer vorgehen. Ihre Intelligenz konnte ich nicht kopieren, aber ich erkannte, dass ich diejenigen Seiten ihres Umfeldes kopieren musste, die ihnen einen solchen strukturellen Vorteil verschafft hatten.

Also beschloss ich, die Reset-Taste zu drücken. Ich unternahm eine der größten Veränderungen in meinem Leben: Ich kehrte New York den Rücken und ließ mich im Sommer 2009 in Zürich nieder.

8. Meine Version von Omaha – Das ideale Umfeld

Eine der größten Herausforderungen für jeden Investor ist, dass es so viele Kräfte gibt, die uns beeinflussen. Wir halten uns gerne für rationale Wesen – was wir bis zu einem gewissen Grad auch sind –, doch im richtigen Leben sieht es etwas anders aus. Die Finanzkrise hat mit brutaler Effizienz gezeigt, wie irrational Investoren sein können, besonders in Extremsituationen.

Die sogenannten Profis – mich eingeschlossen – sind keinesfalls immun gegen solche Ausnahmesituationen, die das Denken verdrehen, verwirren und beeinträchtigen können. Ich bin selbst Zeuge davon geworden, als mein Aktienanalyst, meine Firmenkunden und mein Marketingpartner unter dem Druck des Marktcrashs zusammenbrachen und exakt in dem Moment verkauften, in dem sie unbedingt hätten kaufen sollen. Es gibt einem ein Gefühl von Sicherheit, wenn man über den »Wahn der Massen« spricht, aber was ist mit dem Wahn der intellektuellen und finanziellen Elite? Nach meiner Erfahrung sind wir zu genau demselben Wahnsinn fähig. Es sind sogar sehr oft Menschen von meiner Sorte, die den Wahnsinn noch vorantreiben.

Der menschliche Geist ist ein wirres Ding und bedauerlicherweise ungeeignet für die Aufgabe des Investierens. Dies hier ist kein wissenschaftliches Buch oder dicker Wälzer über den Aufbau des menschlichen Gehirns, aber es lohnt sich, sich kurz mit der Frage aufzuhalten, warum es uns so schwerfällt, auf rationale Weise zu denken und zu investieren.

Oft betrachten wir unser Gehirn irrtümlich als einheitliche Struktur: ein Neokortex, der Informationen rational aufnimmt, sie verarbeitet und dann die Antwort ausspuckt. Daniel Kahneman, ein Psychologe, der für seine bahnbrechenden Erkenntnisse unter anderem 2002 mit dem Wirtschaftsnobelpreis ausgezeichnet wurde, beschreibt diesen Aspekt der im Gehirn ablaufenden Prozesse als das »langsame Denken«. Was mich betrifft, so hatte ich immer das irrige Bild von mir als eine Art Düsenjet-Pilot vor Augen, der sich intensiv auf die Instrumente im Cockpit konzentriert, optimale Entscheidungen trifft und die Kontrolle über sämtliche Hebel im Flugzeug hat.

Vieles, was wir auf unseren guten Universitäten lernen, zielt darauf ab, diesen rationalen Aspekt des höheren Denkens zu entwickeln. Mein Freund Ken Shubin Stein lehrt Investieren für Fortgeschrittene an der Columbia Business School. Es ist ein phänomenaler Kurs, der eine enorme Menge an nützlichem Wissen über den Rechercheprozess beim Investieren vermittelt. Doch all dieses Lernen und all die Analysen basieren auf der Annahme, dass die Studenten nach ihrem Abschluss für ihre Investitionsentscheidungen ihren rationalen Neokortex einsetzen werden. Das Problem besteht darin, dass es auch einen subrationalen, instinktiven Teil im Gehirn gibt – den Kahneman mit dem Begriff »schnelles Denken« beschreibt –, der viele unserer Entscheidungen trifft.

Natürlich stelle ich hier ein höchst komplexes Thema nur äußerst grob dar. Wenn Sie dieses Thema gerne vertiefen möchten, empfehle ich Ihnen die klügeren Erklärungen von Autoren wie Kahneman, Dan Ariely, Jason Zweig, Joseph LeDoux oder António Damásio. Als ich von diesen und anderen Experten Werke über Finanzmarkttheorie und Neuroökonomie las, war ich fasziniert von den sonderbaren und komplexen Vorgängen beim Prozess der Entscheidungsfindung. Zum Beispiel zeigte der Neurologe Benjamin Libet, wie die Entscheidung, etwas zu tun, sich im Gehirn schon bildet, bevor der Mensch merkt, dass diese Entscheidung getroffen wurde. Und dann gab es noch im 19. Jahrhundert den Fall des Phineas Gage, dessen Gehirn bei einem Unfall zu einem Teil verletzt wurde. Er schien ganz normal zu sein, aber er war nicht in der Lage, rationale Entscheidungen zu treffen.

Ich war auch fasziniert von der Forschung, die zeigte, wie das Gehirn mit Signalen umgeht, die zu verschiedenen Zeitpunkten eintreffen: Die Bewegung der Lippen einer Person sehen wir sofort, während der Klang, den sie produzieren, erst später ankommt, und doch nehmen wir diese beiden

Signale als gleichzeitiges Geschehen wahr. Mit anderen Worten, unser Gehirn konstruiert unsere Realität und das tut es vielleicht nicht sehr genau.

Forschungen dieser Art haben mir gezeigt, dass das Gehirn ein viel weniger praktisches Werkzeug ist, als wir es uns gerne vorstellen. Für Teilnehmer am Aktienmarkt ist eines der größten Probleme dabei, dass der subrationale, instinktive Teil des Gehirns Stimmungsschwankungen unterliegt, darunter auch extreme Zustände von irrationalem Optimismus oder Pessimismus. Themen, die mit Geld zu tun haben, aktivieren oft die subrationalen Teile unseres Gehirns. In Situationen mit erhöhtem finanziellen Risiko, wenn wir merken, dass wir in Gefahr sind, werden unsere unterbewussten Instinkte aktiviert; danach erst kann der Neokortex unsere Entscheidungen beurteilen.

Um zu verstehen, wer wir als menschliche Wesen (und als Investoren) wirklich sind, ist es hilfreich, sich die Bedingungen klarzumachen, unter denen wir uns entwickelt haben. Grob gesagt gibt es anatomisch moderne Menschen mit großem Gehirn seit etwa 200 000 Jahren. Der Teil unseres Gehirns, der sich zuletzt ausgebildet hat, ist der rationale Neokortex. Doch lange Zeit in unserer Entwicklungsgeschichte lebten wir in einem völlig anderen Umfeld. Wesentliche Teile, aus denen unser Denkapparat noch immer besteht, haben sich entwickelt, um unseren Vorfahren, den Jägern und Sammlern, nützlich zu sein. Diese primitiven Überlebensroutinen, die in unserem Gehirn eingebettet sind, sind ohne Weiteres in der Lage, den Neokortex zu umgehen.

Auch wenn wir uns gerne für potenzielle Isaac Newtons halten, ist es gefährlich, zu vergessen, dass wir auch diese andere Seite in uns haben. Sogar Newton selbst wäre besser gefahren, wenn er dies gewusst hätte, denn er war ein peinlich schlechter Investor, der die Ersparnisse seines Lebens in der Südsee-Blase verlor. Wie Sir Isaac bitter bemerkte: »Ich kann die Bewegungen der Sterne berechnen, aber nicht den Wahnsinn der Menschen.«

Das Problem ist nicht nur, dass unser Gehirn höchst irrational arbeitet, sondern auch, dass die Welt der Wirtschaft auf unfassbar komplizierte Weise funktioniert. Die eleganten Wirtschaftstheorien, die ich in Oxford und Harvard gelernt hatte, machten mich blind für diese Komplexität. Ein paar Jahre nachdem ich meine Investmenttätigkeit aufgenommen hatte, machte mich der Vermögensverwalter Nick Sleep mit dem Santa Fe Institute bekannt, ein interdisziplinäres gemeinnütziges Forschungsinstitut. Ich wusste, dass Bill Miller, ein auffallend kluger Fondsmanager bei Legg Mason, dort im Vorstand war. Also begann ich, mir einige der Veröffentlichungen des Instituts zu Gemüte zu führen.

Der Kerngedanke, wie er mir dabei vermittelt wurde, ist die Vorstellung von Wirtschaft als ein komplexes adaptives System. Ökonomen hassen diese Auffassung, weil wir ein komplexes adaptives System nicht formen oder darauf unsere mathematischen Theorien anwenden können, die man uns beigebracht hat. Wir fühlen uns eher angezogen von attraktiven, harmonischen, schwierig zu lernenden Ideen wie dem Allgemeinen Gleichgewichtsmodell. Das Modell liefert eine wunderbare Theorie darüber, wie die Welt funktionieren *sollte*, und kann ein nützlicher Leitfaden für Politiker sein. Aber es verfälscht unsere Wahrnehmung der Realität.

Universalgebildete Investoren wie Bill Miller und Charles Munger haben schnell erkannt, dass solche Standard-Wirtschaftsmodellvorstellungen von der Welt für die Märkte völlig ungeeignet sind – und dass aus der Biologie abgeleitete Modelle eher funktionieren könnten. Durch das Santa Fe Institute kam ich auf die Idee, *Ameisen: Die Entdeckung einer faszinierenden Welt* von Bert Hölldobler und Edward O. Wilson zu lesen. Ein großer Teil des Buches beschreibt die unterschiedlichen Überlebensstrategien, die Ameisenarten anwenden, dann erforscht es, wie diese unterschiedlichen Arten sich gemeinsam weiterentwickelt und gegeneinander konkurriert haben. Dieses eine Buch hat mich mehr über Wirtschaft gelehrt, als ich in den ganzen Jahren an der Universität gelernt habe. Das klingt vielleicht verrückt, aber es ist wahr. Warum? Weil eine Ameisenkolonie, genau wie die Wirtschaft, ein komplexes adaptives System ist. Die Strategien der Ameisen waren für mich eine Erleuchtung. Zum Beispiel arbeiten Ameisenkolonien mit nur ein paar wenigen grundlegenden Regeln, die es ihnen ermöglichen, eine Myriade schwierigster Überlebensprobleme zu lösen.

Mir war sofort klar, dass ich hier Modelle entdeckt hatte, die mir bei meinen Analysen der Finanz- und Wirtschaftswelt nützlich sein würden. Ich dachte an Munger und sein Netzwerk verschiedener Denkmodelle. Also schickte ich ihm ein Exemplar von *Ameisen*. Zu meiner großen Freude antwortete er mir mit einer kurzen handgeschriebenen Notiz, in der er schrieb, dass er dieses Buch schon lange einmal lesen wollte. Inzwischen verbrachte ich immer mehr Zeit mit der Lektüre von Büchern über Biologie. Diese Studien bestätigten mein Gefühl, dass es nützlich ist, sich die Wirtschaft als ein sich entwickelndes und unendlich komplexes biologisches Ökosystem vorzustellen. Unternehmen müssen, genau wie Ameisen, Strategien entwickeln, mit denen sie wachsen und gedeihen können, sonst laufen sie Gefahr, auszusterben.

Wie ich bald feststellte, liefern auch andere Disziplinen der Erforschung komplexer Systeme nützliche Modelle dafür, wie die Wirtschaft funktioniert. Zum Beispiel veröffentlichte der dänische theoretische Physiker Per Bak zusammen mit Kollegen eine Studie über Sandhaufen, die zeigte, was passiert, wenn man Sandkörner immer auf dieselbe Stelle fallen lässt. Der entstehende Sandhaufen erreicht eine »selbstorganisierte Kritikalität«; dann gehen Lawinen ab, aber es ist unmöglich, vorherzusagen, wann und in welcher Größe sie auftreten. Dieses Modell bietet faszinierende Einblicke in den Ablauf von Marktcrashs, die mit solchen Lawinenabgängen einiges gemeinsam haben. Für Investoren ist die Lehre daraus, dass man Situationen meiden sollte, bei denen ein selbstorganisierter kritischer Wert erreicht wird, und genau das ist im Fall des Aktienmarkts vor dem Crash von 2008/09 passiert.

All die schönen Wirtschaftstheorien, die man mir an der Universität beigebracht hatte, kamen nicht einmal in die Nähe der wahren Komplexität der Wirtschaft oder der Finanzmärkte. Gleichzeitig erkannte ich, dass unser Gehirn hoffnungslos beschränkt ist angesichts dieser überwältigenden Komplexität. Dieses Ungleichgewicht ist ein ernstes Problem für Investoren. Da stehen wir nun – mit unserem kleinen irrationalen Gehirn und unseren übersimplifizierenden Wirtschaftstheorien – und hoffen, diese unglaublich komplexe Welt irgendwie verstehen zu können. Haben wir denn überhaupt eine Chance?

Das ist kein selbstgefälliges intellektuelles Theoriegeschwafel. Hier liegt eine echte Herausforderung für jeden Investor. Gibt es denn irgendeinen

Weg, wie wir dieses Spiel, in dem wir so schlechte Karten haben, zu unseren Gunsten drehen und unsere Chance auf Erfolg erhöhen können? Mit dieser Frage beschäftigen sich die nächsten Kapitel.

Aus heutiger Sicht hätte ich gegenüber den von mir an der Universität gelernten Wirtschaftstheorien viel skeptischer sein müssen. Sie werden erleichtert sein, dass ich Sie nicht mit gelehrten Abhandlungen über das Black-Scholes-Modell zur Bewertung von Finanzoptionen, keynesianische Makroökonomie oder verzögerte Preisanpassung, das IS-LM-Modell der Makroökonomie, rationale Erwartungen, den Herfindahl-Index der industriellen Konzentration oder das Modell der ökonomischen Wirkungen von Wechselkursänderungen von Rüdiger Dornbusch langweilen werde.

Das ist natürlich sexy Zeugs, das Ihnen sehr nützlich sein kann, wenn Sie auf einer Cocktailparty für Hochbegabte oder bei einer Versammlung von Notenbankern auf einen Aufriss aus sind. Sie könnten damit auch einen erstklassigen Universitätsabschluss und einen tollen Lehrauftrag einheimsen. Aber meiner Erfahrung nach sind diese Sachen nicht sonderlich hilfreich, was das Investieren betrifft. Denn Wirtschaftstheorien wie diese beruhen meistens auf intellektuell eleganten Annahmen darüber, wie die Welt funktioniert, nicht aber auf der unordentlichen Wirklichkeit, in der wir tatsächlich leben.

Natürlich gibt es jede Menge nützliche Dinge, die ich auf der Universität gelernt habe und die ich nicht unerwähnt lassen will. Zum Beispiel ist es für jeden seriösen Investor unerlässlich, dass er weiß, wie man den Jahresbericht eines Unternehmens liest. Das heißt nicht nur, dass man den Unterschied zwischen liquiden Mitteln und periodengerechter Abrechnung sieht. Dazu gehört auch, dass man die verschiedenen Wege kennt, wie sich anhand der Buchführung die Ertragszahlen verdrehen lassen, ganz zu schweigen von der Fähigkeit, zu erkennen, ob die Ergebnisqualität sich verbessert oder verschlechtert. Wenn Sie einen MBA oder CFA haben, haben Sie schon Grundkenntnisse in dieser Art Analyse gesammelt. Wenn nicht, dann gibt es jede Menge Bücher, die dieses Grundwissen vermitteln, darunter die grundlegenden Werke von Benjamin Graham und David Dodd, Marty Whitman, John Mihaljevic, Seth Klarman und Joel Greenblatt. Sie brauchen mich nicht, um diesen gut ausgetretenen Pfad nochmals zu begehen.

Leider konzentrieren sich die meisten Investmentbücher auf technische Fähigkeiten. Es ist schon in Ordnung, grundlegende Konzepte wie den Return on Investment, Kurs-Gewinn-Verhältnisse und Ähnliches zu studieren. Doch diese Dinge sind alle nicht so schwer und Sie werden damit auch nicht weit kommen. Jeder, der schlau genug ist, um eine Business School zu schaffen, kann herausfinden, wie man einen 10K- oder 10Q-Lagebericht oder andere Finanzunterlagen analysiert (*10K und 10Q sind Jahresberichte in standardisierter Form, die von der SEC gefordert werden, einer US-Behörde für die Kontrolle des Wertpapierhandels; Anm. d. Übers.*). Die echte Herausforderung ist meines Erachtens, dass das Gehirn selbst – das uns bis hierher gebracht hat – das schwächste Glied in der Kette ist. Es kommt mir vor wie ein kleines Boot, das hilflos in einem Meer aus Irrationalität treibt und unvorhergesehenen Stürmen ausgesetzt ist. Und selbst die brillantesten Neurologen verstehen noch längst nicht, wie es funktioniert, geschweige denn die Investoren.

Als ich begann, über Verhaltensökonomik und Neuroökonomie zu lesen, hatte ich das aufregende Gefühl, die tiefsten Mysterien über die Funktionsweisen und Schwächen des menschlichen Gehirns zu ergründen. Doch anfangs nahm ich irrtümlich an, dass ich mich auf meine intellektuellen Kräfte verlassen konnte, um Tendenzen zur Irrationalität zu überwinden. Ich las über die Defizite des Gehirns, nickte zustimmend und war mir sicher, selbst nun nicht mehr defizitär zu sein, weil ich ja jetzt wusste, wo die mentalen Fallstricke lagen. Aber nach und nach lernte ich, dass kognitives Wissen und Selbstwahrnehmung eben nicht genug sind. Wir können eben nicht unser Gehirn benutzen, um uns über unser Gehirn hinwegzusetzen. Also bleiben wir anfällig für diese mentalen Defizite, selbst wenn wir davon wissen.

Doch worin besteht nun die Lösung? Damit kann ich Ihnen, so hoffe ich, helfen, indem ich Ihnen erkläre, was ich bis jetzt gelernt habe.

Durch schmerzliche Erfahrung – sowohl bei D. H. Blair als auch in der Finanzkrise – lernte ich, dass man sich unbedingt von der irrigen Annahme verabschieden sollte, man sei zu echtem rationalen Denken in der Lage. Stattdessen fand ich heraus, dass einer der wenigen Vorteile, den ich als Investor hatte, die demütige Einsicht war, wie mangelhaft mein Gehirn in

Wahrheit ist. Als ich dies erst einmal akzeptiert hatte, konnte ich im Bewusstsein des Minenfelds in meinem Kopf eine Reihe von praktischen Behelfsroutinen entwickeln.

Dazu muss ich anmerken, dass dieses Minenfeld in meinem Fall vielleicht sogar besonders heimtückisch ist. Etwa 2004 schickte mich ein Freund, der an der Mount Sinai School of Medicine arbeitet, zur Untersuchung bei seiner Kollegin Dr. Mary Solanto. Sie führte eine Menge Tests an mir durch und kam zu dem Schluss, dass ich eine Aufmerksamkeitsdefizitstörung (ADS) aufweise. Die Tests zeigten, dass ich zu außerordentlichen Phasen der Hyperkonzentration fähig bin, besonders zu Stresszeiten, aber dass ich Aufmerksamkeitsdefizite habe, wenn es um banale Dinge im Leben geht. Ich vermochte den kompliziertesten Gedanken zu folgen, aber meine Aufmerksamkeit konnte so leicht abgelenkt werden, dass mir grundlegende Dinge entgingen, etwa die Uhrzeit oder wo ich meine Schlüssel hingelegt hatte. Um mit ADS fertigzuwerden, musste ich mir eine Reihe einfacher Behelfsroutinen zulegen – zum Beispiel große Uhren in meinem Büro aufhängen, damit ich die Zeit besser einhielt, oder den Schreibtisch immer aufgeräumt halten, sodass mich nichts ablenkte, oder Dinge immer am selben Ort aufzubewahren, damit ich sie nicht ganz so oft verlor.

Das Einbauen von Behelfsroutinen und Wegen aus Teufelskreisen in meinem Leben erwies sich für mich als unglaublich hilfreich – nicht nur im Hinblick auf mein Aufmerksamkeitsdefizitsyndrom, sondern auch um ein besserer Investor zu werden. Die Wahrheit ist: Jeder von uns hat mentale Defizite, auch wenn Ihres sich von meinem grundlegend unterscheiden mag. Dieser Gedanke führte mir vor Augen, wie entscheidend es für Investoren ist, ihre Umgebung zu strukturieren, um ihre mentalen Schwächen, Eigenheiten und irrationalen Tendenzen auszugleichen.

Nach meinem Umzug nach Zürich verwendete ich sehr viel Energie darauf, mir das ideale Umfeld zum Investieren zu schaffen – eines, in dem ich in der Lage wäre, etwas rationaler zu denken. Das Ziel ist dabei nicht, noch klüger zu sein. Es geht darum, mir eine Umgebung zu schaffen, in der mein Gehirn nicht einer solchen Fülle von Ablenkungen und störenden Kräften ausgesetzt ist, die meine Irrationalität noch schlimmer machen. Diese Idee veränderte mein Leben. Ich hoffe, ich kann ihr an dieser Stelle gerecht werden, denn sie hat nicht nur meine Herangehensweise an das Investment radikal verbessert, sondern mir auch gleichzeitig ein glücklicheres und ruhigeres Leben verschafft.

Wie wir in einem späteren Kapitel sehen werden, war es nicht nur mein Umfeld, das sich verändern würde. Ich erneuerte auch meine grundlegenden Gewohnheiten und meine Vorgehensweisen beim Investieren, um meine Irrationalität zu umgehen. Mein Gehirn war noch immer weit davon entfernt, perfekt zu sein. Aber diese Veränderungen wirkten sich ganz allmählich zu meinem Vorteil aus. Für mein Denken bringt mir das unermesslich viel mehr als Dinge wie der Vierteljahresbericht der Analysten, Tobins Quotient zur Unternehmensbewertung oder die nutzlosen Marktprognosen von Experten – das ist die Art Lärm, mit der sich die meisten Investoren beschäftigen.

Die Finanzkrise hatte mir zweifellos gezeigt, dass es ein wichtiger Teil meines Portfoliomanagements werden musste, den irrationalen Teil meines Gehirns in den Griff zu bekommen. Sie hatte mir außerdem gezeigt, wie schwer es für mich war, das in Manhattan zu schaffen. Wir ticken alle ein wenig anders, aber New York – mit seiner Ruhelosigkeit, seinem Konkurrenzkampf und dem extremen Reichtum – verstärkte Aspekte meines irrationalen Wesens, die für gutes Investieren nicht geeignet sind. Ich musste an einem Ort sein, wo ich in Ruhe nachdenken und langfristig investieren konnte, ohne den Druck, die Erwartungen anderer erfüllen zu müssen, und ohne Ablenkungen durch die hektische Geschäftigkeit des Big Apple.

Damit will ich nicht sagen, dass New York kein guter Ort für großartige Investoren ist. David Einhorn hatte dort große Erfolge, ebenso die Manager des Sequoia Fonds. Aber ich vermute, dass es dort schwieriger für Menschen ist, die wie ich von außerhalb gekommen sind und deshalb nicht über diese Verwurzelung verfügen, die den gebürtigen New Yorkern ihre emotionale Stabilität gibt. Zugewanderte lassen sich allzu leicht von der dortigen Zügellosigkeit aus dem Gleichgewicht bringen – zum Beispiel durch Gier und Neid –, die Finanzzentren wie New York und London entfachen können.

Um einen Begriff aus dem Buch *Der Schwarze Schwan: Die Macht höchst unwahrscheinlicher Ereignisse* von Nassim Nicholas Taleb zu bemühen: Diese großen Städte sind ein »Extremistan«. Wie wir aus verschiedenen Studien wissen, kann die Diskrepanz zwischen unserem eigenen Wohlstand und dem unseres Nachbarn eine entscheidende Rolle für unsere Zufriedenheit spielen. Wenn dem so ist, dann hat es unter Umständen eine destabilisierende Wirkung auf mein irrationales Gehirn, wenn ich von einem New Yorker Multimilliardär wie Stephen Schwarzman von der Blackstone Group lese. Wenn wir auf keine Methoden zur Abwehr solcher beeinflussenden Kräfte zurückgreifen können, werden wir davon unweigerlich aus der Bahn geworfen. So kann mich etwa die direkte Nähe eines derartigen Reichtums dazu verführen, mich mit meinen Investitionen ziemlich weit aus dem Fenster zu lehnen, anstatt mich in Ruhe darauf zu konzentrieren, ohne unnötiges Risiko maßvolle Erträge zu erzielen.

Für mich zumindest schien es mir vernünftiger zu sein, an einem Ort zu leben, wo die Diskrepanzen weniger extrem sind. Angesichts meiner besonderen Schwächen und Anfälligkeiten dachte ich mir, ich würde es an einem Ort, den Taleb als »Mediokristan« beschreiben würde und wo das Leben normaler ist, eher schaffen, vernünftiger zu arbeiten.

Also fing ich an, aktiv nach Alternativen zu Manhattan zu suchen. Eine Zeit lang zog ich ernsthaft in Erwägung, nach Omaha überzusiedeln, weil es für Warren so gut funktioniert hatte. Ich dachte auch an Irvine, Kalifornien, wo Mohnish wohnt. Ich dachte über andere Städte in den USA nach, wie Boston, Grand Rapids oder Boulder. Und ich erwog relativ bescheidene europäische Städte wie München, Lyon, Nizza, Genf oder Oxford.

Aber am Ende einigten sich Lory und ich auf Zürich. Ich war dort als Kind oft gewesen und mir hatte es immer gut gefallen. Und erst kurz zuvor hatte ich gelesen, dass Zürich in Studien jedes Mal als die Stadt mit der weltweit höchsten Lebensqualität eingestuft wurde. Es war nicht schwer zu verstehen, woran das lag. Zürich ist eine kleine, sichere und überschaubare Stadt mit hübscher Architektur, Luft und Wasser dort sind sauber und die technische Infrastruktur ist ausgezeichnet. Es gibt gute Schulen. In kurzer Zeit kann man in den herrlichen Bergen und tollen Skigebieten sein. Es gibt einen hervorragenden Flughafen, der von der Innenstadt aus schnell erreichbar ist und von wo aus Direktflüge nach New York, San Francisco, Singapur, Schanghai und Sydney möglich sind.

Trotz der hohen Lebenshaltungskosten sind die gesellschaftlichen Unterschiede in Zürich nicht besonders ausgeprägt, denn die Einrichtungen im öffentlichen Raum stehen im Grunde jedermann offen – von sauberen Seen bis zu Schwimmbädern, die schöner sind als der private Pool in unserem schicken Country Club im Hinterland von New York. Auch das unübertroffene System der öffentlichen Verkehrsmittel in Zürich ist so effizient, dass sogar ortsansässige Milliardäre es benutzen. Die Tatsache, dass die Reichen hier nicht in einer Parallelwelt leben, die für alle anderen unerreichbar scheint, reduziert den Neid und das Gefühl des Mangels, das man in Städten wie New York und London schnell empfinden kann.

Ich will nicht sagen, dass Zürich in allem perfekt ist, aber es gibt da noch etwas, das mir bemerkenswert erscheint: Es ist tatsächlich ganz auf Vertrauen aufgebaut. Zum Beispiel werden in den Bahnen die Tickets nur selten verlangt und in den Stationen gibt es keine Drehkreuze. In den Geschäften ist es üblich, dass Kunden Wein oder andere Waren kaufen und sie sich auf Rechnung nach Hause liefern lassen. Die Einwohner sind eingebunden in ein Netzwerk gegenseitigen Vertrauens, das die besten Eigenschaften in ihnen hervorbringt. In gewisser Weise ist dies eine Buffett'sche Lebensweise. Warren behandelt die Manager seiner Unternehmen mit großem Vertrauen, lässt ihnen viel Entscheidungsfreiraum und im Gegenzug bemühen sie sich, seinen Erwartungen so weit wie möglich zu entsprechen.

Ich wusste sofort, dass Zürich ein Ort ist, an dem ich Ruhe zum Arbeiten finden würde – friedlich, in reizvoller Landschaft und ein bisschen langweilig, nicht zu viel los. Hier würde ich mich auf meine Familie und meinen Fonds konzentrieren können, ohne großen Ablenkungen ausgesetzt zu sein. Manchmal werde ich gefragt: »Aber ist es nicht langweilig dort?« Dann antworte ich: »Langweilig ist gut. Als Investor ist es genau das, was ich will.« Denn Ablenkung ist ein echtes Problem. Was ich brauche, ist ein schlichtes, bescheidenes Umfeld, das nicht übermäßig aufregend ist. Und ich bin nicht der Einzige, der Zürich als geeigneten Ort für klare Gedanken empfindet. In der Geschichte war diese Stadt ein Ort des freien Denkens für so unterschiedliche Bewohner wie C. G. Jung, James Joyce, Richard Wagner, Wladimir Iljitsch Lenin oder Albert Einstein – ganz zu schweigen von Tina Turner.

Wichtig war mir auch, dass ich in Zürich nicht von Leuten aus dem Investmentbusiness umgeben wäre. Das würde es leichter machen, gegen den Strom zu schwimmen, ohne dass ihr Denken meine eigenen Entscheidungen beeinflussen würde. Zürich liegt weit genug ab vom Schuss, dass mich nicht zu viele Leute besuchen würden. Die Freunde und Verwandten, denen es wichtig war, würden kommen, aber ich würde nicht zu viel Zeit für Beziehungen aufwenden müssen, die mir sowieso nicht so wichtig waren. Das mag kalt und herzlos klingen, aber ich musste auch solche Dinge in Betracht ziehen, wenn ich mir ein Umfeld schaffen wollte, das meinem eigentümlichen Charakter und meinen Prioritäten entsprach. Jedenfalls hatte ich mit dem Umzug nach Zürich die Chance, Tabula rasa zu machen und alles in die Praxis umzusetzen, was ich darüber gelernt hatte, wie ich effizienter arbeiten konnte. Diese Möglichkeit des Neuanfangs wollte ich mir nicht versauen.

Als Nächstes machte ich mich auf die Suche nach dem perfekten Büro – eine weitere Schlüsselkomponente in meinem neuen Umfeld. Gleich am Anfang beging ich einen Fehler, indem ich für ein Jahr ein Büro an der Bahnhofstrasse mietete, einer Schickimicki-Straße, sozusagen Zürichs Klein-Extremistan, voller teurer Geschäfte. Aber superreiche Gegenden wie diese sind nicht ideal für mich, weil sie wiederum ungesunde Gier stimulieren. Also beschloss ich, in ein Büro auf der anderen Seite des Flusses zu ziehen, 15 Minuten zu Fuß vom Glamour der Bahnhofstrasse entfernt. Ich empfinde das als ausreichenden Sicherheitsabstand.

Der Psychologe Roy Baumeister hat gezeigt, dass Willenskraft eine endliche Ressource ist, also müssen wir aufpassen, dass wir sie nicht verschwenden. Seine Forschung hat tatsächlich ergeben, dass Menschen sogar nach einer so einfachen Handlung wie dem Verzicht auf Schokoladenkekse danach weniger Willenskraft für andere Aufgaben besaßen. Was mich betrifft, so will ich meine begrenzte Energie nicht damit verschwenden, mich gegen den Neid und die Gier zur Wehr setzen, die ein Ort wie die Bahnhofstrasse in mir auslösen könnten. Es ist für mich besser, mir einfach eine Umgebung zu schaffen, in der ich diesen destabilisierenden Kräften nicht ausgesetzt bin, die meine irrationale Seite ansprechen. Es geht darum, mich von jeglicher unnötigen geistigen Anstrengung fernzuhalten, sodass ich meinen Kopf für konstruktivere Aufgaben benutzen kann, die zu meinem Wohl und dem meiner Aktionäre sind.

Während ich über diese Themen grübelte, begann mir zu dämmern, dass andere von mir bewunderte Investoren auf ähnliche Weise ihr Umfeld gestaltet haben, bewusst oder nicht. Mohnish zum Beispiel arbeitet in einem alles andere als glamourösen Büropark in Südkalifornien, wo es keinerlei andere Finanzfirmen in der Nähe gibt. Ich habe ihn einmal gefragt, warum er sich nicht in einem attraktiven Büro in einem der schicken Shoppingcenter von Irvine in der Nähe seiner Lieblingsrestaurants niedergelassen hatte. »Weißt du, Guy«, antwortete er, »ich brauche diesen ganzen Firlefanz nicht.« Ich bin mir sicher, er hat verstanden, was eine bestimmte Umgebung mit seinem Denken machen kann.

Genauso arbeitet auch Seth Klarman, einer der erfolgreichsten Investoren der Welt, in einem bewusst nicht protzigen Büro in Boston, weit weg vom giftigen Dunst der Wall Street. Wenn er wollte, könnte er sich leicht ein Penthouse in einem der schimmernden Wolkenkratzer mieten, mit freier Sicht über den Charles River. Nick Sleep hat sich sein Büro in London gleich bei einem Laden für Cornwall-Pasteten in der King's Road eingerichtet, mit ausreichendem Abstand vom glamourösen Mayfair, dem Stadtteil, der Großbritanniens Hedgefonds-Mekka geworden ist. Allen Benello, der Manager von White River Investment Partners, arbeitet in einem unscheinbaren Büro in San Francisco, weit entfernt vom Finanzviertel der Stadt. Und Buffett, wie wir schon besprochen haben, sitzt versteckt im Kiewit Plaza in Omaha – noch so ein Gebäude, das nicht so wirklich für seinen Firlefanz bekannt ist.

Das scheint mir ein bedeutender, aber weitgehend unerkannter Erfolgsfaktor dieser Investoren zu sein. Es ist also kein Wunder, dass ich mir ebenfalls meine eigene Version von Omaha schaffen wollte.

Dennoch bin ich natürlich anders als Buffett – und zwar nicht nur hinsichtlich des IQ. Erstens ist es mir wichtig, vom Büro aus einen schönen Blick zu haben, während er sich gar nichts aus solchen ästhetischen Befindlichkeiten macht. Ich sehe gern hinaus auf Bäume oder etwas ähnlich Aufmunterndes, während er gewohnheitsmäßig die Rollläden in seinem Büro geschlossen hält. Aber auf andere grundlegende Weise kopierte ich bewusst das Umfeld, das er sich in Omaha geschaffen hat. Zum Beispiel wohnt Warren etwa zehn Minuten mit dem Auto von seinem Büro entfernt, etwas außerhalb des Stadtzentrums. Mohnishs Büro in Irvine liegt ebenfalls zehn Autominuten von seinem Zuhause entfernt, ebenfalls etwas außerhalb des Stadtzentrums. Ich habe das gespiegelt, indem ich mir ein Büro gesucht habe, das zu Fuß zwölf Minuten oder mit der Trambahn sieben Minuten von zu Hause entfernt liegt und etwas außerhalb des Stadtzentrums. Es ist mir ganz recht, etwas außerhalb des Stadtzentrums zu sein, zum Teil weil dies es weniger wahrscheinlich macht, dass zu viele Leute einfach so mal in meinem Büro vorbeikommen. So brauchen sie einen stärkeren Grund dafür, also hat ihr Besuch viel häufiger einen echten Zweck.

Diese Entscheidungen habe ich mir sehr sorgfältig überlegt. Zum Beispiel haben Mohnish und ich einmal ausdrücklich über Pendelzeiten gesprochen und kamen zu dem Ergebnis, dass die ideale Pendelzeit zehn bis zwanzig Minuten beträgt. Das ist nah genug, um die eigene Lebensqualität zu verbessern, und weit genug, um genügend Abstand zwischen Arbeit und Zuhause zu schaffen. Für Menschen wie mich, die immer Gefahr laufen, von ihrer Arbeit besessen zu sein, ist es sehr nützlich, einen solchen Abstand zu haben. Wir müssen bei unserer Familie sein und Zeit mit ihr verbringen, damit wir nicht von unserer Arbeit aufgefressen werden. Aus demselben Grund ist es auch wichtig, Hobbys zu haben. Ich gehe unter anderem Laufen und fahre Ski, was mich nicht nur gesünder und glücklicher macht, sondern auch den Kopf frei macht und mir eine Distanz von den Stimmungsschwankungen des Marktes schafft. Wenn ich die ganze Zeit in meinem Büro vergraben verbringen und eingleisig immer nur Aktien analysieren würde, dann würden ganz sicher meine Entscheidungen und meine Investmenterträge leiden, genau wie meine Gesundheit und mein Familienleben.

Jedenfalls hängt immer alles mit allem zusammen. Meine ursprüngliche Motivation bestand in der Schaffung eines besseren Umfelds, um meine Erträge zu steigern. Aber all diese Entscheidungen führten auch zu einem besseren Leben.

Ebenso achtete ich bei der Bürogestaltung sorgsam darauf, eine Umgebung zu schaffen, die es mir leichter machen würde, trotz meiner widrigen Veranlagung rational und effektiv zu arbeiten. Auch hierfür kann ich nur wiederholen, dass es hilfreich ist, sich selbst zu kennen – und das eigene Umfeld entsprechend zu gestalten. Wie ich schon erwähnte, besteht eine meiner Schwächen darin, dass ich erstaunlich leicht abzulenken bin, und ich muss diesem Problem entgegenwirken, indem ich mir meine physische Umgebung entsprechend einrichte. Anders als Buffett, der ganz hervorragend ohne Computer und ohne E-Mail-Adresse arbeiten kann, bin ich auf den Computer angewiesen. Aber mir ist auch bewusst, dass Internet und E-Mail für mich eine schreckliche Ablenkung sein können. Um dem entgegenzuwirken und es mir leichter zu machen, konzentriert zu bleiben, habe ich mein Büro physisch aufgeteilt.

An dem einen Ende des Korridors gibt es einen »Busy Room« mit Telefon, Computer und vier Monitoren. Aber der Computer und die Monitore stehen auf einem höhenverstellbaren Tisch, den ich normalerweise so eingestellt habe, dass ich davor stehen muss. E-Mails zu beantworten ist eine Aufgabe, die wenig Konzentration erfordert, aber es ist ganz leicht, über längere Zeit dabei hängen zu bleiben. Also habe ich den Tisch absichtlich so hoch eingestellt, dass ich dabei nicht sitzen kann. Das klingt vielleicht verdreht, aber mein Ziel ist ein Büro, das mir Raum und Ruhe zum Denken bietet. Kleine Maßnahmen wie diese seltsame Positionierung des Computers sorgen dafür, dass die Dinge für mich arbeiten.

Am anderen Ende des Korridors befindet sich ein Raum, den ich die Bibliothek nenne. Hier gibt es weder Telefon noch Computer. Ich will mich selbst dazu erziehen, mehr Zeit mit Sitzen und Denken zu verbringen, also ist dieser Raum gemütlich und einladend eingerichtet. Ich kann darin stapelweise Finanzberichte zur Hand nehmen und durchsehen oder ein Buch aus den Regalen an der Wand nehmen. Wenn ich die Tür schließe, heißt das, dass mich niemand stören darf.

Die Bibliothek dient auch als Raum für kurze Schlafpausen. Nicht von ungefähr macht Mohnish in seinem Büro ab und zu ein Nickerchen und Warren hat uns erzählt, dass auch er in seinem Büro einen Platz habe, wo er sich hinlegen kann. Dabei geht es gar nicht um Faulheit – oder, naja, jedenfalls nicht nur … Ein kurzes Nickerchen tagsüber hält den Geist frisch, sorgt für Erholung vom Lärm und ist eine Chance, wieder neu zu starten.

So trivial es klingen mag – sogar die Art der Büroeinrichtung ist wichtig. Denken Sie an die Colleges in Oxford, wo an den Wänden der Speisesäle die Porträts der berühmten Ehemaligen hängen. Ihre Gegenwart sendet unterbewusst eine motivierende Botschaft an die aktuelle Studentenschar. Aus ganz ähnlichem Grund habe ich eine Bronzebüste von Charles Munger in meinem Büro aufgestellt. Ich mache keinen Kult aus ihm, aber ich möchte seine Gegenwart in meinem Denken aktivieren – nicht zuletzt als Erinnerung an die drohenden 24 Gründe für Fehleinschätzungen, die er bei seiner Rede in Harvard aufgezählt hat. Ebenso habe ich im Busy Room und in der Bibliothek Fotos aufgehängt, auf denen ich mit Warren und Mohnish am Tag unseres Lunchs zu sehen bin.

Ich kann das alles nicht auf streng wissenschaftlicher Ebene erklären. Aber ich habe den Eindruck, dass die Spiegelneuronen in unserem Gehirn uns dabei helfen, diejenigen Menschen nachzuahmen, die auf uns einen Einfluss ausüben. Durch die Bilder von Munger und Buffett in meinem Büro versuche ich, auf unterbewusster Ebene das Spiel zu meinen Gunsten zu beeinflussen, nämlich indem ich ihre Gegenwart meine Gedanken leiten lasse. Ich glaube, das ist ziemlich weit verbreitet. Als ich Winston Churchills Arbeitszimmer in Chartwell besichtigte, fielen mir die Dinge auf, die er auf seinem Schreibtisch stehen hatte, darunter eine Büste von Napoleon, eine Porzellanfigur von Admiral Nelson und eine Fotografie des südafrikanischen Premierministers Jan Smuts. Ich denke nicht, dass sie da nur zu Dekorationszwecken platziert waren. Ich vermute, es hat Momente gegeben, in denen Churchill sich fragte, was diese berühmten Führungspersönlichkeiten in seiner Situation wohl tun würden. Religiöse Objekte wie ein Kruzifix können wahrscheinlich ähnlichen Zwecken dienen, indem sie dem Gläubigen eine beständige Mahnung zur eigenen Besserung sind. Wenn man bedenkt, welch starke Wirkung die Technik des Spiegelns auf uns hat, sollte man sich genau überlegen, wen man sich als Helden oder Vorbild aussucht.

In meinem Büro habe ich auch Fotos von meinem Vater und einigen meiner ersten Investoren, darunter ein paar von seinen Geschäftspartnern.

Das soll mich daran erinnern, für wen ich arbeite, damit ich nie die Verantwortung vergesse, die ich für meine Aktionäre trage. Ich habe mir kürzlich sogar überlegt, einen Fotografen damit zu beauftragen, dass er von all meinen Investoren Schwarz-Weiß-Porträts anfertigt.

Etwa ein Jahr nach unserem Benefiz-Mittagessen lud Warren Buffett Mohnish und mich großzügig zu einer spontanen Führung durch sein Büro in Omaha ein. Ich war fasziniert, wie er seine eigene Umgebung gestaltet hatte, um seine Fähigkeit zu rationalen Entscheidungen zu fördern. Das vielleicht Auffallendste an seinem Büro war, dass es nur so wenig enthielt, das seine Aufmerksamkeit ablenken konnte. Er hatte nur zwei Stühle und keinen Platz für große Meetings – ein praktisches Mittel, um unnötigen Kontakten den Wind aus den Segeln zu nehmen. Seine Rollläden waren geschlossen, was es ihm erleichterte, sich auf die anstehende Aufgabe zu konzentrieren.

Mitten an der Wand an prominenter Stelle hinter seinem Schreibtisch hatte Warren ein Foto seines Vaters Howard Buffett hängen, den er sehr verehrte. In Lowensteins Buffett-Biografie wird Howard als »unerschütterlich ethischer« Kongressabgeordneter beschrieben, der »Angebote für Geschäftsreisen ablehnte und sogar auf einen Teil seines Gehalts verzichtete. Während seiner ersten Wahlperiode, als die Gehälter der Kongressabgeordneten von 10 000 auf 12 500 Dollar angehoben wurden, ließ Howard den Überschuss in der Gehaltskasse des Capitols zurück mit der Begründung, er sei zu dem niedrigeren Gehalt gewählt worden.« Man kann unschwer diesen Einfluss an Warren erkennen, dessen bescheidenes Gehalt für das Management von Berkshire einen ähnlichen Sinn für Integrität und Altruismus widerspiegelt. Und, um wieder auf den Ausgangspunkt zurückzukommen, das Foto zeigt, wie hilfreich es sein kann, bei der Gestaltung unseres Arbeitsplatzes auch an Bilder von unseren Vorbildern zu denken.

Was Warrens Schreibtisch betraf, so war er so klein, dass einfach kein Platz war für Papierstapel, was ihn dazu zwang, seinen Papierkram zeitnah abzuarbeiten. Am Kopfende seines Schreibtischs befand sich je ein Eingangs- und ein Ausgangsfach sowie ein Fach mit der Aufschrift »Zu schwierig« – eine visuelle Erinnerung, dass er geduldig auf die perfekte Gelegenheit warten sollte. Wie er es ausdrückt: »Ich springe nur auf Angebote an, die ich wirklich mag.« Dieses »Zu schwierig«-Fach hat etwas Spielerisches, aber seine Existenz muss auch einen subtilen Effekt auf sein Denken haben. All diese Hilfsmittel wären nutzlos, wenn Buffett nicht auch einen überragenden Geist besäße. Aber es ist interessant, dass sogar ein Mann mit seiner Intelligenz es für angebracht hält, ein solches Fach auf seinem Tisch zu haben als physisches Hilfsmittel, damit er bei der Sache bleibt. Für mich ist das ein Zeichen großer Demut gegenüber seinen Fähigkeiten.

Ich fand es bezeichnend, dass es in Buffetts Büro kein Bloomberg-Terminal gab. Es steht wohl eines am anderen Ende des Gebäudes; benutzt wird es von einem Angestellten von Berkshire, der ein Anleihenportfolio managt. Buffett könnte zweifellos jederzeit darauf zugreifen, aber er hat sich bewusst dafür entschieden, diesen Informationstornado nicht in Reichweite zu haben.

Als ich Nick Sleeps Büro in London besuchte, war ich erstaunt, auch hier zu entdecken, dass er seinen Bloomberg seltsam positioniert hatte und für dessen Benutzung auf einem unbequem niedrigen Hocker Platz nehmen musste. Genau wie Buffett hatte er seinen Arbeitsplatz bewusst so gestaltet, dass er so wenig wie möglich an seinem Terminal saß. Und dabei beträgt die Leihgebühr dafür im Jahr mehr als 20 000 Dollar. Warum? Schließlich sind doch kontinuierlich fließende Informationen so etwas wie der Lebenssaft jedes Profi-Investors.

Mein eigenes Verhältnis zum Bloomberg-Terminal ist ähnlich ambivalent und verkrampft. Es ist ein tolles Gerät und es gibt Zeiten, in denen ich es durchaus nützlich finde, weil er mir Aktienkurse oder Nachrichten in Echtzeit liefert. In den Jahren, als ich noch im New Yorker Strudel steckte, mietete ich einen Bloomberg an, nur um mein Ego aufzupolieren. Ein zweifelhafter Grund. Ich fühlte mich damit wie ein privilegiertes Clubmitglied, das sich die teuersten Spielzeuge leisten konnte; ohne ihn hätte ich mich wohl nicht gleichwertig mit meinen Kollegen gefühlt. Doch jenseits all dieser Mätzchen hat die Nutzung eines Bloomberg-Terminals – oder anderer rivalisierender Systeme zu diesem Zweck, die von Unternehmen wie Reuters und FactSet angeboten werden – auch eine ernsthaftere Schattenseite.

All diese Produkte – besonders aber der begehrte, führende Bloomberg – ködern auf geniale Weise den Mieter mit dem verführerischen Versprechen von Nonstop-Information. Das Terminal liefert eine so unablässige Flut von Nachrichten und Daten ans Gehirn der Investoren, dass es schwer ist, die Selbstdisziplin aufzubringen, den Hahn zuzudrehen und sich darauf zu konzentrieren, was am wichtigsten ist. Man sieht Aktienticker vor den Augen aufblinken und Nachrichten fordern mit dudelnden Signaltönen Aufmerksamkeit. Immer ist alles mit etwas anderem verlinkt, also klickt man sich immer tiefer in die Spalten und Nischen dieser Informationsunterwelt hinein.

Zu Anfang war ich absolut süchtig. In meinen frühen Jahren als Geldmanager war ich kaum in meinem Büro angekommen, schon fuhr ich meinen Bloomberg hoch, der wie ein Christbaum erstrahlte. Seine leuchtenden Farben spornten seinen Nutzer dazu an, sich unverzüglich ans Werk zu machen. Doch als ich selbstreflektierter wurde, begann mir zu dämmern, dass dieser Aufruf zum Loslegen mir gar nichts half; und auch die endlosen Stunden, die ich durch die Informationen surfte, halfen mir nichts. Ich fing an mich zu fragen: »Ist dies wirklich die beste und effizienteste Art, meine Aufmerksamkeit einzusetzen?« Wenn ich nur eine bestimmte Menge an Willenskraft habe, wie viel davon sollte ich dafür verschwenden, der Versuchung zu widerstehen, dieses ganze Informationszuckerzeug zu essen?

Während der Finanzkrise sah ich klarer denn je, welche ungesunde Sucht das Bloomberg-Terminal geworden war. Das unaufhörliche Trommelfeuer von schlechten Nachrichten hätte leicht meine irrationalen Tendenzen noch verschlimmern können, gerade als ich es am allernötigsten hatte, den Lärm auszublenden und mich auf die langfristige Gesundheit meines Portfolios zu konzentrieren. Also entschloss ich mich für die radikale Lösung. Ende 2008 und Anfang 2009, als der Markt zusammenbrach, ließ ich den Monitor für mehrere Tage am Stück ausgeschaltet. Eine weitere Taktik, um vom Bloomberg-Terminal Abstand zu gewinnen, war, mein persönliches Login aufzugeben, auch wenn wir noch ein Login für die Firma hatten. Ich änderte auch die Farbeinstellung an meinem Bildschirm zu Hause, sodass er fade und gedämpft aussah, womit ich das Risiko reduzierte, dass die leuchtenden, blinkenden Farben die irrationale Seite meines Gehirns zu unnötigem Handeln verführten.

Als ich mein Büro in Zürich einrichtete, stand ich erneut vor der Frage, wie ich das Bloomberg-Problem bekämpfen konnte. Zu der Zeit hatte ich mich bereits an diesen Service gewöhnt. Es hätte mir psychologisch wehgetan, es nicht mehr einzurichten. Ich wusste ja auch, dass er in manchen Fällen außerordentlich nützlich war. Aber mir war auch bewusst, dass er mir mehr schadete als nutzte. Also ging ich am Ende einen wackligen Kompromiss ein. Ich verbannte den Bloomberg auf den höhenverstellbaren Tisch in meinem Busy Room. Da der Tisch so eingestellt ist, dass ich stehen muss, ist die Gefahr gering, dass ich in Versuchung komme, den Bloomberg stundenlang zu benutzen und mich hoffnungslos im Datendschungel zu verheddern. Heute schalte ich den Bloomberg oft wochenlang nicht ein. Doch er ist da, sollte ich ihn jemals brauchen – ich leiste mir diese außergewöhnlich teure Rückversicherung, so wie ein Kind seine Schmusedecke immer griffbereit haben muss.

Natürlich sagt mir der rationale Teil meines Gehirns, dass ich besser wegkäme, wenn ich den Bloomberg ganz los wäre. Warum sollte ich mehr als 20 000 Dollar im Jahr für ein Spielzeug zahlen, auf das ich so leicht verzichten kann? Aber ich akzeptiere meine Fehlbarkeit. Anstatt so zu tun, als würde ich perfekt rational handeln, finde ich es besser, mir selbst gegenüber aufrichtig zu sein, was meine irrationale Seite betrifft. Dann kann ich wenigstens praktische Schritte unternehmen, um mein irrationales Selbst zu steuern. Vielleicht ist das das Beste, was wir alle tun können.

9. Wie ich Stepptanz lernte – Eine neue Leichtigkeit

Mit dem Umzug nach Zürich beschloss ich, dass ich auch andere Aspekte meines Lebens ändern musste. Es ging nicht nur darum, mir ein Umfeld zu schaffen, in dem ich rationaler, weniger abgelenkt und ruhiger wäre. Ich wollte meine ganze Lebenseinstellung ändern.

Angesichts der Stärke und Intensivität der Erlebnisse von 2008/09 war es mir schwergefallen, im Gleichgewicht zu bleiben. Darin liegt eine der größten Herausforderungen für Investoren. Wir wissen alle, dass es wichtig ist, physisch gesund zu sein, ein erfüllendes Privatleben zu haben und ein gewisses emotionales Gleichgewicht zu halten. Aber diese ganzheitliche Sichtweise ist nicht nur ein New-Age-Larifari-Traum. Es ist tatsächlich schwer, gut zu investieren, wenn das Leben des Investors außerhalb der Investmentwelt aus dem Gleichgewicht geraten, ein totales Chaos oder völlig vernachlässigt und praktisch nicht vorhanden ist.

Die großen Investoren sprechen selten öffentlich über ihre emotionalen Herausforderungen. Aber George Soros gewährte einigen Einblick in den Stress des Investierens. Er schrieb, es habe Momente gegeben, in denen er sich nicht sicher war, ob er seinen Fonds führte oder der Fonds ihn. Im Gegensatz dazu erzählte Buffett einmal, er tripple jeden Morgen im Stepptanz zur Arbeit. Seine Lockerheit und Lebensfreude spiegeln sich in seinem Humor und seiner Liebe zum Bridgespiel wider. Er hat seine Leidenschaften gefunden und erfreut sich daran.

Auch ich wollte an meinem Leben mehr Freude haben und die Leichtigkeit zurückgewinnen, die ich im Lauf der Jahre verloren hatte. In der Finanzkrise gab es Augenblicke, in denen meine Karriere ernsthaft auf dem Spiel stand. Das Gemetzel am Markt war so extrem, dass zahllose Fonds pleitegingen. Selbst so berühmte Investoren wie Bill Miller wurden derart auseinandergenommen, dass ihr Ruf schwer geschädigt wurde. Einer der cleversten Investoren, die ich kannte, ein Kerl aus dem Jahrgang über mir in Harvard, verlor 80 Prozent und musste seinen Fonds schließen. Er war erst Anfang vierzig, aber seine vormals schillernde Karriere als Investor war offensichtlich vorbei. Für mich war der Crash etwas Ähnliches wie eine Nahtoderfahrung: Er zwang mich, zu überdenken, wie ich leben wollte und was mir wirklich wichtig war.

Inmitten dieser Sinnsuche ging mir auf, dass ich ein Gefangener meiner eigenen Sichtweise gewesen war: Ich hatte meine Karriere als Kampf auf Leben und Tod gesehen. Meine Einstellung war einfach zu extrem gewesen: Ich wollte nicht nur ein toller Investor sein, sondern Warren Buffett. So viele Jahre lang hatte ich mich selbst mit fast manischem Tunnelblick auf meine Ziele vorwärtsgetrieben, hatte geglaubt, dass meine Examensergebnisse, meine Leistungen an der Universität und meine Fondserträge alles seien und dass sie bestimmten, wer ich war und was ich wert war.

Vielleicht kam das von der Wertvorstellung, die mir meine britische Erziehung vermittelt hatte. Ab dem Alter von elf Jahren ging ich auf ein Internat in England, ein Immigrant und Außenseiter, der vorher schon in Iran, Israel und Südafrika gelebt hatte. Alles an der Schule war für mich ein Kampf und in jener Zeit ging es für mich ums tägliche Überleben. In gewissem Sinn übernahm ich diese Haltung unbewusst in meinem Erwachsenenleben und sah meine Investmentkarriere als eine Art Gladiatorenkampf. Zu spät stellte ich infolge der Finanzkrise fest, dass diese Tendenz, das Leben als tödlichen Kampf zu betrachten, nicht unbedingt nützlich war – und schon gar kein Weg zum Glücklichsein.

Ich musste mehr Leichtigkeit in mein Leben bringen. Im übertragenen Sinn wollte ich Stepptanzen lernen.

Als Teil dieser Neuerfindung meiner selbst beschloss ich, das Leben viel mehr zu genießen. Das äußerte sich etwa darin, dass ich nun öfter Reisen unternahm. Zum Beispiel fuhr ich 2009 für zehn Tage mit Mohnish nach

Indien. Früher hätte ich mich niemals auf ein solches Abenteuer eingelassen. Ich hatte mich verpflichtet gefühlt, nonstop zu arbeiten, und war überzeugt, ich müsse zu Hause bleiben und mein Aktienportfolio überwachen. Aber nach Indien brach ich ganz ohne Plan auf – und der Trip erwies sich als wunderbar bereicherndes Erlebnis, durch das ich die Welt ganz anders sah.

Unter anderem konnte ich einen Blick auf die bemerkenswerte Arbeit werfen, die Mohnishs Dakshana Foundation leistet, indem sie Kindern in großem Stil eine Schulbildung ermöglicht. Es mag wie eine Plattitüde klingen, aber es berührte mich auch, zu sehen, wie glücklich viele Menschen in Indien waren, obwohl sie in materieller Hinsicht so wenig besaßen. Dadurch erkannte ich, wie verdreht die Wertvorstellungen in reicheren Ländern sein können. Und dann konnte ich voller Faszination erleben, wie Mohnish in einem außerberuflichen Umfeld ist, und aus nächster Nähe mitbekommen, wie er tickt. Ich zog meine Lehren allein daraus, wie er auf nicht eingehaltene Verabredungen reagierte oder auf Menschen, die sich schlecht benahmen. Ich habe selten jemanden erlebt, der so ruhig, vernünftig und gelassen ist.

Auf ebendieser Reise besuchten wir auch die Konferenz von TEDIndia in Mysore. Ich fand das großartig. In den Jahren darauf beteiligte ich mich an der Gründung der TEDx-Konferenz in Zürich, besuchte Veranstaltungen wie die Kunstmesse Art Basel und engagierte mich in der Unterstützung von Institutionen wie Oxford, Harvard und das Weizmann-Institut für Wissenschaften in Israel. Ich weiß nicht, ob diese Dinge mich zu einem besseren Investor gemacht haben. Aber sie haben mit Sicherheit meinen Horizont erweitert, mir viele interessante Kontakte verschafft und mein Leben bunter gemacht. Und was genauso wichtig ist: Diese Aktivitäten sind eine weitere Form, mir selbst treu zu sein.

In der Zwischenzeit ging ich bewusst bestimmten Menschentypen aus dem Weg. Wie ich schon erwähnte, machte es die Tatsache, dass ich in der Schweiz wohnte und mich außerhalb des Stadtzentrums angesiedelt hatte, den »falschen« Leuten schwerer, mich zu besuchen. Sie brauchten schon einen triftigen Grund, um diesen Aufwand auf sich zu nehmen, und das wirkte wie ein sehr nützlicher Filtermechanismus. Durch den Umzug nach Zürich gelang mir auch endlich das Durchtrennen des Gordischen Knotens meiner ungesunden Kontakte zu Fondsvertrieblern, Aktienanalysten und anderen professionellen »Helfern«, durch die ich auf wenig hilfreiche Weise auf den Standard-Way-of-Life der New Yorker Hedgie-Welt gepolt war.

Aber mein Ziel war nicht, ein Stubenhocker oder Einzelgänger zu werden. Ganz im Gegenteil, ich war zunehmend bereit, viel Zeit und Geld zu investieren, um zu reisen, egal wohin, und mit Menschen zusammen zu sein, die mir wichtig waren. Ich fuhr mit Ken Shubin Stein nach Israel. Ich flog nach Kalifornien, um ein paar Tage mit Mohnish zu verbringen, wieder ganz ohne Plan, außer der Freude, die Gegenwart eines Menschen zu genießen, den ich mag und bewundere. Mohnish und ich riefen auch den Latticework Club ins Leben, eine Gruppe von acht klugen Köpfen, die sich alle paar Monate treffen und sich darüber austauschen, was im Leben der anderen gerade los ist, und einander unterstützen. Durch diese Gruppe lernte ich, mich emotional zu öffnen und mein Innenleben systematischer zu betrachten.

Des Weiteren tat ich mich mit meinem Freund John Mihaljevic zusammen, um ein jährlich stattfindendes Event in der Schweiz namens VALUEx ins Leben zu rufen – eine Gemeinschaft von Menschen, die ähnlich denken und Ideen und Wissen über Investment austauschen. Bei den gemeinsamen Essen und auf den Skipisten von Klosters sind einige Freundschaften geschlossen worden. 2014 kamen über 70 Leute von überall auf der Welt in die Schweiz zu uns, um bei VALUEx dabei zu sein.

Ich hatte Sport schon immer gemocht. Aber nach meinem Umzug nach Zürich wurde ich zum begeisterten Sportler, mehr als je zuvor. Ich ging mehrmals die Woche Laufen oder Radfahren und an den Wochenenden nahm ich meine Kinder mit zum Skifahren.

Ebenso entdeckte ich meine Freude am Spielen wieder, nicht zuletzt, weil die Finanzkrise mir gezeigt hatte, wie wichtig es ist, zu spielen und mich selbst nicht zu ernst zu nehmen. Etwa 2007 begann ich mit Bridge, angespornt durch Mohnish, der ein ebenso leidenschaftlicher Bridgespieler ist wie Buffett, Munger und Bill Gates. Zuerst wurde ich Mitglied im Manhattan Bridge Club und dann nahm ich Unterricht. Als ich erst einmal die Grundzüge gelernt hatte, merkte ich schnell, dass Bridge nicht nur eine nette Art der Unterhaltung ist, sondern auch viele Fähigkeiten im Leben verbessert, ganz zu schweigen vom Investieren.

Als Vorbereitung fürs Investieren ist Bridge wirklich das ultimative Spiel. Wenn ich einen Lehrplan für Value Investing erstellen müsste, wäre Bridge definitiv ein Teil davon. Während ich langsam die Feinheiten des Spiels entdeckte, erinnerte ich mich an einen ungewöhnlichen Kommentar über das Investieren, den Charles Munger in seiner Vorlesung über die Gründe für menschliche Fehleinschätzungen äußerte: »Wenn Sie richtig denken wollen, müssen Sie so denken, wie Zeckhauser Bridge spielt. So einfach ist das. Aber Ihr Gehirn weiß nicht automatisch, wie man so denkt, wie Zeckhauser Bridge spielt.« Richard Zeckhauser ist Professor für politische Ökonomie und ein Wettkampf-Bridgespieler, der dem Führungskräfteprogramm für Investmententscheidungen und Finanzverhalten in Harvard vorsitzt. Als Experte für Wirtschaftsverhalten in akut unsicheren Situationen hat er Beiträge verfasst wie *Investing in the Unknown and Unknowable*.

Für Investoren liegt der Reiz des Bridgespiels darin, dass dabei Glück, Wahrscheinlichkeitsdenken und asymmetrische Informationen eine Rolle spielen. Wenn die Karten ausgegeben werden, darf man nur seine eigenen ansehen. Aber wenn die Karten ausgespielt werden, wird die wahrscheinlichkeitsbezogene und asymmetrische Natur des Spiels offensichtlich. Ich kann mich zum Beispiel beim Reizen fragen: »Wenn der Spieler zu meiner Rechten zwei Asse geboten hat, wie wirkt sich das auf meine Wahrscheinlichkeitsberechnung aus, welche Karten er hat?« Wenn das Spiel weitergeht, denke ich vielleicht: »Aha, meine Partnerin ist gerade mit der Pik-Dame herausgekommen. Das muss heißen, dass sie auch noch einen König hat oder dass sie kein Pik mehr hat.«

Beim Investieren müssen wir ständig mit eingeschränkten Informationen arbeiten. Zum Beispiel recherchierten Mohnish und ich vor Kurzem über einen chinesischen Hersteller von Autos und Batterien, BYD Auto. Was zuerst unser Interesse weckte, war eine Geschichte im *Wall Street Journal*, in der erwähnt wurde, dass Munger das Unternehmen interessant gefunden und darüber mit Buffett gesprochen habe. Warren schickte daraufhin seinen damaligen Top-Mitarbeiter David Sokol nach China. Kurz darauf tätigte Berkshire eine Investition und Sokol war Mitglied im Vorstand von BYD.

Als Investoren führten wir Wahrscheinlichkeitsbewertungen über all diese öffentlichen Informationen durch. Zum Beispiel wussten wir, dass Li Lu, der Sino-Amerikaner ist, für Munger Geld anlegte. Wir hatten auch Mungers veröffentlichten Kommentar gelesen, in dem er schreibt, der CEO von BYD, Wang Chuan-Fu, sei »eine Kombination aus Thomas Edison und Jack Welch – ähnlich wie Edison beim Lösen technischer Probleme und ähnlich wie Welch, wenn es darum geht, anstehende Aufgaben zu erledigen. Ich habe so etwas noch nie gesehen.«

Jede für sich genommen, zählen solche Teilinformationen nicht viel. Aber alle zusammen vermittelten uns einen gewissen Überblick, was da los war, und so konnten wir unser Wissen über das Unternehmen aktualisieren und ergänzen. Dadurch fragten wir uns schließlich, was Munger, Li Lu, Buffett und Sikol in BYD wohl gesehen hatten, was andere Investoren übersehen hatten.

Ich weiß noch, wie ich zu der Zeit mit Mohnish sprach und Skepsis gegenüber der Aktie äußerte. Diese chinesische Firma lag einfach außerhalb meiner Kompetenz. Schließlich brauchte ich länger als ein Jahr, bis ich mich sicher genug fühlte, um zu investieren, in dem Vertrauen, dass ich das Unternehmen verstanden hatte. Mohnish, ein begabterer Bridgespieler und weniger risikoaverser Investor, kaufte früher als ich, weil er sich mit den Rückschlüssen sicher fühlte, die er aus den Teilinformationen ziehen konnte. Er erklärte mir, für ihn habe es viel bedeutet, dass Buffett, Munger, Sokol und Li Lu allesamt die Aktie für einen Gewinner hielten. Weil Mohnish bereit war, auch auf Grundlage einer weniger vollständigen Informationslage zu handeln, konnte er BYD-Aktien zu einem weit niedrigeren Preis kaufen, als ich ihn später, mit vollständigeren Informationen, bezahlte.

Mit meinem Hintergrundwissen über Bridge bin ich immer auf der Suche nach der Wahrheit, die hinter den Dingen steckt, auch wenn ich nur über unzureichende Informationen verfüge. Das Spiel hat mir gezeigt, dass es einfach nicht möglich ist, immer alles vollständig zu wissen. Wir werden niemals wirklich alles genau wissen, was in einem Unternehmen vorgeht, also müssen wir Schlussfolgerungen aufgrund von Wahrscheinlichkeit ziehen.

Diese Denkweise hat sich als besonders nützlich erwiesen nach der Hypothekenkrise, als fast jeder die amerikanischen Geschäftsbanken, wie Citigroup, Bank of America oder JPMorgan Chase hasste. Ich habe sie sorgfältig studiert und stellte mir dabei Fragen wie beim Bridge, wie: »Wie kann ich bloß jemals behaupten, die Feinheiten von JPMorgans 2-Billionen-Dollar-Bilanz zu verstehen?« Die Antwort: Das werde ich nie können. Wichtiger aber ist, dass JPMorgans eigenes Management dies auch nicht kann – zumindest nicht sehr exakt. Aber ich könnte durchaus sinnvolle Wahrscheinlichkeitsberechnungen anstellen über die Bilanz und die Ertragskraft der Bank. Ich fragte mich also: »Wenn die weitermachen, sind sie dann wahrscheinlich besser oder schlechter, als die anderen Investoren es erwarten?«

Inzwischen las ich, dass Buffett gerade eine Fünf-Milliarden-Dollar-Investition in die Dividenden-Aktie der Bank of America getätigt hatte. Wahrscheinlichkeitstheoretisch gedacht nahm ich an, er glaube, die Fed wolle sicherstellen, dass Geschäftsbanken zur Sanierung ihrer Bilanzen in der Lage wären. Durch Buffetts Investition verstand ich, dass es höchst unwahrscheinlich war, dass die Fed die Zinsen anhob, solange die Banken noch nicht wieder hoch profitabel und gesund arbeiteten. Für mich war die Art, wie er diese Unwägbarkeiten abwog, eine Erleuchtung. Mohnish hatte darauf hingewiesen, dass Buffetts Erfahrung mit Bankaktien bis ins Jahr 1969 zurückreicht und dass er fast noch nie Geld mit einer Bankaktie verloren hatte. Wenn also niemand ein besserer Investor in Banken ist als er, dann bedeutete Buffetts Gütesiegel viel.

Außerdem waren mindestens die Hälfte der Rivalen der Bank of America auf der Strecke geblieben, was dem Unternehmen eine noch stärkere Position einbrachte. Kleinere Banken kämpften, um bei den steigenden Technologiekosten im Bankensektor mithalten zu können. Und den meisten war nicht klar, dass die Risiken durch rechtliche Konsequenzen für die Bank doch geringer waren, als sie zu sein schienen. Schließlich läuft das

Gerichtsverfahren wegen der Exxon-Valdez-Ölkatastrophe noch immer, und das nach 25 Jahren. Also erschien es uns wahrscheinlich, dass der Bankensektor etwaige Gerichtsverfahren jahrelang hinauszögern konnte, was ihm reichlich Zeit geben würde, die potenziellen Kosten eventueller Ansprüche zu decken.

Am Ende investierte ich massiv in eine Reihe von Geschäftsbanken, deren Aktien in der Folge wieder stiegen, genau wie Warren, Mohnish und ich es erwartet hatten. Meine Kenntnisse aus dem Bridgespiel hatten mir zu einem geschickteren Umgang mit dieser Art Unwägbarkeiten verholfen. Das Wesentliche dabei ist wohl, dass viele Investmentmöglichkeiten äußerst unsicher sind, aber nicht ganz so riskant, wie sie vielleicht zunächst wirken. Man behauptet oft, dass Investoren wie ich große Risiken eingehen, fast schon wie Glücksspieler. Es gibt natürlich eine Menge rücksichtsloser Investoren, die kaum ein Bewusstsein für Risiko und Verlust haben, aber diese halten sich nicht lange im Spiel des Investments. Diejenigen, die eine lange Zeit überstehen, gehen kompetenter mit dem Risiko um und besitzen die Fähigkeit, zu erkennen, wenn eine Situation viel weniger riskant ist, als der Aktienpreis es vermuten lässt. Um JPMorgan Chase und die anderen Geschäftsbanken gab es viel Unsicherheit, aber sehr wenig Risiko.

Doch Bridge war nicht das einzige Spiel, das meine Fantasie beflügelte und meine Denkgewohnheiten kultivierte. Ich habe auch den Spaß am Schachspiel wiederentdeckt, einem wunderbar analytischen Spiel, bei dem es gilt, Muster zu erkennen. Ich habe mich zum ersten Mal in Harvard ins Schachspiel verliebt, was ich meinem Kommilitonen Mark Pincus verdanke, der später Zynga gründete, ein Unternehmen für Social Games, das ihn zum Milliardär machte. Damals, zu unserer Studienzeit, hatte Mark ein unbenutztes Schachspiel in meinem Studentenzimmer gefunden und fragte, ob ich mit ihm spielen wolle. Er hat mich gnadenlos niedergemacht. Ich kaufte mir daraufhin einen Stapel Schachbücher und wir spielten weiter. Ich wurde mit der Zeit besser und gewann sogar die eine oder andere Partie.

Nach meinem Abschluss wurde ich Mitglied im Manhattan Chess Club und spielte im Park mit Fremden, um den Schrecken meines Jobs bei D. H. Blair zu entkommen. Aber mein unruhiger Geist ist nicht konzentriert genug, also wurde aus mir nie mehr als ein halbwegs passabler Spieler.

Damals hatte ich keine Ahnung, warum Schach neben dem Spaßfaktor auch nützlich sein sollte. Aber mit den Jahren habe ich erkannt, dass man echte taktische Vorteile hat, wenn man versteht, wie solche Spiele funktionieren. So existiert beim Schach ein Repertoire an Tricks und Fehlern zur Eröffnung des Spiels, die unerfahrenen Spielern schnell zum Verhängnis werden, meist schon innerhalb der ersten paar Züge. Anfangs wurde ich wütend auf meinen Gegner, wenn ich in eine solche Falle tappte. Es erschien mir wie Schummeln. Dann wurde ich wütend auf mich selbst, weil ich auf einen ganz einfachen Trick hereingefallen war. Als ich besser im Schach wurde, machte ich nicht mehr so oft solche Anfängerfehler.

Daraus kann man nützliche Lehren für das Spiel des Investierens ziehen. Beispielsweise gibt es unzählige Buchführungstricks. Unternehmen manipulieren oft die Regeln der Buchführung, um ihre Zahlen besser aussehen zu lassen – und den ahnungslosen Investor wird so leichter glauben gemacht, dass die Situation weniger gefährlich sei, als sie wirklich ist.

Ende der 1990er-Jahre analysierte ich ein Unternehmen für Rechtsschutzversicherungen. Genau wie Lebensversicherungen wurden diese von Brokern verkauft, die dafür enorme Kommissionen kassierten. Um zu analysieren, wie profitabel die Firma wirklich war, musste man die korrekte Amortisierungsrate gegenüber den Akquisitionskosten herausfinden. Dies wiederum hing davon ab, wie lange die Kunden nach dem Vertragsdeal dabeiblieben. Meiner Ansicht nach war die Buchführung des Unternehmens diesbezüglich übermäßig optimistisch und zeichnete so ein falsches Bild seiner eigenen Zukunft. Das erschien mir wie ein raffinierter Trick beim Schach, nur eben auf die Buchführung übertragen. Also nahm ich Abstand von den Aktien. Tatsächlich fielen sie danach ins Bodenlose, was Gerichtsverfahren sowie Heulen und Zähneknirschen bei allen Anlegern nach sich zog, außer bei den Leerverkäufern, die aufgrund der dubiosen Buchführung gegen das Unternehmen gewettet hatten.

In einer weiteren Hinsicht fand ich Schach lehrreich. Früher hatte ich oft gegen sogenannte »Duffer« gespielt, eine abwertende Bezeichnung für Spieler, die spontane Entscheidungen aufgrund von Emotionen anstatt sorgfältiger Analyse treffen. Diese konnten oder wollten das Spiel nicht auf die übliche Weise analysieren. Zu Anfang verlor ich oft gegen die Duffer. Ihre Züge waren so unberechenbar, dass ich ungeduldig wurde und ich meinen kühlen Kopf verlor. Doch als ich in dem Spiel besser wurde, wurde ich auch disziplinierter und entwickelte die mentale Stärke, um ruhig und vorsichtig zu bleiben, auch wenn mein Gegner wild und leidenschaftlich spielte.

In den Finanzmärkten machen viele Investoren – sowohl Amateure als auch Profis – unsinnig riskante Züge und setzen auf alles Mögliche, von heißen Technologieaktien bis zum hochgejubelten Börsengang. Manchmal zahlen sich solche Spekulationen auf spektakuläre Weise aus, was andere Investoren in Versuchung bringt, ihrem Beispiel zu folgen und ebenfalls solche Duffer-Züge zu unternehmen. Aber genau wie beim Schach habe ich festgestellt, dass es am Ende besser funktioniert, die Disziplin zu bewahren und eine vorsichtige Strategie mit besseren Chancen auf Langzeiterfolg zu fahren. 2009, als viele Investoren sich aus dem Aktiengeschäft herauskatapultierten, war auch das wieder ein klassischer Duffer-Zug. Mein Gegner in jenem Spiel war kein idiotischer Schachspieler, sondern der Wahnsinn von Mr. Market. Ich wusste, ich musste nur Ruhe bewahren und diesen Wahnsinn zu meinem Vorteil nutzen, indem ich Aktien kaufte, welche die Duffer verkauften.

Beeindruckend fand ich einen Mantra-Spruch, der von dem Schachprofi Edward Lasker stammte: »Wenn du einen guten Zug siehst, halt' Ausschau nach einem noch besseren.« Für den Aktienmarkt habe ich diesen Satz modifiziert und sage: »Wenn du eine gute Investitionsmöglichkeit siehst, halt' Ausschau nach einer noch besseren.« Munger hat darauf hingewiesen, dass wir die Tendenz ins uns tragen, eine bestimmte Idee gut zu finden – ob beim Schach oder beim Investieren –, weil sie die erste war, die uns eingefallen ist. Aber ist sie deshalb wirklich auch die beste? Das Schachspiel fordert vom Spieler, immer nach einem noch besseren Zug Ausschau zu halten, auch wenn das Gehirn schon jene erste Idee übernommen hat. So trainiert das Schachspiel also auch diese spezielle mentale Fähigkeit.

Gleichzeitig brachten mir meine amateurhaften Erfahrungen im Bridge- und Schachspiel noch eine weitere fundamentale Erkenntnis. Natürlich lernte ich dabei Nützliches in Sachen taktisches Vorgehen und mentale

Haltung. Und ja, ich lernte auch, wie entscheidend es ist, meine Emotionen unter Kontrolle zu halten. Aber diese Spiele lehrten mich auch etwas ganz Einfaches: Nach so vielen Jahren, in denen ich das Leben zu ernst genommen hatte, musste ich mehr Leichtigkeit im Leben entwickeln. Anstatt also alles – inklusive meiner Arbeit – als eine Art tödlichen Kampf zu betrachten, begann ich, mit einer anderen Einstellung an die Dinge heranzugehen, eher so, als sei alles ein Spiel.

Ich bin mir sicher, dass Mark Pincus schon immer so gehandelt hat. Als leidenschaftlicher Spiele-Fan sah er auch das Leben als Spiel und seine spielerische Herangehensweise an alles ist ein ganz wesentlicher Grund für seinen Erfolg. Nach dem Harvard-Abschluss stürzten sich viele unserer ehemaligen Kommilitonen auf öde Jobs bei Goldstandardgleichen Investmentbanken und Consultingfirmen. Es herrschte die allgemeine, aber kurzsichtige Auffassung, der erste Job nach dem Studium sei eine lebenswichtige Entscheidung. In Wahrheit sind diese ersten Jobs oft völlig unbedeutend für die Richtung, die unsere Laufbahn später einmal nimmt.

Während viele unserer Kommilitonen ihren Traumjob schon bis zu einem Jahr vor dem Abschluss in der Tasche hatten, fehlte Mark jegliche klare Vorstellung davon, was er nach dem Abschluss in Harvard machen würde. Stattdessen suchte er nach Unternehmen, die ihn interessierten und wo er das Spiel des Lebens weiterspielen konnte. In der Folge arbeitete er für John Malone bei TCI in einem Vorort von Denver und bekam dort Einblicke in die Kommunikationsindustrie, die sich später als unbezahlbar herausstellten. In dem Moment, als sich ihm die Gelegenheit dazu bot, der er nicht widerstehen konnte, verließ er das Unternehmen, um sein eigenes zu gründen. Als ich ihn in seiner Anfangszeit in San Francisco besuchte, erklärte er mir: »Es geht nicht darum, wie viel Geld man verdient. Es geht darum, die Welt zu verändern.«

Steve Jobs besaß eine ähnlich abenteuerliche und spielerische Sichtweise auf das Leben. Wie er es launig in seiner Semesteranfangsrede in Stanford ausdrückte: »Bleibt verrückt.« Ebenso betreibt Buffett das Investmentgeschäft wie ein Spiel und geht kaum Kompromisse ein, die seine Zufriedenheit im Alltag stören könnten.

Nachdem ich die Finanzkrise überstanden hatte, wurden mir die Vorzüge einer solchen leichteren, spielerischeren Lebensauffassung bewusst. Ich folgte Warrens Beispiel und hörte auf, Dinge zu tun, die ich nicht tun wollte. Bis heute arbeite ich viel, aber ich arbeite, wann ich will. Wenn ich mich tagsüber kurz hinlegen will, tue ich das. 2009 war für meinen Fonds ein fantastisches Jahr, was ich zum Großteil den Aktien verdankte, die ich während des Crashs gekauft hatte. Einer meiner Geschäftspartner sagte mir, ich solle mich doch besser vermarkten, die Werbetrommel rühren und mehr Investoren gewinnen. Ich antwortete ihm: »Das will ich gar nicht. Ich will ein glückliches Leben führen. Ich muss nicht den größten Fonds haben.«

Diese Haltung hat mir zweifellos mehr Ruhe und Freude im Leben gebracht. Aber ich vermute, sie hat mich auch zu einem besseren Investor gemacht. Um es mit einem Bild zu beschreiben: Wenn man in einen ruhigen Teich einen Stein wirft, sieht man, wie das Wasser sich kräuselt. Genauso muss beim Investieren mein Geist voller Ruhe und Zufriedenheit sein, damit ich die großen Ideen erkennen kann. Das erinnert mich an einen Satz von Blaise Pascal, den Mohnish oft zitiert: »Alles Unglück des Menschen rührt daher, dass er nicht ruhig und allein in einem Zimmer sitzen bleiben kann.« Von den vielen Vorzügen, die mir das Leben in Zürich schenkt, ist mir keines wichtiger als dieses Gefühl von Ruhe und Zufriedenheit. Wenn ich mich in diesem Zustand befinde, schießen mir die Investmentideen nur so durch den Kopf. Überraschend oft fallen mir diese Ideen zu, während ich Fahrrad fahre oder das Leben auf andere Weise genieße, die mit den Märkten überhaupt nichts zu tun hat.

Manche meiner Freunde aus Profi-Investorenkreisen sind amüsiert, wenn sie sehen, dass ich Reisen nach Indien und Ähnliches unternehme. Einer von ihnen tadelte mich einmal: »Guy, diese Dinge tragen überhaupt nichts zu deinen Erträgen bei.« Ich musste ihm erklären, dass ich gar nicht mehr versuchte, um jeden Preis der größte Investor zu sein. Mein Ziel ist gar nicht mehr, Warren Buffett zu sein, selbst wenn ich das könnte. Mein echtes Ziel ist, eine authentischere Version meiner selbst zu sein.

Bei einer Jahresversammlung meines Fonds fragte mich kürzlich jemand aus dem Publikum, wie ich beim Verkaufen von Aktien vorgehe. Ich antwortete: »Schlecht.« Zum Teil war das natürlich spaßig gemeint. Aber es war auch auf eine heitere Weise ehrlich, denn ich glaube wirklich nicht, dass irgendjemand beim Prozess des Aktienverkaufens besonders gut ist. Wir behaupten alle, uns an klare Regeln zu halten – zum Beispiel muss eine Aktie verkauft werden, wenn sie 80 Prozent ihres inneren Wertes erreicht. Aber das ist in Wahrheit ein sehr wenig exaktes Vorgehen. Es gibt in meinem Portfolio Aktien, die ich, aus rein rationaler Sicht, wahrscheinlich verkaufen sollte. Aber oft behalte ich sie dennoch. Einer der Gründe dafür ist, dass ich versuche, mich selbst zu managen, nicht nur mein Portfolio. Und ich glaube, dass meine Investmenterträge über die Jahrzehnte besser sind, wenn ich die schussbereite Seite meines Wesens überwinde.

Wichtiger noch: Indem ich öffentlich zugab, dass ich im Verkaufen nicht sonderlich gut bin, versuchte ich nicht mehr, irgendjemanden durch meine Brillanz zu blenden oder zu überreden, doch in meinen Fonds zu investieren. Ich war mehr darauf konzentriert, ein aufrichtiges Bild von mir zu vermitteln, als ausführlich über meine Verkaufsgewohnheiten zu sprechen. Wenn jemand zusammen mit mir und meiner Familie investieren will, dann freut mich das. Wenn nicht, dann empfinde ich dadurch heute nicht mehr den Stachel der Zurückweisung, wie es früher der Fall war. Schließlich geht es hier nicht um Leben und Tod.

Aber ich muss ehrlich sein – es gibt noch immer einen Teil tief in mir, der den Gedanken, dass Geld überlebenswichtig ist, niemals ganz loslassen kann. Das ist einfach ein Teil meiner Persönlichkeit. Auf intellektueller Ebene erkenne ich die enormen Vorteile, die es bringt, wenn man den Aktienmarkt als Spiel betrachtet – und ich habe mich als Investor zweifellos verbessert, seit ich mir diese eher spielerische Herangehensweise angeeignet habe. Aber ich bin mir auch bewusst, dass die Lebensersparnisse meiner Aktionäre auf dem Spiel stehen. Das Investieren mag also ein Spiel sein, aber für mich ist es ein todernstes Spiel.

10. Die acht Investmentregeln – So optimieren Sie Ihr Finanzverhalten

Wenn Ameisen mit einer Handvoll Regeln auskommen, um eine unendlich komplexe Überlebensstrategie zu entwickeln, warum dann nicht auch Investoren? Können auch wir uns ein ähnlich tragfähiges Regelwerk erstellen, mit dem wir klügere Investmententscheidungen treffen und weniger anfällig sind für die Abwege unseres irrationalen Gehirns?

Hier einige Überlegungen dazu: Man hat festgestellt, dass das menschliche Gehirn mit einer Leistung von etwa 12 Watt läuft – anders ausgedrückt: nur mit einem Fünftel der Energie, die eine 60-Watt-Glühbirne braucht. Das ist wirklich nicht viel, bedenkt man den Energieverbrauch von so manchem modernen Computer. Und doch erwarten wir von dieser relativ kümmerlichen Hardware, dass sie über die Welt des Investierens immens komplexe Kalkulationen anstellt – und wir sind auch noch so kühn, zu hoffen, dass diese Kalkulationen am Ende stimmen.

Wie wir gesehen haben, besteht eine Möglichkeit, das Spiel zu unseren Gunsten zu beeinflussen, in der Schaffung eines Umfelds, in dem wir rationaler arbeiten können – oder zumindest weniger irrational. Aber es steht uns auch noch ein anderes Mittel zur Verfügung: Wenn wir bessere Investitionsentscheidungen treffen wollen, ist es von unermesslichem Nutzen, eine Reihe von Regeln und Routinen zu entwickeln, die wir konsequent anwenden.

In der Folge der Finanzkrise machte ich mich mit aller Kraft daran, mir eine bessere Struktur beim Investieren zu erarbeiten und damit mehr Ordnung und Berechenbarkeit in mein Finanzverhalten zu bringen, während ich gleichzeitig meinen Entscheidungsprozess weniger komplex gestaltete. Es ist nun mal sinnvoll, alles zu vereinfachen, wenn man bedenkt, dass das Gehirn nur eine begrenzte Kapazität besitzt. Die Regeln, die ich dazu entwickelt habe, umfassen ein weites Spektrum und sind ganz entscheidend für das richtige Investitionsverhalten. Darunter sind Dinge wie: was ich lese, wenn ich Aktien analysiere (und in welcher Reihenfolge); mit wem ich über Investitionsmöglichkeiten spreche (und mit wem nicht); wie ich mit dem Management von Unternehmen umgehe; wie ich mit Aktien handle und wie ich mit meinen Aktionären kommuniziere (oder nicht).

Manche dieser Regeln sind fast für jeden anwendbar; andere sind spezieller und funktionieren vielleicht bei mir besser als bei Ihnen. Außerdem ist all das noch immer in Arbeit – eine Zusammenstellung von Spielregeln, die ich immer weiter anpasse, während ich Erfahrungen sammle und herausfinde, was am besten funktioniert. Doch ich bin überzeugt, dass es Ihnen eine große Hilfe ist, wenn Sie Ihr eigenes Investmentverhalten auf diese strukturierte und systematische Art prüfen. Piloten verinnerlichen eine genau festgelegte Liste von Regeln und Verhaltensvorgaben, die sie bei jeder Handlung anleitet und ihre eigene Sicherheit und die ihrer Passagiere garantiert. Investoren, die auf seriöse Weise gute Erträge ohne übertriebenes Risiko erzielen wollen, sollten dem Beispiel der Piloten folgen. Warum das? Weil menschliches Versagen beim Investieren, genau wie beim Fliegen, katastrophale Folgen haben kann.

Wie so vieles in meinem Investmentleben keimte das Verständnis über diesen Punkt bei meinen Gesprächen mit Mohnish auf. Während unserer Indienreise 2009 fragte ich ihn über alles Mögliche aus, auch über seine Art, Aktienhandel zu betreiben. Mir wurde klar, dass er diese Fragen bis auf den Grund logisch durchdacht hatte und dass er für sich Regeln formuliert hatte, die sein ganzes Handeln bestimmten. Beispielsweise hatte er beschlossen – wie wir auch noch sehen werden –, dass er niemals eine Anweisung zum Kauf oder Verkauf geben würde, solange der Markt offen war.

Als ich von dieser Reise zurückkam, sagte ich mir: »Guy, du machst das alles ganz falsch.« Mohnish ist in vieler Hinsicht eine völlig andere Persönlichkeit als ich, er verfügt auch über eine viel höhere Bereitschaft zum offensichtlichen Risiko – oder zur Ungewissheit –, als ich sie emotional aushalten könnte. Aber ich war entschlossen, seinem Beispiel zu folgen, indem ich seine analytische Konsequenz in mein eigenes Verhalten integrierte. Hier sind also acht Regeln, Routinen und Gewohnheiten, die ich nach und nach umgesetzt habe. Diese Liste erhebt keinerlei Anspruch auf Vollständigkeit. Aber ich hoffe, sie bietet Ihnen eine Ahnung von dem, was ich bis jetzt gelernt habe.

1. Hören Sie auf, die Aktienkurse zu checken

Als ich mich in Zürich niederließ, traf ich die bewusste Entscheidung, zwar weiterhin ein Bloomberg-Terminal zu mieten, es aber nicht jeden Morgen anzuschalten, wenn ich ins Büro komme. Wie ich schon erwähnte, lasse ich den Bloomberg inzwischen wochenlang am Stück ausgeschaltet. Aber das ist nur ein Aspekt in meinen Bestrebungen, mich vom täglichen Lärm des Marktes fernzuhalten.

Viele Investoren checken ihre Kurse nicht nur täglich, sondern manchmal sogar jede Minute. Irgendeine Fehlschaltung in unserem Gehirn lässt uns offensichtlich glauben, dass die Aktienkurse wissen, dass wir sie beobachten. Manche entwickeln sogar eine nagende Furcht, irgendetwas Schlimmes könnte passieren, wenn wir nicht andauernd hinsehen – vielleicht entgeht uns eine Riesenneuigkeit und die Kurse explodieren plötzlich. Wenn er den Aktienkurs am Monitor sieht, verspricht das dem Investor die trügerische Sicherheit, dass alles okay ist, dass die Erde sich noch immer in ihrer gewohnten Umlaufbahn bewegt.

Aber es gibt dabei ein Problem: Die permanenten Schwankungen des Aktienkurses wirken auf uns wie ein Aufruf, in Aktion zu treten. Wenn ich auf meinem Bloomberg-Bildschirm ein hell erleuchtetes Tickersymbol aufblinken sehe, sagt das meinem irrationalen Gehirn, dass ich etwas tun muss. Wenn man auf die neueste heiße Biotechnologie- oder Internetaktie spekuliert, mag es einen gewissen Sinn haben, jede verrückte Wendung zu verfolgen: Eine Brokerfirma veröffentlicht einen wahnsinnig positiven Bericht und die Aktie klettert um 20 Prozent, während andere Spekulanten hereindrängen. Ich versuche aber, auf maßvollere Weise zu investieren, indem ich Aktien von Unternehmen kaufe, die ich jahrelang behalten will, wenn nicht für immer. Wie Buffett einmal sagte: Wenn wir in ein Unternehmen investieren, sollten wir bereit sein, es zu besitzen, auch wenn der Aktienmarkt am nächsten Tag schließen sollte und fünf Jahre lang nicht mehr aufmacht.

Ich kann meinen Monitor nicht fünf Jahre lang abgeschaltet lassen, weil ich einmal im Monat die Wertentwicklung meines Fonds bestätigen muss, sodass ich ein monatliches Update an meine Aktionäre über den Wert ihres Anteils schicken kann. Wenn ich aber nur mein eigenes Konto verwalten würde, hätte ich ein System, nach dem ich den Preis meiner Anlagen nur einmal im Quartal oder womöglich sogar nur einmal im Jahr ansehen würde. Aktuell prüfe ich den Kurs meiner Bestände nicht öfter als einmal in der Woche. Es ist wunderbar befreiend, festzustellen, dass unser Portfolio sich prima entwickelt, wenn wir es nicht beobachten. Aus gutem Grund habe ich meinen Computer oder meinen Bloomberg-Monitor so einstellen lassen, dass sie mir nicht die Kurse meiner *gesamten* Bestände auf einem Bildschirm anzeigen. Wenn ich den Kurs einer Aktie prüfen muss, tue ich das einzeln, sodass ich nicht auch noch die Kurse all meiner anderen Aktien gleichzeitig abgebildet habe. Die anderen Kurse will ich nicht ansehen, wenn es nicht sein muss, und mich damit diesem Trommelfeuer an Handlungsaufforderungen aussetzen.

Außerdem sollte man nochmals an den Effekt denken, den all dieses unnütze Getöse auf unser armes Gehirn hat. Wer die Aktienkurse zu oft prüft, verbraucht dafür seine Willenskraft, von der ihm ja nur eine begrenzte Menge zur Verfügung steht. Denn er verwendet wertvolle geistige Energie auf den sinnlosen Versuch, diesen Handlungsimpulsen von außen zu widerstehen. Wenn ich davon ausgehe, dass meine geistige Energie eine endliche Ressource ist, dann will ich sie auch auf konstruktivere Weise nutzen.

Außerdem wissen wir aus Behavioral-Finance-Studien von Daniel Kahneman und Amos Tversky, dass Investoren den Schmerz des Verlusts doppelt so intensiv empfinden wie die Freuden des Gewinns. Also muss ich mein Gehirn vor dem emotionalen Sturm bewahren, der aufkommt, wenn ich sehe, dass meine Aktien niedrig notieren – oder der Markt am Boden ist. Wenn die Volatilität durchschnittlich ist, steigt der Marktwert normalerweise in den meisten Jahren innerhalb einer 20-Jahres-Spanne. Wenn ich aber öfter die Kurse checke, ist die Wahrscheinlichkeit viel höher, dass er genau zu diesem Zeitpunkt niedrig ist. (Nassim Taleb erklärt das ausführlich in seinem überragenden Buch *Narren des Zufalls: Die verborgene Rolle des Glücks an den Finanzmärkten und im Rest des Lebens.*) Warum also sollte ich mich einer Situation aussetzen, in der ein solches vorübergehendes Tief bei mir eine negative emotionale Reaktion auslöst und die völlig falschen Signale an mein Gehirn sendet?

Jedenfalls ist es bei meiner Investmentauswahl nicht zwingend notwendig, jeden Tag genau zu wissen, was vor sich geht. Praktisch meine gesamten Investitionen stecken in Unternehmen, deren Langzeitergebnis schlicht unaufhaltsam ist: Das Unternehmen bewegt sich in eine positive Richtung und es bleibt wirklich nur die Frage, wie lange es letztlich braucht. Buffetts Bestände weisen ganz genau ebendieses wertvolle Charakteristikum auf. Er benutzt sogar das Wort »unvermeidlich«, um das positive Ergebnis zu beschreiben, das er am Ende erwartet. Nehmen wir etwa seine Investition in Burlington Northern Santa Fe. Es ist keine Frage, dass das Transportnetzwerk des Unternehmens im Wert steigt, je mehr die Wirtschaft der USA wächst, die Infrastruktur des Landes sich verbessert und die Eisenbahnindustrie sich konsolidiert. Zudem wird niemand ein Konkurrenzschienennetz gleich nebenan bauen, also wird Burlington von niemandem auf dem Feld geschlagen.

Wenn man in solche Unternehmen investiert, die wirklich unaufhaltsam sind, sollte es keinen Unterschied machen, wenn man den Monitor ausschaltet und sich stattdessen auf dem Sofa zusammenrollt und ein Buch liest. Schließlich hat Buffett seine Milliarden mit Unternehmen wie American Express und Coca-Cola nicht dadurch gemacht, indem er auf die bedeutungslosen täglichen Bewegungen des Aktientickers starrte.

Die Regel: Prüfen Sie die Aktienkurse so selten wie möglich.

2. Wenn Ihnen jemand etwas verkaufen will, kaufen Sie es nicht

In den ersten Jahren im New Yorker Strudel waren die Erträge meines Fonds ganz ordentlich und ich war beleidigt, dass mich niemand wahrzunehmen schien. Dann muss ich wohl in mehreren Databases aufgetaucht sein, denn mit einem Mal begannen die Drähte zu glühen. Jeder wollte mir etwas verkaufen. Broker riefen an, um mir Aktien anzubieten. Vertreter riefen an und wollten mir überteuerte Analysesysteme verkaufen, Investmentletter-Subskriptionen, neue Telefonanbieter und unzählige weitere Produkte. Zuerst schienen mir diese Anrufe ein Zeichen für meinen Erfolg zu sein, als ob diese ganze Aufmerksamkeit mich bekannt machen würde. Aber ich stellte bald fest, dass es meist eine schlechte Entscheidung war, wenn ich etwas kaufte, das mir irgendwelche Vertriebsleute aufschwatzten.

Das Problem ist, dass mein Gehirn (und höchstwahrscheinlich auch Ihres) sich sehr damit schwertut, rational zu entscheiden, wenn es mit dem Verkaufsgespräch eines begabten Verkäufers, seinen schlüssigen Argumenten und Details konfrontiert ist. Also habe ich mir eine ganz einfache Regel angeeignet, die sich als außerordentlich nützlich erwiesen hat. Wenn ich einen Anruf bekomme, bei dem mir jemand etwas verkaufen will, antworte ich so höflich wie möglich: »Es tut mir leid, aber ich habe eine Regel, dass ich niemals etwas kaufe, das mir jemand verkaufen will.«

Fassungslos entgegnen die Verkäufer dann oft: »Aber wie werden Sie dann den richtigen Telefonanbieter finden?« Und Aktienanalysten im Vertrieb kontern: »Aber glauben Sie denn nicht, dass dies eine tolle Aktie ist?«

Manchmal haben sie bestimmt auch recht. Vielleicht *sollte* ich aus Vernunftgründen den Telefonanbieter wechseln oder auf ihre brillante Investmentidee aufspringen. Aber ich tue es einfach nicht. Vielleicht verpasse ich kurzfristig etwas. Aber über die Lebenszeit gesehen, habe ich keinen Zweifel, dass ich viel mehr davon profitiere, dass ich mich von Leuten fernhalte, die mir aus Eigennutz etwas verkaufen wollen. Dies ist ein einfaches Beispiel von »negativer Auswahl«. Charles Munger sagte einmal im Spaß:

»Ich will nur eines wissen, nämlich, wo ich sterbe, und dann gehe ich einfach niemals dorthin.« Genauso geht es mir, wenn man mir eine Investitionsmöglichkeit verkaufen will: Das ist der Ort, um den ich ganz sicher einen Bogen mache.

Diese Regel wende ich sogar an, wenn ich bei einer Cocktailparty bin und jemand anfängt, mir von den tollen Aktien zu erzählen, die er besitzt. Oder von einem Unternehmen, in das ich unbedingt investieren soll. Ich höre vielleicht zu. Ich bin vielleicht beeindruckt. Und ich bin vielleicht sogar versucht. Aber ich werde nichts kaufen, falls der andere davon profitiert. In manchen Fällen ist das vielleicht keine Verkaufskommission oder irgendein anderer Gewinn. Es kann auch nur darum gehen, dass er eine psychische Aufwertung daraus erfährt, dass er seine Idee erfolgreich an den Mann gebracht hat. Egal wie, es ist einfach eine No-go-Zone für mich, die Voraussetzungen sind hier schon falsch, da die Idee dem persönlichen Interesse des Verkäufers entstammt.

Wie üblich wusste Buffett das schon lange vor mir. Zum Beispiel hat er eine Regel, niemals an einer Auktion mit offenem Ausruf teilzunehmen. Da ich seinem Beispiel folgte, habe ich nie in einen Börsengang investiert und werde das wohl auch nie machen. Wenn ein Unternehmen an die Börse geht, hat es den ganzen Verkaufsdruck der Wall Street hinter sich, der einen so verrückt macht. Natürlich erwischen manche Börsengänge den perfekten Aufwind und steigen auf. Aber ihre Herkunft ist schon von Übel, also ist es sicherer für mich, sämtliche Börsengänge von meiner Einkaufsliste zu streichen, auch wenn das bedeutet, dass ich den einen oder anderen Gewinner verpasse.

Die Regel: Wenn der Verkäufer etwas davon hat, dass ich kaufe, kaufe ich nicht.

3. Sprechen Sie nicht mit dem Management

Aus ganz ähnlichem Grund will ich nicht mit dem Management von Unternehmen sprechen, die ich analysiere. Viele kluge Investoren wären da anderer Meinung. Sie halten es für möglich, dass regelmäßiger Kontakt mit Führungskräften fruchtbar sein kann. Auch kann der Kontakt auf höchster Ebene ein wirkungsvolles Marketingmittel sein und Aktionäre und potenzielle Investoren ansprechen, die nicht wissen, dass der Kontakt mit dem Management ein Nachteil sein kann.

Auch wenn es vielleicht ketzerisch klingt, aber nach meiner Erfahrung ist enger Kontakt mit dem Management eher schädlich für meine Investmenterträge. Das Problem dabei ist nämlich, dass Führungskräfte – besonders CEOs – oft hochtalentierte Verkäufer sind. Egal welche Zahlen ihr Unternehmen gerade schreibt, sie haben ein Händchen dafür, den Zuhörer hinsichtlich der Aussichten des Unternehmens optimistisch zu stimmen. Diese Fähigkeit, das Publikum zu gewinnen, inklusive Vorstandsmitglieder und Aktionäre, hat sie vielleicht an die Spitze des Unternehmens gebracht. Aber diese Quasselbegabung macht sie nicht unbedingt zur verlässlichen Informationsquelle.

Damit will ich nicht sagen, dass CEOs, CFOs und andere Top-Führungskräfte heimtückisch oder unmoralisch wären. Es liegt mir fern, so etwas Respektloses zu behaupten! Aber, ihre Position, ihre Aufgabe und ihre Fähigkeiten führen dazu, dass sie aktuelle Informationen auf eine Art und Weise darstellen, die das Positive betont, während Probleme des Unternehmens heruntergespielt und entweder als vorübergehend oder als lösbar bezeichnet werden. Dabei verzerren sie Informationen manchmal unbewusst und ohne böse Absicht. Aber das ist auch egal. Da ich meine eigene rationale Beschränkung kenne, würde ich mich lieber nicht einem Einfluss aussetzen der potenziell die Dinge verfälscht. Und es kommt mir besonders gefährlich vor, wenn Investoren sich durch das Management in ihrem *ersten* Eindruck von dem Unternehmen beeinflussen lassen.

Ich kenne manche Vermögensverwalter, die erst ihre Analyse machen und dann sagen: »Ich muss noch mit dem Management sprechen, damit ich mich wohlfühle.« Aber wer weiß schon, wie das Management sie dann beeinflusst? Wenn ich mich mit dem CEO treffen muss, um zu verstehen, warum ich die Aktie kaufen sollte, dann ist das ein ernstes Warnsignal. Alles sollte klar genug aus meinen übrigen Recherchen hervorgehen. Und wenn ich die Qualitäten der Unternehmensführung feststellen will, dann würde ich das lieber aus der Distanz und auf unpersönliche Weise tun, indem ich die Jahresberichte und andere öffentlich zugängliche Daten studiere, genau wie die Nachrichten über dieses Unternehmen. Es ist besser, sie indirekt zu beobachten, als sich einer Verzerrung auszusetzen, indem man sie persönlich kennenlernt.

Im Rückblick wird mir klar, dass ich mir die Überzeugung, nicht mehr mit dem Management zu sprechen, durch die Beobachtung von Mohnish aneignete. Als wir dieses Thema etwa 2008 zum ersten Mal diskutierten, war es ein fremdartiges Konzept für mich, denn es schien dem allgemeinen Menschenverstand zu entsprechen, selbst unter Investoren. Heute frage ich mich, warum ich so lange gebraucht hatte, um zu verstehen, dass diese einfache Praxis einem jede Menge Lärm erspart.

Die Regel: Hüten Sie sich vor CEOs und anderen Top-Führungskräften, egal wie charismatisch, überzeugend oder liebenswürdig sie sein mögen.

Ausnahmen von der Regel: Der Chairman und CEO von Berkshire, Warren Buffett, und eine kleine, aber wachsende Minderheit von CEOs (bei Unternehmen wie Fairfax Financial, Leucadia National Corporation und Markel Insurance), die sich ernsthaft bemühen, das zu kommunizieren, was sie gerne wissen würden, wenn sie an Stelle der Aktionäre wären.

4. Sammeln Sie Investmentrecherchen in der richtigen Reihenfolge

Wir wissen aus Mungers Rede über die Gründe für menschliche Fehleinschätzungen, dass der erste Gedanke, der einem einfällt, meist der ist, der sich am längsten hält. »Der menschliche Geist ist der menschlichen Eizelle sehr ähnlich und die menschliche Eizelle verfügt über einen Mechanismus, bei dem sie sich sofort wieder verschließt. Wenn ein Spermium hineingelangt, verschließt sie sich, sodass die nächsten Spermien nicht mehr eindringen können. Der menschliche Geist hat eine starke Tendenz zu demselben Mechanismus.« Wenn das wahr ist, muss ich bei der Reihenfolge, in der ich meine Recherchen durchführe und meine Investmentideen untersuche, extrem vorsichtig sein. Ich will meine Bewertungen ja aus einer Position der Stärke treffen, nicht der Schwäche. Wenn eine Idee von einem Verkäufer kommt, versetzt mich das sofort in eine schwache Position. Also eliminiere ich, wie ich gerade schon sagte, Ideen von Verkäufern. Ich will nicht, dass eine Verkaufspräsentation von einem Aktienanalysten (wie gut begründet auch immer) die erste Idee ist, die sich heimtückisch in meinem Kopf einnistet.

Was aber, wenn ein Freund oder Kollege, den ich respektiere, mir vorschlägt, auf eine besondere Aktie einen Blick zu werfen, von der er glaubt, dass ich sie kaufen sollte? Selbst auf diese Weise von einer Idee zu hören ist nicht ideal, weil es für jeden Investor schwer ist, objektiv und rational zu bleiben, wenn ein kluger Mensch ihm erzählt, warum etwas ganz toll ist. Also versuche ich, das Gespräch abzubrechen, und sage so etwas wie: »Wow, das hört sich wirklich interessant an. Lass mich darüber erst etwas lesen, bevor wir weiterreden, dann haben wir eine bessere Informationsgrundlage für unser Gespräch.«

Wenn die Person ein Geschäftskontakt von mir ist, antworte ich: »Ihre Investmentidee interessiert mich sehr. Könnten Sie sie mir bitte schriftlich zusenden?« Wenn sie das ablehnt und sagt: »Aber ich muss unbedingt zuerst mit Ihnen darüber reden«, dann antworte ich, dass ich das einfach nicht tun kann. Es mag auf sozialer Ebene seltsam erscheinen, darauf zu bestehen, einen Tipp zuerst in schriftlicher Form zu bekommen. Aber es ist sehr wichtig, so viel Hitze und Emotion wie möglich aus dem Rechercheprozess herauszunehmen. Nach meiner Erfahrung kann ich viel besser herausfiltern, was ich lese, als was ich höre.

Habe ich mich einmal entschieden, dass eine Investmentidee mir vielversprechend genug erscheint, um sie weiter zu analysieren, muss ich immer noch aufpassen, dass ich die Recherchen in der richtigen Reihenfolge durchführe. Vielen Investoren mag das nicht wichtig erscheinen, aber die Reihenfolge, in der ich das Material lese, ist von einiger Bedeutung, denn was ich zuerst aufnehme, wird mich am meisten beeinflussen.

Meine übliche Prozedur besteht darin, mit den am wenigsten voreingenommenen und objektivsten Quellen zu beginnen. Das sind meist die veröffentlichten Berichte des Unternehmens, wie der Jahresbericht, der 10K, der 10Q und die Stimmrechtsvollmacht. Diese sind noch nicht perfekt, aber sie werden mit viel Sorgfalt und Aufmerksamkeit angefertigt – besonders in den Vereinigten Staaten – und sie werden von Anwälten geprüft. Das Unternehmen will keinen Ärger mit den Behörden, also hat es einen Anreiz, Finanzberichte abzuliefern, auf die sich Investoren auch verlassen können. Der Bericht des Wirtschaftsprüfers ist ebenfalls von zentraler Bedeutung. Manchmal stehen die Bilanzbuchhalter unter starkem Druck, die Bilanz abzusegnen und es mit Unregelmäßigkeiten nicht so genau zu nehmen. Aber der Prüfbericht kann auf subtile Weise anzeigen, dass die Konten nicht ganz so sind, wie sie scheinen. Finanzberichte zu lesen ist eher eine Kunst als eine Wissenschaft. Auch wenn es nicht explizit geschieht, merkt man doch manchmal, dass das Management versucht, weniger Informationen zu liefern, als es die Investoren vielleicht für nützlich halten würden. Genau wie im Poker können unbewusste »Tells« in einer Fußnote auftreten, durch die man sich fragt, ob da noch etwas fehlt.

Im jährlichen Geschäftsbericht ist auch das Vorwort des Vorstands wichtig. Ist es eine Lobeshymne zu PR-Zwecken oder steht dahinter der echte Wunsch, zu kommunizieren, was im Unternehmen läuft? Ich meide Unternehmen, die allzu werblich auftreten und dazu neigen, sich immer nur im besten Licht darzustellen. Im Gegensatz dazu steht das Angebotsschreiben von Berkshire für seine B-Klasse-Aktien, in dem aufrichtig dargestellt wird, dass Warren und Charles sie zu diesem Preis nicht kaufen würden.

Nachdem ich die Geschäftsberichte durchgearbeitet habe, wende ich mich den weniger objektiven Unternehmensunterlagen zu – Dinge wie Veröffentlichungen von Ergebnissen, Pressemeldungen und Mitschriften von Telefonkonferenzen. Ebenfalls hilfreiche Informationen bekommt man durch Bücher über das Unternehmen oder seinen Gründer. Diese sind nützlich, wenn sie nicht nur der Eitelkeit dienen, denn es stecken viele Arbeitsstunden darin. In manchen Fällen sind sie so profund, dass ich sie noch vor den Geschäftsberichten lese. Ein Investor, der sich zum ersten Mal Berkshire ansieht, tut gut daran, die Bücher zu lesen, die Roger Lowenstein und Alice Schroeder über Buffett geschrieben haben. Für das Studium von Wal-Mart wäre das Buch von Sam Walton *Die Geschichte von Sam Walton und seiner erfolgreichen Handelskette* ein guter Anfang.

Diese Gedanken über das Sortieren von Information mögen banal erscheinen. Aber kleine Änderungen in dem, was wir tun, können eine große Wirkung haben. Indem ich die Art und Weise, wie ich Information aufnehme, konsequent verfeinere, schaffe ich mir bessere Bedingungen für langjährigen Erfolg. Und doch ist jeder von uns anders. Und so kann es durchaus sein, dass meine Vorstellung von einem gesunden und ausgeglichenen Informationskonsum sich von der Ihren unterscheidet. Das *Wall Street Journal* schrieb einmal, dass Buffett einen kleinen Fernseher in seinem Büro hatte, auf dem CNBC lief, aber der Ton ausgeschaltet war. Ich würde es furchtbar störend finden, beim Arbeiten einen Fernseher laufen zu haben, denn das würde mein Gehirn auf schädliche Weise stimulieren.

Ich versuche auch (und scheitere manchmal damit), mich so wenig wie möglich dem Internet auszusetzen, denn da komme ich vom Hundertsten ins Tausendste. Es erfordert eine Menge geistiger Energie, eine Webseite zu lesen mit all ihren Links zu noch mehr Informationen. Ich will nicht, dass meine geistigen Kapazitäten überlastet werden. Deshalb lese ich lieber die Druckversionen etwa des *Wall Street Journal*, der *Financial Times*, des *Economist*, *Barron's*, *Fortune*, *Bloomberg Businessweek* und *Forbes*, auch von eher abstrusen Veröffentlichungen wie *American Banker* und das *International Railway Journal*.

Dennoch lese ich keine Presseartikel, bevor ich nicht die Geschäftsberichte studiert habe. Es gibt sehr viele sehr gute Journalisten, die Zusammenhänge erhellend darstellen und nützliche Einsichten vermitteln können. Aber für meine Zwecke ist es wichtig, nicht den Schwerpunkt auf Nachrichtenberichte zu legen, denn sie geben meinem Gehirn einen Handlungsimpuls, allerdings oft, ohne echte Substanz zu liefern. Die Geschäftsberichte sind meine Grundnahrung – weniger lecker als ein Dessert, aber viel gesünder und nahrhafter.

Was Aktienanalyseberichte von Brokerfirmen betrifft, so lese ich sehr wenige davon und verlasse mich niemals darauf. Wenn ich meine gesamte übrige Recherche beendet habe, ziehe ich manchmal diese Berichte heraus, damit ich weiß, was die Wall Street über ein Unternehmen oder eine Branche sagt. Aber ich achte sehr darauf, dass diese Berichte das Letzte sind, was ich mir vornehme, sodass ich mir meinen Eindruck schon gebildet habe. Ich leugne nicht, dass auf der Verkaufsseite kluge Leute arbeiten. Manchmal liefern sie bemerkenswerte Einblicke, besonders über die Dynamik innerhalb einer Branche. Es wäre also unklug und unfair, eine ganze Gruppe auszulassen. Aber ihre Arbeit wird von Brokerdollars finanziert. Wenn ich das lese, setze ich mich der Wall Street aus, die eine einzige große Verkaufsmaschine ist. Außerdem ist es mein Ziel, mit diesen ganzen Gewohnheiten aus dem Gleichschritt mit den Märkten herauszukommen. Wer sich synchron mit ihnen bewegt, wird nur durchschnittliche Ergebnisse erzielen.

Die Regel: Achten Sie darauf, in welcher Reihenfolge Sie Informationen aufnehmen. Und essen Sie nicht das Dessert, bevor Sie mit Ihrem Fleisch und Gemüse fertig sind.

5. Besprechen Sie Ihre Investmentideen nur mit Leuten, die daran kein persönliches Interesse haben

Mittlerweile klinge ich wahrscheinlich wie eine verquere Mischung aus sozialem Außenseiter und abstoßendem Snob – ich spreche weder mit CEOs noch mit verkaufenden Aktienanalysten noch mit irgendjemand anderem von der Verkaufsseite. Viele von diesen Leuten sind sicher charmante, aufrechte Mitbürger, die ihre Hypotheken abzuzahlen und ihre engelsgleichen Kinder zu unterstützen haben. Aber in meinen Augen ist das Verkaufsinteresse, das hinter all ihrem Tun steckt, eine entscheidende Schwäche. Gibt es also noch irgendjemanden, mit dem ich derzeit gerne über meine potenziellen Investments und -pläne spreche? Gute Frage, vielen Dank.

Wenn ich mir eine andere Meinung einholen will (und das ist ganz oft der Fall), finde ich es besser, sich die Ansichten eines vertrauten Kollegen von der Seite der Kaufinteressenten anzuhören. Über die Jahre führte ich schon unschätzbar wertvolle Gespräche mit Investoren wie Nick Sleep, Chris Hohn, Bill Ackman, Steven Wallman, Allen Benello, Ken Shubin Stein, Dante Albertini, Jonathan Brandt und Greg Alexander. Sie alle haben mich sehr viel gelehrt, ohne dass sie es ihre Absicht war, mich zu belehren. Meiner Erfahrung nach sollten die besten Gesprächspartner, wenn es um Investitionen geht, nicht nur intelligent sein, sondern auch die Fähigkeit besitzen, ihr Ego aus dem Gespräch herauszulassen. Solche Gespräche sind dann meist locker und witzig und sie stören die Ruhe in meinem Teich überhaupt nicht. Zunehmend ist mein häufigster Gesprächspartner über potenzielle Investitionen Mohnish, zum Teil, weil seine analytischen Fähigkeiten alles übertreffen, aber auch, weil er selbst gar nichts davon hat.

Ich finde, Investmentgespräche funktionieren dann am besten, wenn sie drei Grundregeln erfüllen, die ich mir hier von Gruppen wie der Young Presidents' Organization ausgeliehen habe. Erstens, das Gespräch muss streng vertraulich sein. Zweitens, keiner der Gesprächspartner darf dem anderen sagen, was er tun soll, denn dadurch fühlt der andere sich bewertet und gerät in die Defensive. Es ist sogar besser, wenn man nicht einmal weiß, ob der andere die Aktien kaufen oder verkaufen will, da dieses Wissen das Gespräch schon beeinflusst. Drittens, man darf mit dem Gesprächspartner in keiner Geschäftsbeziehung stehen, denn das würde es in Richtung auf ein unterschwelliges – oder gar nicht so unterschwelliges – finanzielles Interesse hin drehen. Am wichtigsten bei diesen Gesprächen ist natürlich gegenseitiges Vertrauen. Es sollte daher nichts unternommen werden, bis der andere dazu klar die Erlaubnis erteilt. Wenn ich also daran interessiert bin, die Aktien zu kaufen oder darüber mit jemand anderem reden will, muss ich erst fragen, ob das in Ordnung ist. Wenn es das für den anderen nicht ist, dann darf ich es auch nicht tun.

Das Ziel dieser Gespräche ist nicht, die »richtige Antwort« zu bekommen oder intelligente Reden zu schwingen. Es geht darum, unsere Erfahrung und Informationen weiterzugeben. Dabei ist es hilfreich, offene Fragen zu stellen. Zum Beispiel: Anstatt zu fragen, welches Unternehmen im nächsten Jahr Gewinne machen wird, ist es nützlicher, die Frage etwa so zu formulieren: »Was muss passieren, damit dieses Unternehmen nächstes Jahr hohe Gewinne einfährt?«

Ich erinnere mich an ein Gespräch, das ich einmal mit Shai Dardashti führte, einem Freund und Vermögensverwalter, der mir erlaubt hat, weiterzuerzählen, was wir besprachen. Zu jener Zeit stellte er gerade Recherchen über K-Swiss an, einen Hersteller von Sportschuhen. Ich hatte gerade viel über Nike recherchiert und mir dabei die Wirkung ihres Sponsorings im Bereich Tennis und Fußball angesehen. Anstatt aber Shai zu sagen, dass ich K-Swiss für ein »Ferner liefen«-Unternehmen in der Sneakerbranche hielt, schlug ich ihm vor, er solle eine Liste der Top 20 Tennisspieler erstellen, prüfen, von wem sie gesponsert werden, und dann schätzen, welcher dieser Spieler die meisten Zuschauer in diesem »Der Sieger kriegt alles«-Marktsegment anlockte. Das tat er und dabei stellte er fest, dass K-Swiss nur einen Spieler auf der Sponsoringliste hatte, während Nike auf sechs oder sieben verweisen konnte. Das war ein Hinweis darauf, dass es für K-Swiss eine unüberwindliche Herausforderung war, den Marktanteil von Nike für sich zu erobern. Zu keinem Zeitpunkt sprachen wir darüber, ob Shai die Aktien schon besaß oder darüber nachdachte, welche zu kaufen. Aber ich vermute, unser Gespräch half ihm bei der Klärung, dass dies für ihn nicht die beste Investition wäre.

Die Regel: Teilen Sie Ihr Wissen mit anderen Investoren, aber halten Sie sich an Leute, die ihr Ego unter Kontrolle haben. Wenn der Gesprächspartner zufällig noch Buffett, Munger oder Pabrai sein sollte, umso besser.

6. Kaufen oder verkaufen Sie niemals Aktien, solange der Markt offen ist

Die Wall Street ist wie gemacht dafür, die Schwächen des menschlichen Gehirns auszunutzen. Zum Beispiel entwerfen skrupellose Brokerfirmen geschliffen formulierte Broschüren, mit deren Hilfe die Broker ihre Opfer – ich meine natürlich Kunden – überreden, bestimmte Aktien zu kaufen. Das Ziel dahinter ist ein lukrativer Aktienhandel für die Brokerfirma. Meine Ziele als langfristiger Investor stehen im krassen Widerspruch zu den Interessen der Wall Street. Was ich tun muss, ist, nur einfach in eine Handvoll großartiger, aber unterbewerteter Firmen zu investieren und dann daran festzuhalten. An der Wall Street wird Aktivität belohnt. Meine Aktionäre und ich werden für Inaktivität belohnt.

Um mich selbst zu überlisten und auf diese Weise zu funktionieren, brauche ich eine Reihe von Stoppern, die mich bremsen und mich daran hindern, kopflos zu handeln. Manche dieser Routinen und Prozeduren sind so banal, dass sie scheinbar gar nicht erwähnt werden müssen. Aber ich finde sie immens nützlich und es erfordert gar nicht viel Energie oder Überlegung, sie anzuwenden.

Wenn ich Aktien kaufen oder verkaufen will, muss ich mich fernhalten von den Kursschwankungen des Marktes, die meine Emotionen aufwühlen, meinen Drang zu handeln verstärken und mein Urteilsvermögen vernebeln. Also habe ich eine Regel, die ich von Mohnish übernommen habe: Ich kaufe oder verkaufe keine Aktien, solange der Markt offen ist. Stattdessen warte ich lieber, bis die Handelszeiten vorbei sind. Dann schicke ich eine E-Mail an einen meiner Broker – ich spreche lieber nicht direkt mit ihnen – und bitte ihn, die Aktie zum Durchschnittskurs am folgenden Tag zu verkaufen. Ich versuche nicht, einen besseren Preis zu erzielen als der Markt, denn ich will nicht in diese permanenten Stimmungsschwankungen hineingezogen werden. Wie Benjamin Graham einmal erklärte: »Wir müssen dahin kommen, dass der Markt unser Diener ist, nicht unser Herr.«

Manchmal verstoße ich auch gegen diese Regel, denn es gibt einen besonders überzeugenden Grund, Aktien zu handeln, während der Markt offen ist. Wie bei allen diesen Regeln besteht der wesentliche Punkt darin, sie nicht zur Zwangsjacke werden zu lassen, sondern unser Verhalten generell in eine gesündere Richtung zu lenken. Im Fall dieser Regel für den Aktienhandel geht es im Kern darum, dass ich es mir erlaube, mich vom Markt abzulösen.

In meinen Anfangsjahren als Fondsmanager hatte ich – im völligen Kontrast dazu – ein Trading-Desk im Büro. Das war eine furchtbare Idee, denn das brachte mir den Markt mitten ins Herz meines Büros. Und das war noch schlimmer als ein Bloomberg-Terminal. Ich sprach auch immer direkt mit den Tradern, die mir dann Fragen stellten wie: »Soll ich ein bisschen am Boden herumsuchen und etwas Farbe in den Markt bringen?« Ich wusste es nicht besser, also setzte ich mich diesem schwindelerregenden Trommelfeuer des Marktes aus. Die vielen Informationen verliehen mir ein Gefühl von Macht und die Illusion von Kontrolle.

Meine Ansicht ist heute, dass wir einfach nicht dazu gemacht sind, um mit so einer permanenten Informationsflut umzugehen. Aber es dauerte Jahre, bis ich das lernte und auch die Disziplin entwickelte, zu sagen: »Ich werde einfach dieses ganze Geschrei ignorieren.« Am Anfang kann das ziemlich erschreckend sein. Aber meiner Erfahrung nach ist es wunderbar befreiend.

Die Regel: Halten Sie den Markt auf sicherer Distanz. Lassen Sie nicht zu, dass er in Ihr Büro oder in Ihr Denken eindringt.

7. Wenn eine Aktie fällt, nachdem Sie sie gekauft haben, verkaufen Sie sie zwei Jahre lang nicht

Wenn eine Aktie gestiegen ist, kann es eine Freude sein, sie zu verkaufen. Aber es kann auch bittersüß sein wie der Abschied von einem alten Freund. Wenn eine Aktie gefallen ist, ist das Verkaufen eine noch stärkere emotionale Belastung. Schließlich ist es schwer, über eine Investition rational zu entscheiden, mit der Sie schon eine Menge Geld verloren haben, weil negative Emotionen wie Gewissensbisse, Selbstvorwürfe und Angst jedes klare Denken außer Kraft setzen können. Mohnish hat eine Regel entwickelt, wie er mit den psychologischen Kräften in solchen Situationen umgeht: Wenn er eine Aktie kauft und sie fällt, verbietet er sich selbst zwei Jahre lang, sie zu verkaufen.

Er erklärte mir dies etwa zu der Zeit, als wir unseren Lunch mit Warren Buffett hatten, und es erschien mir sofort derart einleuchtend, dass ich diese Regel sofort für mich übernahm. Sie ist wieder so ein Stopper, eine Möglichkeit, mich zu bremsen und die Voraussetzungen für rationale Entscheidungen zu verbessern. Und noch wichtiger: Sie zwingt mich dazu, vorsichtiger zu sein, bevor ich eine Aktie kaufe, weil ich weiß, dass ich dann mit meinen Fehlern mindestens zwei Jahre lang leben muss. Dieses Wissen hilft mir, eine Menge schlechter Investitionen zu vermeiden. Ich überlege mir sogar ganz bewusst, bevor ich eine Aktie kaufe, wie es wäre, wenn ihr Kurs direkt danach um 50 Prozent fiele, und frage mich dann, ob ich das aushalten würde. Dann kaufe ich nur die Menge, mit der ich emotional noch umgehen könnte, würde dies passieren.

Mohnishs Regel ist eine Variation eines wichtigen Gedankens, den Warren oft an Studenten weitergegeben hat: »Ich könnte euren finanziellen Wohlstand im Leben aufbessern, indem ich euch eine Lochkarte mit nur 20 Stanzfeldern gebe. Damit hättet ihr genau 20-mal die Chance, ein Loch hineinzustanzen. Diese Löcher stehen für die Investitionen, die ihr in eurem Leben tätigt. Wenn ihr sämtliche Löcher auf der Karte einmal durchgestanzt habt, könnt ihr danach keine weiteren Investitionen mehr tätigen. Mit dieser Regel wärt ihr wirklich vorsichtig mit dem, was ihr tut, und ihr wärt gezwungen, nur das zu kaufen, worüber ihr wirklich nachgedacht habt. Also kämt ihr damit viel besser weg.«

Die Regel: Bevor Sie eine Aktie kaufen, prüfen Sie, ob Sie so hinter ihr stehen, dass Sie sie noch mindestens zwei Jahre lang behalten können, auch wenn der Kurs sich halbieren sollte, gleich nachdem Sie sie gekauft haben.

8. Sprechen Sie nicht über Ihre aktuellen Investmentaktionen

Im Lauf der Jahre wurde mir klar, dass es nicht gut ist, öffentlich über meine Aktienbestände zu reden. Dabei geht es mir nicht darum, dass andere Investoren mir meine besten Ideen stehlen könnten. Das wahre Problem liegt in der Beeinflussung meines Denkens. Haben wir uns einmal öffentlich geäußert, so ist es psychologisch gesehen schwierig, sich wieder von dem Gesagten zu distanzieren – auch wenn wir inzwischen unsere Meinungsäußerung bereuen. Ich will also unbedingt vermeiden, in die Falle zu tappen und ein öffentliches Statement über eine Aktie abzugeben, wenn die Situation sich später ändern könnte oder ich nachträglich meinen Irrtum feststellen müsste.

Dieser Gedanke begegnete mir das erste Mal in Mungers Rede über die Ursachen menschlicher Fehlurteile, was mich dann zu Robert Cialdinis Buch *Influence: Science and Practice* führte. Cialdini beschreibt diesen besonderen Aspekt unseres Denkens als »Prinzip der Verpflichtung und Konsistenz«. Um diesen Gedankengang zu demonstrieren, entwarf er 1966 ein psychologisches Experiment, in dem Bewohner von Palo Alto gefragt wurden, ob sie etwas tun würden, das nicht viel kostet, aber für ihr Wohnviertel von Nutzen wäre. Ein paar Tage später bat man sie, ein ziemlich hässliches Schild in ihrem Vorgarten aufzustellen, auf dem Autofahrer aufgefordert wurden, nicht so schnell durch das Wohngebiet zu fahren. Bewohner, die im Vorfeld zugesagt hatten, etwas zu tun, das wenig kostet und ihrem Viertel nützt, fanden es außerordentlich schwer, von ihrer Position abzurücken, also fühlten sich fast alle dazu verpflichtet, diese Schilder in ihrem Garten aufzustellen.

Wenn man einem Kind sagt, man werde ihm etwas mitbringen, wird es oft antworten: »Versprichst du mir das?« Kinder wissen intuitiv, dass es schwerfällt, etwas zurückzunehmen, nachdem man Position bezogen hat.

Ich weiß dies aus eigener Erfahrung, als ich etwa 2003 eine Aktie namens EVCI kaufte. Innerhalb von 18 Monaten versiebenfachte sich ihr Kurs; damit war sie die erfolgreichste Investition, die ich bis dahin gemacht hatte. Wie wir später noch sehen werden, hätte ich alle meine Aktien verkaufen sollen. Aber ich hatte dem Newsletter *Value Investor Insight* ein Interview gegeben und EVCI als Beispiel für meine Investmentfähigkeiten präsentiert. In der Folge stand ich in der Öffentlichkeit als Investor der Aktie da und konnte nicht mehr raus, obwohl sie jetzt nicht mehr billig war. Aus verschiedenen Gründen halbierte sich in der Folgezeit der Kurs. Im Rückblick konnte ich erkennen, dass ich viel besser daran getan hätte, nie darüber zu sprechen, denn dann hätte ich keine Verpflichtung empfunden und hätte verkauft, sobald sich die Umstände änderten.

Trotzdem dauerte es lange, bis ich nach meinem so erworbenen Wissen auch handelte und wirklich aufhörte, öffentlich über meine Bestände zu sprechen. Manchmal war Offenheit nun einmal nötig. Zum Beispiel musste ich, nachdem mein Fonds in der Finanzkrise den Bach runtergegangen war, meinen Aktionären wieder Mut machen, damit sie bei der Stange blieben. Ich sprach mit ihnen ausführlich über aktuelle Bestände wie Cresud und London Mining und gab ihnen zu verstehen, dass dies außergewöhnlich preiswerte Aktien mit großartigen Aussichten waren.

2010, nachdem mein Fonds wieder in die Höhe geschossen war, änderte ich endlich mein Verhalten: Ich hörte auf, öffentlich über meine aktuellen

Investitionen zu sprechen, auch auf meinen Jahresversammlungen, in Interviews mit Journalisten und Aktionärsbriefen. Zuerst war das nicht einfach. Wenn man einmal am Markt Erwartungen geweckt hat, ist es schwer, sein Verhalten wieder zu ändern, ohne dass sich die Menschen vor den Kopf gestoßen fühlen. Aber dieser Verhaltenswandel war das Risiko wert, ein paar Leute zu vergraulen.

Ich sage nicht, dass diese Regel ein Dogma ist. Wenn ich mich im privaten Rahmen mit einem Aktionär unterhalte, rede ich vielleicht schon einmal über eine spezielle Aktie, die wir besitzen. Aber selbst in solchen Privatgesprächen versuche ich, neutral und sachlich zu bleiben, und widerstehe der Versuchung, mit allzu viel Leidenschaft darüber zu sprechen, warum ich eine Aktie für großartig halte. Ich weiß, wie schwer es hinterher sein kann, eine Entscheidung zu treffen, die mit den vorherigen Aussagen nicht übereinstimmt. Warum sich also mögliche Kopfschmerzen bereiten, wenn sich das so leicht vermeiden lässt?

Anstatt aktuelle Aktienbestände in meinen Aktionärsbriefen zu diskutieren, liefere ich heute einen detaillierten Nachruf auf die Aktien, die ich verkauft habe. Das gibt den Aktionären einen klaren Einblick, wie ihr Geld investiert wird, und stört mich nicht dabei, so rational wie möglich weiter voranzuschreiten. Was mich betrifft, so hat mich diese Vorgehensweise von einer psychischen Last befreit. Ich würde sagen, dass die meisten Einzelinvestoren ebenfalls davon profitieren würden, wenn sie Stillschweigen über ihre aktuellen Investments bewahrten, da es dieses Gerede nur schwerer macht, rational zu arbeiten. Es ist so viel leichter, wenn man sich keine Gedanken machen muss, was andere von einem halten könnten.

Die Regel: Äußern Sie in der Öffentlichkeit nichts über Ihre Investitionen, was Sie später bereuen könnten.

11. Die Checkliste für den Investor – Überlebensstrategie eines Chirurgen

Wir haben nun unser Umfeld mit Hinblick auf unsere Bedürfnisse gestaltet und uns eine tragfähige Regelsammlung zugelegt – dennoch werden wir Fehler machen. Das menschliche Gehirn ist einfach nicht dafür geschaffen, alle möglichen Ergebnisse unserer Investmententscheidungen mit akribischer Logik durchzugehen. Weil die Business- und Wirtschaftswelt derart komplex ist und wir in Geldangelegenheiten irrational reagieren, werden wir jede Menge Dummheiten begehen. Die Gewohnheiten und Prozesse, die wir bisher besprochen haben, sollten uns schon einmal in die richtige Richtung lenken. Aber es gibt noch ein anderes Hilfsmittel fürs Investment, das so unschätzbar wertvoll ist, dass es ein eigenes Kapitel verdient: die Checkliste.

Das Ziel einer Checkliste ist die Vermeidung naheliegender und vorhersehbarer Fehler. Bevor ich mich endgültig dafür entscheide, eine Aktie zu kaufen, gehe ich mit einem letzten prüfenden Blick meine Checkliste durch, um mögliche Warnsignale zu entdecken, die meinem unzuverlässigen Gehirn entgangen sein könnten. Die Checkliste ist der letzte Stopper in meinem Entscheidungsprozess.

Die Idee dazu stammt nicht von mir, sondern von Atul Gawande. Der ehemalige Rhodes-Stipendiat in Oxford ist heute Chirurg am Brigham and Women's Hospital in Boston, Professor für Chirurgie an der Harvard Medical School und renommierter Autor. Er ist eine ungewöhnliche Mischung aus Praktiker und Denker und außerdem ein ausnehmend netter Mensch.

Im Dezember 2007 veröffentlichte Gawande im *New Yorker* einen Beitrag mit dem Titel »Die Checkliste«. Darin bezog er sich stark auf seine Erfahrungen als Chirurg, wie man ein Problem analysiert, das sowohl schwerwiegend als auch praktisch ist. Er führte dazu aus: »Die Komplexität der Intensivmedizin ist mittlerweile so weit jenseits des üblichen Niveaus, dass selbst unsere Superspezialisten vor der Unmöglichkeit stehen, tagtäglich keine Fehler zu machen.« Gawande fährt fort, dies spiegle eine grundlegende Herausforderung wider, die auch in anderen Bereichen bestehe, nämlich »die Kunst, mit extremer Komplexität umzugehen«, und die Frage, »ob solche Komplexität eigentlich noch von Menschen gemeistert werden kann«.

Im Verlauf seines Artikels beschrieb er die bahnbrechende Arbeit von Peter Pronovost, einem Intensivmediziner am Johns Hopkins Hospital, der nach dem Beinahe-Tod eines Patienten eine Checkliste erstellt hat. Pronovost nahm einfach ein Blatt Papier zur Hand und listete sämtliche Schritte auf, die nötig sind, um eine Infektion zu vermeiden, an welcher der Mann fast gestorben wäre. Diese Schritte waren jeder für sich ganz banal und doch stellte sich heraus, dass die Ärzte mindestens einen davon bei über einem Drittel ihrer Patienten übersahen. Als das Krankenhaus begann, Checklisten zu verwenden, konnten zahlreiche Leben gerettet werden. Das war zum Teil darauf zurückzuführen, dass Checklisten das Gedächtnis unterstützen, »besonders bei ganz banalen Dingen, die man leicht übersieht«, und zu einem anderen Teil darauf, dass sie deutlich machten, wie wichtig bestimmte Vorsichtsmaßnahmen sind. Andere Krankenhäuser folgten dem Beispiel und griffen auf Checklisten als pragmatische Lösung zurück, um mit der Komplexität fertigzuwerden.

Als Mohnish Gawandes Artikel las, hatte er ein Heureka-Erlebnis, denn er erkannte sofort, dass die Idee einer Checkliste auch beim Investment angewandt werden konnte – ebenfalls ein Bereich, in dem die Komplexität so hoch ist, dass selbst Superspezialisten regelmäßig Fehler machen, die leicht zu vermeiden wären. In unserem Fall ist das zwar nicht tödlich. Aber Investmentfehler können für Aktionäre fürchterliche Verluste an ihren Lebensersparnissen bedeuten.

Als ich eines Nachmittags in meinem Büro in Manhattan saß, bekam ich eine E-Mail von Mohnish, beigefügt war eine Kopie von Gawandes Artikel. Er rief mich später noch an und es war klar, dass er ganz aus dem Häuschen war. Mohnish verfügt über einen Geist, der sich leichttut mit ungewöhnlichen Verknüpfungen, also hatte es ihm sofort eingeleuchtet, dass die Idee mit der Checkliste etwas ganz Großes war. Ich fand sie ganz interessant, aber ich brauchte viel länger, um zu verstehen, als wie wichtig sie sich erweisen konnte. Heute bin ich es gewöhnt, dass Mohnish über eine schnellere Auffassungsgabe verfügt als ich. Ich tröste mich mit einem weisen Satz von Buffett: »Der Schlüssel im Leben ist, herauszufinden, für wen man den Balljungen macht.« Schon vor Langem stellte ich fest, dass es keine Schande ist, Mohnishs Balljunge zu sein. Ganz im Gegenteil. Und während ich damit beschäftigt bin, wie Mohnish Pabrai zu werden, ist er damit beschäftigt, wie Atul Gawande zu werden.

Mohnish verfolgte die Idee mit der Checkliste mit wildem Eifer. Er fing damit an, dass er aus uns eine Gruppe zusammenstellte, die sich an die zahlreichen Investmentfehler erinnern sollte, die jeder in der Gruppe einmal gemacht hatte. Dann mussten wir herausfinden, warum diese Fehler geschehen waren und ob es einen Grund für sie gegeben hatte, den wir zuvor hätten erkennen müssen. Manchmal blickte ich auf eine Situation zurück, in der mir ein entscheidender Punkt entgangen war, und fragte mich kopfschüttelnd: »Wie konnte ich das nur übersehen?«

Dann fügte Mohnish seine eigenen Fehler zur Sammlung hinzu. Wir kombinierten diese mit den wenigen Fehlern, die wir bei Buffett und Munger beobachtet hatten, darunter ihre Investition in NetJets, Dexter Shoe Company und Diversified Retailing – eine Mahnung dafür, dass der Einzelhandel ein härteres Pflaster fürs Geldmachen ist, als die meisten glauben. Buffett bekannte in seiner typischen offenen Art in seinem Aktionärsbrief von 2007: »Bisher ist Dexter der schlechteste Deal, den ich je gemacht habe. Und ich werde in Zukunft noch weitere Fehler machen – darauf können Sie wetten. Eine Zeile aus einem Song des Country-Sängers Bobby Bare erklärt, was bei Akquisitionen nur allzu häufig passiert: ›Ich bin noch niemals mit einer hässlichen Frau ins Bett gegangen, aber ich bin schon öfter neben einer aufgewacht.‹«

Mohnish und ich diskutierten auch über das Investment von Berkshire in CORT Furniture 2000, genau zum falschen Zeitpunkt. CORT hatte ein Vermögen gemacht, indem es während des Tech-Booms der 1990er-Jahre an Start-up-Unternehmen Möbel zum Leasingverfahren anbot. Aber Buffett und Munger hatten unterschätzt, wie gravierend es für die Gewinne des Unternehmens sein würde, wenn diese Blase platzte. Auch nagten Unternehmen wie Ebay und Craigslist an den Umsätzen von CORT, denn dort konnte man billig und leicht gebrauchte Möbel kaufen. Munger beschrieb diese Investition später als einen »makroökonomischen Fehler«.

Ich half Mohnish, indem ich meine eigenen Fehler wie auch die anderer Investoren sorgfältig analysierte. Mohnish selbst arbeitete mit einem so halsbrecherischen Tempo, dass es mich fast aus der Fassung brachte. Nachdem wir unsere erste Fehlerliste zusammengestellt hatten – und die Lektionen, die wir daraus zogen –, heuerte er ein paar Studenten der höheren Semester von der Harvard Business School an, die eine sorgfältige Recherche durchführen sollten. Sie arbeiteten die vierteljährlichen Berichte (Formular 13F) an die U.S. Securities and Exchange Commission (Börsenaufsichtsbehörde) von etwa 20 cleveren Value-Investment-Firmen durch (darunter Southeastern Asset Management und Fairholme Capital Management) und zählten als Fehler jedes Investment, das sie mit Verlust verkauft hatten. Danach nahmen sich die Studenten die öffentlichen Statements und Jahresberichte dieser Firmen vor, um das hinter diesen Fehlinvestitionen stehende Denken zu rekonstruieren.

Gawande selbst wurde darauf aufmerksam, was wir da taten. Er interviewte Mohnish und mich und er schrieb ein paar Seiten über uns in seinem Bestseller aus dem Jahr 2009, *Checklist-Strategie: Wie Sie die Dinge in den Griff bekommen*. Unter anderem erwähnte er Mohnishs Erkenntnis, sich »wiederholt getäuscht« zu haben, indem er das Risiko von fremdfinanzierten Unternehmen unterschätzt hatte. Ich sagte Gawande, das Problem liege vielleicht auch zum Teil in dem, was ich »das Kokain-Gehirn« nenne: Die Aussicht, Geld zu verdienen, kann im Gehirn dieselben Belohnungsmechanismen auslösen, wie es Drogen tun. Sie bewirkt, dass der rationale Geist vermeintlich irrelevante Details ignoriert, die aber in Wahrheit sehr wichtig sind. Man muss nicht eigens betonen, dass dieser Geisteszustand nicht gerade geeignet ist, um eine objektive und sachliche Analyse des Investmentrisikos durchzuführen.

Zu der Zeit, als ich mich in Zürich niederließ, hatten wir einen ganzen Berg von Schlamassel angehäuft. Darunter mehrere Fehler, die Mohnish und ich im Vorfeld der Finanzkrise gemacht hatten, als manche unserer Aktien um mehr als 80 Prozent absackten. In unserer Rückschauanalyse konnten wir herausfinden, an welchem Punkt wir in die falsche Richtung gegangen waren, und, noch wichtiger, Checklistenpunkte erstellen, mit denen wir eine Wiederholung dieser Fehler vermeiden konnten.

Mohnish, der den Löwenanteil der Arbeit bei dieser ganzen Anstrengung übernommen hatte, konnte am Ende seine Checkliste in sechs grobe Kategorien einteilen, darunter Themen wie Leverage und Unternehmensführung. Es ist ein unglaublich wertvolles Werk intellektueller Brillanz. Meine eigene Checkliste, die sich schamlos aus seiner bedient, umfasst etwa 70 Punkte, aber sie wird noch weiterentwickelt. Bevor ich also losschieße und investiere, öffne ich meine Checkliste auf dem Computer oder hole sie aus dem Aktenschrank neben meinem Schreibtisch, um zu prüfen, ob ich etwas übersehen habe. Manchmal brauche ich dafür nur eine Viertelstunde, aber durch diese Angewohnheit habe ich schon von Dutzenden potenziellen Investments Abstand genommen, auf die ich mich andernfalls wohl eingelassen hätte. In einem solchen Fall sage ich zum Beispiel: »Okay, diese Aktie fällt bei vier Punkten meiner Checkliste durch.« Damit ist es für mich unwahrscheinlich, dass ich hier investiere. Aber das Ganze läuft nicht völlig mechanisch ab, nicht alles ist immer schwarz oder weiß.

Wie ich es durch meine Aufmerksamkeitsdefizitstörung kenne, hat der Geist seine Art, wie er bestimmte Informationen auslässt – auch so grundlegende Dinge wie den Ort, wo ich meine Schlüssel hingelegt habe. Genau das passiert auch beim Investment. Die Checkliste ist unschätzbar wertvoll, weil sie die abschweifende Aufmerksamkeit des Investors systematisch führt und fordert. Manchmal nutze ich meine Checkliste, um mitten im Investmentprozess bessere Einblicke in ein Unternehmen zu bekommen, aber am nützlichsten ist sie doch ganz am Ende, als mein letzter Stopper.

Nun ist es wichtig, dass meine Checkliste nicht unbedingt auch die Ihre ist. So etwas kann man nicht von außen bekommen, weil Ihre Checkliste Ihre Erfahrungen widerspiegeln muss, Ihr Wissen und Ihre Fehler der Vergangenheit. Es ist ganz wichtig, dass Sie selbst den schmerzlichen Prozess durchlaufen, zu analysieren, wo es in der Vergangenheit für Sie schieflief, damit Sie sehen können, ob es irgendwelche wiederkehrenden Muster oder besondere Schwachstellen gibt. Jeder von uns ist anders und die Fehler, die wir machen, sind oft eine Folge unserer Persönlichkeit. Zum Beispiel fühlen sich manche Investoren von ihrer Persönlichkeitsstruktur her angezogen von den Möglichkeiten, die Unternehmen mit hohem Fremdkapitalanteil bieten. Ich nicht. Also brauche ich auch nicht so viele Checklistenpunkte, die mich vorausschauend über ein so riskantes Feld führen. Mohnish hat dagegen weniger Angst vor hochverschuldeten Unternehmen, also ist das ein Bereich, in dem er vielleicht vorsichtiger sein muss.

In ähnlicher Weise scheint sich Bill Ackman von Investmentmöglichkeiten angezogen zu fühlen, in denen umstrittene Aktien im Spiel sind, mit Hilfe derer die Unternehmensführung vielleicht nur leichtgläubige Investoren aufs Kreuz legen will. Wenn ich Bill wäre, hätte ich einen Checklistenpunkt, der lautet: »Lasse ich mich auf diese Situation ein, nicht weil es das beste Investment ist, das ich machen kann, sondern weil ich den Kitzel der investigativen Jagd genieße und weil ich es den anderen zeigen will?« Damit will ich nicht Bill kritisieren, der ein ganz hervorragender Investor ist und ein ebenso außergewöhnlicher investigativer Journalist geworden wäre. Nein, es geht darum, dass man seine eigenen Schwächen erkennt und versteht, wo sie uns oft hinführen.

Mir persönlich ist es immer ganz wichtig, dass ich mich von den anderen gemocht fühle. Ich finde es auch schwer, gegenüber Menschen, die ich mag, »nein« zu sagen. Das macht mich in bestimmten Situationen verwundbar, denn diese emotionalen Bedürfnisse setzen mein rationales Urteilsvermögen außer Kraft. Um dem zu begegnen, enthält meine Checkliste Fragen wie: »Gibt es jemanden, der mir dieses Investment verkaufen will? Hat jemand in dieser Situation einen Vorteil davon? Wer hat etwas davon, wenn ich das Investment tätige? Spricht dieses Investment bei mir irgendwelche persönlichen Neigungen an, die ich noch einmal prüfen sollte?«

Angesichts meiner Persönlichkeit ist es sinnvoll, die Frage zu stellen, ob ich hier vielleicht irgendein anderes Bedürfnis erfülle, als nur meine

Erträge zu maximieren. Eine Checkliste ist eine Möglichkeit, den eigenen Geist zu steuern und sich vor den eigenen Neigungen in Acht zu nehmen, also muss sie auf dieser Art der Selbstreflexion aufgebaut sein.

Außerdem möchte ich nachdrücklich darauf hinweisen, dass eine Checkliste keine Einkaufsliste der erwünschten Eigenschaften bei einem Geschäft ist. Ich habe schon Investmentchecklisten gesehen, die Fragen stellen wie: »Ist das Unternehmen billig?« Oder: »Macht es hohe Gewinne?« Das ist meiner Ansicht nach die falsche Art Checkliste. Ich benutze sie eher so, wie Piloten sie benutzen. Die fragen ja auch nicht: »Fliegt dieses Flugzeug mit hoher Geschwindigkeit?« Oder: »Fliege ich an einen sonnigen Ort?« Sondern die Punkte auf ihrer Checkliste sind dazu da, Fehlern vorzubeugen, die in der Vergangenheit zu Flugzeugunglücken geführt haben. Beim Investment ist es genauso: Der wahre Zweck der Checkliste ist, anhand der warnenden Erinnerung an Vergangenes das Überleben zu sichern.

Aber am besten erkläre ich Ihnen das alles anhand einiger dem wahren Leben entstammender Beispiele, die Ihnen zeigen, wie ich meine Checkliste entwickelt habe. Folgend präsentiere ich Ihnen also vier kurze Case-Studies – Situationen, in denen ich Investmentfehler begangen habe, die mich teuer zu stehen kamen und durch die ich bestimmte Checklistenpunkte entwickelte. Dabei sollten Sie sich nicht in erster Linie über die demütigenden Aufzählungen verschiedener Tiefpunkte in meiner Aktieninvestmentkarriere amüsieren. Es geht vielmehr vor allem darum, eine klarere Vorstellung zu bekommen, wie Sie *Ihre* eigenen Fehler und blinden Flecke analysieren können, um eine Checkliste für sich selbst zu erstellen.

Case-Study I – Der Mann, der seine Beherrschung verlor

Im Jahr 2001, als ich noch in Manhattan lebte, fing ich an, in eine Reihe Unternehmen zu investieren, die Privatschulen betrieben. Ich reiste durch die ganze Welt, um mehr über dieses Geschäftsfeld zu erfahren, und suchte dabei intensiv nach guten Unternehmen in demselben Sektor. Ich flog nach Singapur, Schanghai und Mumbai, um über eines der führenden Unternehmen der Welt, Raffles Education Corporation, zu recherchieren, und ich schickte meinen Analysten auf die Philippinen. Aber es stellte sich heraus, dass ein paar der attraktivsten Unternehmen der Branche gleich bei mir um die Ecke lagen. Ich stellte eine Liste aller Privatschulen in New York City zusammen und fuhr auf meinem BMW-Motorrad von Tür zu Tür, um sie mir anzusehen. Zu der Zeit muss ich mehr über diesen Sektor gewusst haben als fast jeder andere Investor in Amerika. Und es machte mir einen Riesenspaß, mit dem Motorrad herumzufahren!

Bei einem meiner Besuche stieß ich auf ein obskures College namens Interboro Institute, deren Eigentümer die EVCI Career Holdings Corporation war. Das Managementteam dieses Unternehmens hatte ein innovatives Konzept entwickelt, um Studenten, die wenig Geld besaßen und von denen viele den Highschool-Abschluss nicht geschafft hatten, dennoch eine College-Ausbildung zu ermöglichen. Die Studenten erhielten im Allgemeinen finanzielle Unterstützung, die höher war als die Kosten für das auf ein Minimum reduzierte Studium bei Interboro. Also konnten sie gebührenfrei studieren, währen EVCI daran verdiente. Dieses Modell geriet später in die Kritik. Aber ich habe an mindestens drei Abschlussfeiern von Interboro teilgenommen und selbst gesehen, dass man dort einen echten sozialen Beitrag leistete. Kurz gesagt, man half Studenten mit wenig glanzvollen Leistungen, einen College-Abschluss zu machen und damit an Jobs bei Krankenkassen oder Versicherungen zu kommen, anstatt dass sie bei minderwertiger Arbeit wie Einpacken im Supermarkt hängen blieben.

Im frühen Stadium meiner Recherchen erwähnte ich EVCI gegenüber Whitney Tilson und schließlich besuchten wir das Unternehmen gemeinsam in Yonkers. Das Geschäft lief gut, aber EVCI schleppte Schulden in Höhe von 2 Millionen Dollar mit sich herum, die man in die Akquisition von Interboro gesteckt hatte. Im Juni 2003 investierten Whitney und ich je eine Million Dollar in EVCI, was das Unternehmen von seiner Schuldenlast befreite und das Geschäft anheizte. Inzwischen nahm die Zahl der Studenten bei Interboro schnell zu, die Gewinne schossen in die Höhe und meine investierte Million wuchs in 18 Monaten auf 7 Millionen an.

Darin lag einer der Vorteile, wenn man einen kleinen Fonds wie Aquamarine betreibt. Ich konnte einen großen Posten in ein kleineres Unternehmen wie dieses stecken, das weit unter dem Radarschirm der größeren

Fonds lag. Es war auch aufregend, zu sehen, wie sich meine Lauferei auszahlte. Kurz, dieses Investment fühlte sich an wie ein Triumph. Ich war richtig stolz. Wenn eine Aktie derart abhebt, ist das ein Gefühl von freudigem Staunen. »Wow«, denkt man, »das ist richtig Geld.«

Nachdem sich die Betriebseinnahmen und die Aktien jeweils um das Siebenfache gestiegen waren, einigte sich der Vorstand darauf, den beiden Geschäftsführern riesige Gehaltserhöhungen zu gewähren. Das Grundgehalt des Chairman/CEO würde von 326 000 Dollar im Jahr auf 621 000 Dollar hochschnellen und das des Präsidenten von 267 000 Dollar auf 483 000 Dollar im Jahr. Ich war den beiden bis dahin dankbar für ihre clevere Unternehmensführung und ich wollte durchaus, dass sie und ihre Aktionäre reich würden. Aber hier hatten wir ein kleines Unternehmen, das im Vorjahr weniger als 3,5 Millionen Dollar an Betriebseinnahmen erwirtschaftet hatte. Die Gehaltserhöhungen bedeuteten, dass diese beiden Führungskräfte nun etwa ein Viertel der Betriebseinnahmen für sich einkassierten. In meinen Augen und denen anderer Investoren war dies eine unerhörte Summe für ein Unternehmen dieser Größe. Und schließlich, wem gehört das Unternehmen? Dem Management oder den Aktionären? Im Rückblick sage ich, ich hätte sofort meine Anteile verkaufen sollen.

Ich war schockiert und aufgebracht. Das Ganze erschien mir als kurzsichtige und eigennützige Unternehmensentscheidung. Ich schrieb dem Management und dem Vorstand einen sehr direkten Brief, in dem ich den Gehaltsplan (etwas taktlos) als »hirnverbrannt« bezeichnete und mich beschwerte, dass dadurch das Vertrauen der Aktionäre untergraben würde. Zunächst, erklärte ich, sei der Plan finanziell ineffizient, da ein Großteil der Gewinne nun in Form von Einkommensteuer ans IRS (US-Finanzamt) fließen würde. Schlimmer noch, diese übertriebenen Gehälter würde man im Finanzbericht offenlegen müssen, sodass sie jeder nachlesen kann. Die Wettbewerber von Interboro waren aus dem staatlichen Bildungssektor, wo Verwaltungskräfte keine Chance hatten, je ein solches Geld zu verdienen. Ich machte mir Sorgen, dass diese aufgeblasenen Gehälter Ressentiments auslösen würden, nicht zuletzt bei den Bildungsbehörden des Staates New York. Dies könne wiederum zu unerwünschten Revisionen bei Interboro führen und sogar den Entzug der Lizenz nach sich ziehen.

In meinem Brief schlug ich eine meiner Ansicht nach überzeugende Alternative vor. Ich erklärte, ich sei bereit, meinen Einfluss als einer der Hauptaktionäre geltend zu machen, um einen Kompensationsplan durchzusetzen, nach dem die beiden Führungskräfte einen großzügigen Anteil an Aktienoptionen erhalten würden. Wenn die Aktie weiter stieg, könnte so jeder von ihnen Zehntausende Dollar verdienen. Dies erschien mir als starker Anreiz und angemessene Belohnung dafür, ihre Aktionäre reich zu machen. Aber ich erhielt weder Antwort vom Management noch vom Aufsichtsrat. Das war mir unerklärlich. Da hatte ich ihnen nun meine Hilfe angeboten, um sie reich zu machen. Und sie ließen sich nicht einmal zu einer Antwort herab.

In der Überzeugung, dass ich ihn für meine Idee gewinnen konnte, arrangierte ich ein Treffen mit dem Chairman/CEO von EVCI zum Mittagessen in einem Restaurant in der Nähe seines Büros in Yonkers. Unser Gespräch schien herzlich und einvernehmlich, bis plötzlich die Hölle losbrach. Er fing an, mich lauthals zu beschimpfen, und alle Leute im Restaurant verstummten peinlich berührt. Es war wie eine Szene aus einem Film. Ich weiß nicht mehr, was er genau sagte, aber ich glaube, er brüllte mich an: »Wollen Sie mir vorwerfen, ich lüge?« Er schrie auch irgendetwas wie: »Für wen zum Teufel halten Sie sich eigentlich?«

Ich erstarrte und hatte keine Ahnung, wie ich reagieren sollte. Ich dachte, ich würde ihm eine Chance anbieten, enorm viel Geld zu verdienen. Er schien im Gegenzug entschlossen, mich in der Öffentlichkeit bloßzustellen. Das war eine überraschende Wendung. Erst viel später erfuhr ich, dass er zu diesem Zeitpunkt mitten in üblen Auseinandersetzungen im Zusammenhang mit seiner Scheidung steckte. Laut einem Urteil von 2009 des New Yorker Berufungsgerichtes stritten sich er und seine Frau um ihren ehelichen Zugewinn, wozu auch die Aktien von EVCI gehörten. Seine Frau reichte 2003 die Scheidung ein; im folgenden Prozess bekam sie eine Scheidung wegen Verlassenwerdens zugesprochen. 2006 lehnte das Gericht seine »Behauptungen, dass der Zugewinn an Wert der EVCI-Aktien allein seinen Bemühungen zu verdanken war« ab und setzte das Datum des Prozesses als Bewertungszeitpunkt für seine Aktien und Optionen fest.

Kurz, er befand sich gerade mitten in einem grausamen Krieg ums Geld – und besonders um seine EVCI-Aktien. Dies ist eine Erklärung, warum er derart hochging, als ich ihm vorschlug, er solle die Entscheidung, sein Gehalt zu erhöhen, revidieren und stattdessen eine massive Auszahlung bekommen, aber nur wenn die Aktie sich gut entwickelte. Vielleicht fürchtete er, dass am Ende seine Exfrau einen Großteil seines zukünftigen Vermögens einstreichen würde. Er muss sich permanent von allen Seiten angegriffen gefühlt haben. Und natürlich wissen wir, wie schwer es ist, rational zu handeln, wenn Geld auf dem Spiel steht. Meiner Meinung nach war der Chairman/CEO ein kluger und vernünftiger Mensch. Aber mir scheint, dass er sich in einer schwierigen Situation befand, die nicht gerade seine besten Seiten zum Vorschein brachte.

Unser hitziger Streit beim Mittagessen sollte nur ein Vorzeichen für weiteren Unbill sein. Der Wert der EVCI-Aktien sank bald um die Hälfte – und zu diesem Zeitpunkt verkaufte ich schließlich meine Anteile. Wie ich es vorhergesagt hatte, verlor das Unternehmen auch die Gunst der staatlichen Bildungsbehörden. 2007 führte die New Yorker Schulbehörde Board of Regents eine neue Prüfungsverordnung ein, die es Interboro-Studenten viel schwerer machte, finanzielle Unterstützung zu bekommen. Das Unternehmen wurde zudem aufgefordert, Millionen Dollar an Studentenfördermitteln zurückerstatten, nachdem sich herausgestellt hatte, dass manche der Studenten die Anforderungen für das erhaltene Geld nicht erfüllten. Im Dezember 2007 berichtete der *Chronicle of Higher Education*, EVCI habe beschlossen, Interboro zu schließen, »nachdem klar wurde, dass die meisten Studenten dort die Anforderungen für eine staatliche Studienförderung nicht mehr erfüllen würden«. Es gab auch eine Sammelklage wegen Aktienbetrug gegen das Unternehmen. Es war ein unrühmliches Ende für eine einst hoffnungsvolle Erfolgsstory.

Als ich später meine diversen Investmentfehler nochmals durchging, sah ich mir wieder an, was da bei EVCI eigentlich passiert war, und versuchte, praktische Lehren daraus zu ziehen. Für mich war einer der wichtigsten Punkte, dass ich mir bewusster machen musste, wie stark die Lebensumstände von Top-Führungskräften ihre Entscheidungsfähigkeit wie auch ihre Fähigkeit zur Unternehmensführung beeinflussen. Wenn ich nur einen kleinen Streit mit meiner Frau habe, kann mich das einen ganzen Tag lang aus der Spur bringen und es beeinträchtigt sowohl meine Stimmung als auch meine Fähigkeit zum Treffen intelligenter Entscheidungen. Also kann ich mir nur vorstellen, wie hart es wäre, eine Scheidung voller Streit und Ärger durchzumachen. Und das ist nur ein Beispiel für die vielen Lebensumstände, die eine Führungskraft aus der Bahn werfen können. Es kann genauso ein Todesfall in der Familie sein, ein größerer Streit mit einem Geschäftspartner oder sogar sehr hohe private Schulden.

Das Leben verläuft eben nicht immer geradlinig und wir alle gehen einmal durch schwere Zeiten. Aber es ist wichtig, sich klarzumachen, dass auch das obere Management – genau wie wir alle – von dieser Art Turbulenzen abgelenkt werden kann. Wenn ein Mensch mit dem Rücken zur Wand steht, erhöht das die Wahrscheinlichkeit, dass sein Urteilsvermögen darunter leidet. Also fügte ich meiner Checkliste ein paar Punkte hinzu – als Erinnerung an manche unter Schmerzen erworbene Lehren, die ich diesem Unternehmen aus dem Bildungssektor verdanke.

Punkte auf der Checkliste: Macht irgendeines der Mitglieder im Managementteam des Unternehmens gerade eine schwierige Lebensphase durch, die seine Fähigkeiten, zum Wohl der Aktionäre zu handeln, radikal beeinträchtigen könnte? Und hat dieses Managementteam in der Vergangenheit irgendetwas Eigennütziges und offenbar Dummes getan?

Case-Study II – Die seltsame Geschichte mit Tupperware

Die Firma Tupperware Plastics wurde 1938 von Earl Silas Tupper gegründet, der zuvor bei DuPont Chemical gearbeitet hatte. Er entwarf die ersten Tupperware-Behälter aus Polyethylen, einem Abfallprodukt bei der Erdölraffination. Heute wird seine legendäre Marke für Plastikbehälter in etwa hundert Ländern vertrieben. Anstatt diese Waren in Geschäften zu verkaufen, setzt die Strategie des Unternehmens auf eine Armee von »Beraterinnen«, die zu Hause Tupperpartys veranstalten, bei denen die Gastgeberin dafür, dass sie Gäste zu sich nach Hause einlädt, um ihnen die Produkte vorzustellen, einige Teile geschenkt bekommt.

Ende der 1990er-Jahre wurde ich auf Tupperware aufmerksam, denn die Firma schien sämtliche Eigenschaften eines Qualitätsunternehmens aufzuweisen. Besonders beeindruckt war ich von den außergewöhnlich hohen Gewinnmargen und der Eigenkapitalrendite. Hier war ein Unternehmen, das Plastik im Wert von 5 Dollar in die Hand nahm und es in eine Haushaltsware verwandelte, die es für 50 Dollar verkaufen konnte. Tupperware erzielte riesige Gewinne und benötigte kaum Kapital. Außerdem hatte ich einmal gehört, wie Munger in seiner Vorlesung über die menschlichen Fehleinschätzungen von den Tupperpartys sprach. Er sagte, diese Partys seien ein Beispiel für die »psychologisch-manipulativen Tricks«, wie sie Robert Cialdini in seinem Buch beschrieben hatte. Die Wirkung dieses Prinzips soll so gewaltig sein, dass Hausfrauen trotz des hohen Preises massenhaft Tupperware kauften.

Ich wollte das einmal selbst ausprobieren. Also gaben ein Freund und ich eine Tupperparty in meiner Wohnung in New York. Ich war fasziniert, zu erleben, wie diese psychologischen Kräfte wirkten. Zu Beginn war da das Prinzip der Gegenseitigkeit. Als Gastgeber wussten wir, dass wir ein paar Stücke Tupperware geschenkt bekommen würden, je nachdem, wie viel bei der Party verkauft würde. Also waren wir der Tupperware-Dame schon jetzt dankbar, weil sie einwilligte, die Party zu organisieren, und wir freuten uns schon auf die Tupperdosen, die wir zur Belohnung bekommen würden. Dann, als die Party begann, übergab die Tupperware-Dame jedem ein Geschenk, sodass keiner unserer Gäste mit leeren Händen nach Hause gehen würde. Das Ergebnis: Jeder auf der Party wollte – ganz nach dem Prinzip der Gegenseitigkeit – auch etwas zurückgeben, genau wie Cialdini es vorhergesagt hätte.

Ein weiterer psychologischer Faktor war das Sympathieprinzip. Wir mochten die Freunde, die wir eingeladen hatten, und sie mochten uns. Als die Tupperware-Dame jedem von uns ein Geschenk überreicht hatte, mochten wir auch sie. Eine halbe Stunde zuvor war sie eine völlig Fremde gewesen; jetzt war sie nicht nur eine Freundin, sondern auch Teil unseres Teams.

Und es geht noch weiter in der Liste. So war zum Beispiel auch das Autoritätsprinzip am Werk, denn sie wusste sehr viel über Essen, was ihre Autorität als Verkäuferin von Tupperware verstärkte. Es spielte auch das Knappheitsprinzip eine Rolle, da sie nicht genügend Teile mitgebracht hatte, um die gesamte Nachfrage unter den Gästen zu befriedigen. Und habe ich schon erwähnt, dass die Tupperdosen alle diese richtig leuchtenden, lebhaften Farben hatten, die auch noch unsere Aufmerksamkeit anzogen? Kurz, die Party war ein brillantes Beispiel für Verkaufspsychologie, wie sie im Buche steht. Innerhalb von ein paar Stunden verkaufte unsere Tupperware-Dame Waren im Wert von über 2000 Dollar und verdiente dabei selbst fast 1000 Dollar.

Da ich dieses Phänomen nun selbst erlebt hatte, glaubte ich zu verstehen, warum das Unternehmen so erfolgreich war: Seine überragenden Ergebnisse waren auf die außergewöhnliche psychologische Wirkung dieser Partys zurückzuführen. Zudem hatte ich vor Augen, dass es endlose Möglichkeiten für Tupperware in neu erschlossenen Märkten geben würde, auch wenn der Markt für die entwickelte Welt vielleicht schon gesättigt wäre. Bewaffnet mit diesen Einsichten rannte ich los und kaufte Aktien. Ich war mir so sicher, dass alle zwei Minuten jemand auf der Welt eine Tupperparty veranstaltete und dass diese Prinzipien ein Selbstläufer waren.

Leider lag ich falsch. Manche Investments gehen schnell den Bach runter, dieses langsam. Und das kann in einem Investmentportfolio sehr viel mehr Schaden anrichten, denn solche langsamen Verlierer kosten einen über eine lange Zeitspanne hinweg jede Menge mentale Energie. Denn solange ich Tupperware-Anteile hatte, lief es in der einen oder anderen Region immer schlecht. Die Verkaufszahlen stiegen einfach nicht. Ich lauschte den vierteljährlichen Telefonkonferenzen des Unternehmens, um herauszufinden, was schieflief. Diese Konferenzen bestärkten meinen Eindruck, dass das Management hochkompetent war und hart arbeitete. Aber nach und nach wurde mir das grundsätzliche Problem des Unternehmens klar: Es gab zu viel Konkurrenz und die hohen Produktpreise waren zum echten Hindernis für jedes Wachstum geworden.

Erst nach einigen Jahren fand ich wirklich heraus, was da lief. Als Tupperware zum ersten Mal am Markt erschien, waren seine Produkte einzigartig. Die Kunden zahlten bereitwillig hohe Preise für das Versprechen von »versiegelter Frische«. Aber über die Jahrzehnte kamen viele andere Wettbewerber ins Spiel, deren Produkte sich verbesserten, bis sie genauso gut waren. Diese Konkurrenzprodukte waren vielleicht nicht ganz so hübsch, aber sie waren billiger und man konnte sie ganz einfach im Supermarkt kaufen. In der Folge konnte Tupperware seine hohen Preise für so ein einfaches Produkt nicht mehr rechtfertigen. Auch durch die überdurchschnittlichen Fähigkeiten des Managements ließen sich diese harten ökonomischen Fakten nicht ändern. Buffett sagte einmal: »Wenn ein Managementteam mit brillantem Ruf ein Unternehmen mit schlechtem Ruf übernimmt, dann ist es der Ruf des Unternehmens, der intakt bleibt.«

Im Sommer 1999 kapitulierte ich schließlich und verkaufte die Aktie zu mehr oder weniger demselben Preis, den ich dafür ein paar Jahre zuvor gezahlt hatte. Wenn ich auf dieses enttäuschende Investment zurückblicke, ist klar, dass ich es versäumt hatte, die offensichtlichste aller Fragen zu stellen: Bietet das Produkt einen guten Gegenwert für sein Geld? Nach dem positiven Erlebnis als Gastgeber einer Tupperparty hatte ich mich psychologisch schon zu sehr darauf eingelassen. Ich wollte die Aktien unbedingt besitzen und mir fehlte die Distanz, um zu erkennen, in welche Falle ich da tappte.

Dieses Missgeschick lehrte mich etwas unschätzbar Wertvolles: Ich werde nur in Unternehmen investieren, die für ihr gesamtes Umfeld eine Win-win-Situation schaffen. In der Beratersprache würden wir dieses Umfeld als »Wertschöpfungskette« bezeichnen. Aber die Terminologie ist egal. Was zählt, ist der Gedanke, dass ein großartiges Unternehmen tonnenweise Geld scheffelt, während es seinen Kunden einen echten Wertgewinn verschafft. Ursprünglich hatte Tupperware dies geleistet, indem die Firma ein innovatives Produkt eingeführt hatte. Jetzt war das aber nicht mehr so.

Betrachten wir im Gegensatz dazu einmal ein Gewinnerunternehmen wie Wal-Mart (oder, genauso gut, Costco, GEICO oder Amazon). Bei Wal-Mart wird hart daran gearbeitet, alles, was verkauft wird, für den Kunden billiger zu machen, indem man konsequent die Kosten im Distributionssystem einspart. Das gefällt den Kunden, also kaufen sie von Jahr zu Jahr immer mehr bei Wal-Mart ein. Man könnte meinen, die Zulieferer von Wal-Mart seien verärgert, weil ihre Margen gedrückt werden. Aber die Zulieferer profitieren von der schieren Masse der verkauften Waren, die in den Wal-Mart-Filialen umgesetzt wird. Jeder in diesem Umfeld macht einen Gewinn: Wal-Mart und seine Aktionäre, seine Zulieferer und seine Kunden. (Trotzdem habe ich noch nie Wal-Mart-Anteile besessen, denn das Unternehmen war schon zu groß und die Aktie zu teuer, um meine Kriterien zu erfüllen. Und natürlich gibt es auch Kritik an Wal-Mart, etwa dass sein Erfolg auf Kosten der kleinen regionalen Geschäfte und seiner eigenen Mitarbeiter gehe.)

Ich beschloss, in Zukunft besser aufzupassen und die gesamte Wertschöpfungskette zu analysieren, um Unternehmen zu identifizieren, die zu dieser Wertschöpfung beitragen. Eine solche Analyse hätte mich vor meinem Tupperware-Fehler bewahrt. Und sie bewahrte mich vor zwei weiteren, sehr unterschiedlichen Unternehmen, nämlich Philip Morris (ein phänomenal gewinnbringendes Unternehmen, das die Gesundheit seiner Kunden schädigt) und der nationalen griechischen Lotteriefirma OPAP (ein phänomenal gewinnbringendes Unternehmen, das den Geldbeutel seiner Kunden schädigt). Jedes dieser beiden Unternehmen hat eine Lizenz zum Gelddrucken. Aber sie tun das, indem sie die Schwächen der Menschen ausnutzen. Für den Verbraucher und die Gesellschaft insgesamt ist das keine Win-win-Situation.

Ich persönlich will nicht in Unternehmen investieren, welche die Gesellschaft schlechter machen, auch wenn ihre Produkte legal sind. Es hört sich vielleicht irrational an, aber ich denke, das bedeutet schlechtes Karma. Jedenfalls investiere ich lieber in Unternehmen, die der Gesellschaft nützen. Und wieder wurde mir klar, als ich diese Lektion lernte, dass Buffett das bereits wusste. Soweit ich weiß, erfüllt jede seiner Holdings diesen hohen Anspruch.

Punkt auf der Checkliste: Schafft dieses Unternehmen eine Win-win-Situation für sein gesamtes Umfeld?

Case-Study III – Was steckt dahinter?

Meine Recherchen über Unternehmen wie Wal-Mart und Costco brachten mich dazu, in CarMax zu investieren – dem Wal-Mart oder Costco im Gebrauchtwagensektor. Seit der Eröffnung der ersten Filiale in Virginia 1993 hat CarMax über vier Millionen Autos verkauft, aktuell kann das Unternehmen etwa hundert Filialen in ganz Amerika aufweisen. Es ist ein hoch effizientes Geschäft mit niedriger Gewinnmarge zwischen dem Einkaufspreis und dem Verkaufspreis für die Wagen. Die Kunden wissen, dass die Verkaufspreise in diesen Autokaufhäusern mit die niedrigsten im ganzen Umkreis sind. Und man hat eine riesige Auswahl an Wagen zur Verfügung, vom zwei Jahre alten Mercedes SUV bis zum Mustang-Cabriolet aus den 1950er-Jahren.

Es gibt noch einen weiteren entscheidenden Aspekt im Geschäftsmodell von CarMax: Das Unternehmen bietet Kunden Finanzierungsmöglichkeiten. In den Vereinigten Staaten wird ein Großteil der Autos geleast. Ohne Finanzierung könnten viele CarMax-Kunden die dort angebotenen Autos gar nicht erwerben. Und wenn CarMax eines Tages keinen Zugang mehr zu den Anleihenmärkten hätte, würde sein gesamtes Geschäftsmodell zusammenbrechen. Was es im Jahr 2008 auch tat. Die Verkaufszahlen gingen in den Keller, weil CarMax und seine Kunden inmitten der globalen Finanzkrise keine Kredite mehr bekamen. In der Folge brach der Aktienpreis zusammen.

Wieder entdeckte ich, wie wichtig es war, die gesamte Wertschöpfungskette eines Unternehmens zu verstehen. Ich hatte nicht ausreichend bedacht, in welchem Ausmaß CarMax von den Kreditmärkten abhängig war und wie anfällig dies das Unternehmen machte. Vielleicht hätte ich die Aktie trotzdem gekauft. Denn schließlich hätte ich niemals vorhersehen können, wie schlimm die Hypothekenkrise werden würde. Aber diese Situation lehrte mich, dass man unbedingt darauf achten muss, ob ein Unternehmen übermäßig von Teilen der Wertschöpfungskette abhängig ist, über die es keine Kontrolle hat. Wenn das der Fall ist (und das ist es oft), muss als Kompensation für das erhöhte Risiko der Kaufpreis niedriger sein.

In Reaktion auf diese Erfahrung entwickelte ich einen Punkt auf der Checkliste, mit dem ich ein besseres Gespür für die Qualität des Unternehmens bekomme. Eine mögliche Formulierung dieses Punktes wäre: »Hängen die Erträge des Unternehmens von den Kreditmärkten ab?« Aber ich lege nicht allzu viel Wert auf die genaue Formulierung, die ich in meiner Checkliste verwende. Eine etwas allgemeinere Sicht auf dieses Problem könnte lauten: »Wie ist dieses Unternehmen in der Wertschöpfungskette verankert und welche Aspekte seines Geschäftsmodells könnten von Veränderungen in Teilen der Wertschöpfungskette betroffen sein, auf die das Unternehmen nur wenig Einfluss hat?«

Der Punkt ist, dass ich in Unternehmen investieren will, die ihr Schicksal selbst bestimmen und kontrollieren, nicht in Unternehmen, deren Schicksal von Kräften bestimmt wird, die sie nicht unter Kontrolle haben.

Mit diesem Gedanken kann man aber auch manchmal tolle Investitionsgelegenheiten ausfindig machen. Ziel ist dabei, Unternehmen zu finden, bei denen es an einem Punkt in der Wertschöpfungskette schiefgelaufen ist, was dann das ganze Unternehmen heruntergezogen hat. Wenn ich glaube, dass das Problem vorübergehend ist, kann ich die Aktien zum Schnäppchenpreis kaufen und profitiere, wenn das Problem in der Wertschöpfungskette gelöst ist.

Im Jahr 2007 brachte mich dieser Gedanke darauf, in Alaska Milk zu investieren, dem führenden Hersteller von Kondensmilch auf den Philippinen. Die Hauptzutat war Milchpulver, das aus dem Ausland importiert werden musste. Als der weltweite Preis für Milchpulver nach oben schoss, wurden die Gewinnmargen des Unternehmens stark gedrückt und die Aktie sackte ab. Ich war aber überzeugt, dass der Preis von Milchpulver irgendwann wieder auf das normale Niveau zurückkehren würde, denn das Angebot stieg aufgrund der erhöhten Nachfrage aus China. In der Folge würden sich die Profite von Alaska Milch bestimmt wieder erholen. Mit dieser Annahme lag ich richtig und machte innerhalb von fünf Jahren einen Gewinn von etwa 500 Prozent.

Punkt für die Checkliste: Wie könnte dieses Unternehmen durch Veränderungen von Teilen in der Wertschöpfungskette betroffen sein, auf die das Unternehmen keinen Einfluss hat? Sind seine Erträge zum Beispiel gefährlich abhängig von den Kreditmärkten oder dem Preis einer bestimmten Ware?

Case-Study IV – Nicht immer ist Balance auch Smart

Smart Balance, heute umbenannt in Boulder Brands, war ein innovativer Lebensmittelkonzern unter der Führung eines Superstar-Marketingmanagers namens Stephen Hughes. Das Flaggschiff unter seinen Produkten ist ein Streichfett, das im Wettbewerb mit den führenden Margarinen wie *Shedd's Country Crock* und *I Can't Believe It's Not Butter* stand. Der Brotaufstrich von Smart Balance ist eine Emulsion aus verschiedenen pflanzlichen Ölen, ein Patent von Nahrungsmittelchemikern der Brandeis University, und er ist eine echte, gesunde Alternative zu Konkurrenzprodukten, die reich an gesättigten Fettsäuren sind. Der Aufstrich von Smart Balance soll hingegen das »schlechte« Cholesterin der Konsumenten senken und das »gute« erhöhen. Nach seinem Launch 1997 segelte er an Land O'Lakes vorbei und wurde die Nummer drei unter den Margarinemarken.

Als Langzeitinvestor von Nestlé hatte ich beobachtet, wie solche »zweckmäßigen« Produkte zur schnell wachsenden und zunehmend profitablen Nische innerhalb der Food-Branche geworden waren. Ich konnte mir vorstellen, dass Smart Balance als kleinerer, wendigerer Player in den nächsten, sagen wir, fünf Jahren schnell wachsen würde, sowohl im Margarinesektor als auch in damit zusammenhängenden Bereichen wie Erdnussbutter und Popcorn. Dann würde es von einem größeren Wettbewerber geschluckt werden. Mir gefiel auch der Umstand, dass Smart Balance seinen Herstellungs- und Distributionsbereich outgesourct hatte, sodass es jetzt ein reines Marketing- und Markenmanagementunternehmen war. Und sein Managementteam war ziemlich beeindruckend.

Hughes genoss einen hervorragenden Ruf. Er hatte das Fruchtsaftunternehmen *Tropicana* in den Vereinigten Staaten ruhmvoll wieder hochgebracht, bevor er ähnlich beeindruckende Ergebnisse bei Marken wie dem Tee *Celestial Seasonings* und der Sojamilch *Silk Soymilk* erzielte. Ein Artikel über Smart Balance im Magazin *Fortune* begann mit dem Satz: »Der Erfolg folgte Steve Hughes, wohin er sich in den vergangenen zwei Jahrzehnten in der Food-Industrie auch immer gewandt hat.« Hughes selbst wurde mit folgendem Statement zitiert: »Wir positionieren hiermit eine Marke, die bis zum Wert von einer Milliarde Dollar anwachsen könnte, eine echte Mega-Marke.«

Zu jener Zeit hatte ich meine Gewohnheit, mich mit dem Management eines Unternehmens zu treffen, noch nicht aufgegeben. Hughes kam in mein Büro und ich verfiel ihm schnell. Nicht nur, dass er über einen blendenden Lebenslauf verfügte, er war auch noch unglaublich klug und charismatisch – ein toller Typ, der aus gutem Grund in weiten Kreisen gemocht und bewundert wurde. Sein Spitzenteam hatte es geschafft, Smart Balance bei Wal-Mart in die Distribution zu bringen, und ich hatte schon selbst beobachten können, wie sehr die Konsumenten dort die Marke liebten. Zur selben Zeit begeisterte sich auch einer meiner Analysten für die Aktie und wollte unbedingt, dass ich sie kaufte, zum Teil auch deswegen, weil es frustrierend war, für einen Langzeitinvestor zu arbeiten, der nur so selten neue Bestände kaufte. Im Vertrauen darauf, dass wir einen Gewinner gefunden hatten, kaufte ich 2007 Smart-Balance-Aktien. Es gab dabei nur ein Problem: Ich bezahlte zu viel.

Natürlich erkannte ich das damals nicht. Die Aktie war gerade um über 30 Prozent von ihrem Spitzenwert gefallen. Aber ihr Kurs lag noch immer bei einem Vielfachen ihrer damaligen Erträge und ihres damaligen Cashflow. Ich machte den klassischen Fehler, den Wert der Aktie zu relativieren. Ich hätte mich einfach nur fragen sollen: »Ist die Aktie absolut gesehen billig?« Stattdessen beruhigte ich mich selbst damit, dass sie *relativ* billig war, jetzt, da ihr Kurs von der Spitze abgefallen war. Auch zählte ich auf Hughes, der diesen kühnen Kurswert damit rechtfertigte, dass er seine ehrgeizigen Wachstumszahlen wahr machte. Angesichts seiner – und meiner – Aussicht auf eine glorreiche Zukunft dachte ich, Smart Balance sei ein Schnäppchen.

Was dann folgte, war zwar keine Katastrophe. Aber es war wohl kaum der Triumph, den ich erwartet hatte. Als die Finanzkrise zuschlug, hielten sich die Konsumenten mit ihren Ausgaben für teurere Produkte wie Smart-Balance-Margarine zurück. Anstatt sich um ihr schlechtes Cholesterin Sorgen zu machen, sorgten sie sich um ihre Finanzen. Da war es auch nicht gerade zuträglich, dass die Konkurrenten von Smart Balance – empfindlich getroffen durch dessen Erfolg – mit einem Preiskampf reagierten, der die Gewinne weiter schrumpfen ließ.

Hughes und sein Team reagierten gut unter diesen widrigen Umständen. Sie behielten den Preis genau im Blick. Sie erkannten nicht nur die Notwendigkeit, ein billigeres Produkt anzubieten, sondern erwarben außerdem eine hochwertige Marke namens *Best Life*. Während dieser schwierigen Phase generierte das Unternehmen eine Menge Geld aus operativen Geschäften, das es intelligent für Marketing, Schuldenabbau und Aktienrückkäufe einsetzte. Man konnte sich kaum beschweren, denn sie machten ja eigentlich alles richtig. Und doch hatte ich, als ich die Aktien 2012, nach fünf langen Jahren, schließlich verkaufte, etwa 30 Prozent meines Geldes verloren.

Niemandem außer mir selbst konnte ich dafür die Schuld geben. Ich hatte einen hohen Anfangspreis bezahlt, der nur gerechtfertigt war, wenn das Unternehmen sein ganzes Potenzial entfaltet hätte. Ich machte den Fehler, mein Investment darauf aufzubauen, was dieser Superstar-Manager mit seiner vielversprechenden Marke vielleicht erreichen würde, anstatt mich auf den Wert des Unternehmens zu konzentrieren, so wie er zu der Zeit meines Kaufs war. Ohne Hughes als Frontmann hätten bekannte Käufer aus der Food-Industrie Smart Balance wahrscheinlich für 60 bis 70 Prozent des Preises gekauft, den ich dafür gezahlt hatte. Ich hätte sogar noch weniger zahlen sollen. Das hätte mir eine Menge Kummer erspart. Ich hatte auch die Tatsache übersehen, dass nicht alle Marken gleich sind: Smart Balance war eine gute Marke mit vielen Vorzügen, aber sie war nicht vergleichbar mit Nestlé.

Ich habe im Lauf der Jahre viele billige Aktien gekauft, aber ich bin immer wieder erstaunt über meine Bereitschaft, für etwas, das ich für ein qualitativ hochwertiges Unternehmen halte, exzessiv hohe Preise zu zahlen. Diese Schwäche ist der eigentliche Grund für meinen Fehler beim Kauf von Smart Balance. Für mich heißt die Lektion daraus, dass ich auf die Dauer jede Menge Geld spare, wenn es mir gelingt, der Tendenz, zu viel zu bezahlen, entgegenzusteuern. Damit würde ich wohl auch einige sonst verschwendete Gehirnzellen sparen. Jedenfalls, wenn ich schon von vornherein zu viel bezahle und dementsprechend über keine Sicherheitsmarge verfüge, sollte ich wenigstens alles wissen, was es über das Unternehmen zu wissen gibt. Wenn ich investiere, solange ein Unternehmen unterbewertet ist, kann ich in einer ganzen Reihe von Punkten falschliegen und noch immer gute Erträge erzielen.

Diese Art Selbstwahrnehmung ist entscheidend – schließlich kann man nur dann eine Checkliste erstellen, um den eigenen Schwächen beizukommen, wenn man weiß, welche Schwächen das im Einzelnen sind. Um ein ähnliches Beispiel anzuführen: Ich habe ebenfalls für Aktien von Discover Financial Services (DFS) zu viel bezahlt, einem Kreditkartenunternehmen, das sich 2007 von Morgan Stanley abkoppelte. Im Rückblick kann ich erkennen, dass gerade die Schwierigkeit, die sich bei einer intellektuellen Analyse des Unternehmens auftat, einer der Gründe war, warum ich mich zu DFS hingezogen fühlte: Es war eine hoch profitable Firma, aber das Geschäft ist derart kompliziert, dass es praktisch unmöglich ist, herauszufinden, ob der Burggraben um das Unternehmen breiter oder schmäler wird. Mein innerer Monolog ging etwa so: »Die anderen Investoren glauben alle, diese Aktie sei zu teuer. Aber sie sind einfach nicht schlau genug, die Feinheiten wahrzunehmen, die dies hier zu so einem unglaublich guten Kauf machen. Ich dagegen habe keine Angst, einen hohen Preis zu zahlen, weil ich schlauer bin und die Nuancen verstehe, die ihnen entgehen.«

Menschen wie ich – die sich damit brüsten, klug und gebildet zu sein – sind besonders anfällig für diese Art narzisstischer Hybris. Wir lassen uns schnell beim Analysieren von Unternehmen einfangen, auch wenn sie, wie DFS, eigentlich auf den Stapel gehören, der bei Buffett die Aufschrift »Zu schwierig« trägt. Leider war mir damals nicht bewusst, dass ich diese gefährlichen Tendenzen in mir trage, also kaufte ich im Januar 2006 DFS-Aktien zu etwa 26 Dollar das Stück, trotz der undurchdringlichen Komplexität des Geschäftsmodells. Bald schon sollte ich das bereuen.

Auf dem Höhepunkt der Finanzkrise fiel die Aktie unter 5 Dollar und ich konnte mir nicht ganz sicher sein, dass das Unternehmen überleben würde. Ich wollte meinem Fehler, zu viel dafür bezahlt zu haben, aber nicht auch noch eins draufsetzen, indem ich einen ebenso dummen Fehler machte und zu früh verkaufte. Also hielt ich aus. Der Kurs ging wieder steil nach oben, bevor ich schließlich im November 2011 für etwa 24 Dollar verkaufte – nicht weit weg von meinem ursprünglichen Kaufpreis. Und doch hätte ich mir den ganzen Stress und die Frustration ersparen können, wenn ich mir diese meine beiden Schwächen stärker bewusst gemacht hätte: meine Tendenz, zu viel zu bezahlen, und mein irrationaler Enthusiasmus für analytisch zu schwierige Aufgaben, durch die ich mir schlau vorkomme. Diese Bruchlandungen mit Smart Balance und DFS haben mir immerhin ein paar weitere Punkte auf meiner Checkliste gebracht.

Punkte für die Checkliste: Ist die Aktie billig genug (und zwar nicht nur relativ)? Bin ich sicher, dass ich für das Unternehmen zahle, wie es jetzt ist – nicht für eine extrem rosig ausgemalte Zukunft? Liegt der Grund für dieses Investment in irgendwelchen eigenen psychischen Bedürfnissen? Zum Beispiel: Will ich kaufen, weil ich mir dadurch schlau vorkomme?

12. Geschäfte machen mit der Buffett-Pabrai-Methode

In meinem Regal in Zürich steht ein Buch mit dem Titel *Power: Die 48 Gesetze der Macht* von Robert Greene. Offenbar wurden davon über 1,2 Millionen Exemplare allein in den Vereinigten Staaten verkauft und es wurde von dem Magazin *Fast Company* als »Mega-Kult-Klassiker« hochgelobt. Einen Vorgeschmack auf seine finstere Botschaft bietet Ihnen »Gesetz 14«. Es empfiehlt, wir sollten »den Freund spielen, Spion sein«. Eine kurze Zusammenfassung des Gesetzes erklärt: »Es ist von entscheidender Bedeutung, dass Sie etwas über Ihren Rivalen wissen. Setzen Sie Spione an, um brauchbare Informationen zu sammeln, durch die Sie immer einen Schritt voraus sind. Noch besser: Seien Sie selbst der Spion. Lernen Sie, wie Sie bei Begegnungen auf höfliche Weise Dinge in Erfahrung bringen. Stellen Sie indirekte Fragen, sodass die Menschen Ihnen ihre Schwächen und Absichten offenbaren. Es gibt keine Gelegenheit, die sich nicht für ein gekonntes Ausspionieren eignen würde.«

Auf gewisse Weise hat diese hinterhältig machiavellistische Einstellung für Leben und Arbeit etwas sehr Reizvolles. In jungen Jahren hat sich ein Teil von mir sicher damit identifiziert, indem ich mir vorstellte, wie Gordon Gekko zu werden, mit der Intelligenz und Verschlagenheit, mir durch Manipulation den Weg nach oben zu bahnen. Und wie mich die Erfahrung bei D. H. Blair gelehrt hat, bietet die Wall Street Zynikern jede Menge Gelegenheiten fürs Reichwerden, indem sie allein ihre eigenen Interessen verfolgen. Doch wie ich später feststellte, gibt es auch einen segensreicheren Weg zum Erfolg, sogar in der Ellenbogengesellschaft der Finanzwelt. Es ist ein Weg, den ich die »Buffett-Pabrai-Methode« genannt habe.

Indem ich Warren und Mohnish beobachtet habe – von fern wie aus der Nähe –, lernte ich allmählich, ein besserer Investor zu werden, ein besserer Geschäftsmann und (wie ich hoffe) ein besserer Mensch. Dieser Prozess begann, als ich während meiner Zeit bei D. H. Blair zum ersten Mal Lowensteins Buffett-Biografie las. Dieses Buch hat mich verändert, weil es meinen Kopf mit Buffetts Gedanken füllte und mich in einem entscheidenden Moment zu dem richtigen Menschen und den richtigen Gedanken brachte, als ich verzweifelt einen Wegweiser brauchte, um aus dem moralischen Sumpf herauszukommen, in dem ich steckte. Am meisten lernt man, indem man sich mit den richtigen Menschen umgibt. Warren hatte es Mohnish und mir schon bei unserem Lunch gesagt: »Umgeben Sie sich mit Leuten, die besser sind als Sie, und Sie können gar nicht anders, als selbst besser zu werden.«

Diese Worte hatten eine enorme Wirkung auf mich. Buffett hatte mir gezeigt, dass nichts wichtiger ist, als bessere Leute in sein Leben zu lassen. Oder anders gesagt: Beziehungen sind die Killer-App. Ich bin wirklich überzeugt, dass dies der eine und wichtigste Weg ist, wie wir das Spiel zu unserem Vorteil beeinflussen und Erfolg als Investoren und in unseren anderen Lebensbereichen haben können. Wie also schaffen und pflegen wir die richtigen Beziehungen, damit wir von anderen lernen, was wir lernen müssen, und zu dem Menschen werden, der wir sein sollen?

Ich weiß nicht, ob mir die überwältigende Bedeutung des Freundeskreises richtig klar war, bis ich auf ein faszinierendes Buch und eine anschließende TED-Konferenz von Nicholas Christakis gestoßen bin. Er und seine Kollegen in Harvard hatten eine Studie über Fettleibigkeit in menschlichen Netzwerken erstellt und ihre Forschungen führten sie zu einer wichtigen Entdeckung: Wenn man dicke Freunde hat, ist es wahrscheinlicher, dass man selbst dick ist. Genauso ist es wahrscheinlicher, dass man fit und gesund ist, wenn man fitte, gesunde Freunde hat. Mit anderen Worten: Unsere engen sozialen Beziehungen bestimmen uns nicht nur in offensichtlicher Hinsicht, sondern auch auf eine unterschwellige Weise, die wir kaum verstehen.

Ich bin überzeugt, dass dies auch für das Berufsleben gilt. Und wenn das so ist, dann folgt daraus, dass ich mich bewusst bemühen sollte, die bestmöglichen Leute in meinem sozialen Netzwerk zu haben. Zuerst verfolgte ich diesen Gedanken kalkuliert und eigennützig, in der Hoffnung, dass mir das Bemühen um »soziales Kapital« größeren finanziellen und beruflichen Erfolg einbringen würde. Aber die Beziehungen, die ich mir langsam aufbaute, waren so bereichernd für mein Leben, dass meine zynische Motivation allmählich verschwand. Ich sage nicht, dass ich jetzt Mahatma Gandhi bin. Aber meine tiefe Verbundenheit mit großartigen Menschen wurde mir eine solche Quelle aufrichtiger Freude, dass ich meine Ziele nicht mehr zu verstecken brauchte. Diese Freundschaften wurden zum wunderbaren Selbstzweck und kein Mittel für mich, um selbst voranzukommen.

Ich bin froh und glücklich, diese Worte im Delamar Greenwich Harbor Hotel in Connecticut zu schreiben – an demselben Ort, an dem vor einem Jahrzehnt, am 11. Februar 2004, mein erstes Abendessen mit Mohnish stattfand. Jenes Treffen hat zu einer Freundschaft geführt, die eine der größten Freuden in meinem Leben bedeutet. Eine Beziehung, die ein Bild für all das ist, was ich in diesem Kapitel zu vermitteln hoffe.

Gestern erst bekam ich eine E-Mail von Mohnish mit der Betreffzeile: »Musst Buch auf Eis legen. Nächste Idee betrifft UNS!!!« Seine E-Mail bestand aus fünf Wörtern und nannte ein asiatisches Unternehmen mit dem Zusatz: »Ein 4x!« Mit anderen Worten: Er hatte eine Aktie gefunden, von der er glaubte, dass sie um das Vierfache steigen würde, und er wollte, dass ich auch davon erfuhr. Gleichzeitig ließ er mich vertrauensvoll mehr darüber wissen und fragte mich nach einer zweiten Meinung, genau wie Buffett sich jahrzehntelang an Munger gewandt hatte – auch wenn die Antwort in Charles' Fall zugegebenermaßen etwas kompetenter ausfiel.

Überlegen Sie einmal. Da ist Mohnish Pabrai, einer der großartigsten Investoren unserer Zeit, der seine neueste Investmentidee mit mir teilt. Diese freundschaftliche Geste könnte einerseits ein riesiges finanzielles Geschenk für mich und meine Aktionäre sein, wenn meine eigenen Recherchen mich zum selben Ergebnis führen und ich die Aktien kaufe. Aber auf einer höheren Ebene ist diese einfache E-Mail ein Zeichen für echte Freundschaft – ein Akt des Teilens, des Vertrauens, der Großzügigkeit und Zuneigung. Dieser Akt beruht auf dem Wissen über die unübertroffene Macht der Freundschaft – dem Wissen, dass wir, wenn wir uns mit gutem Willen zusammentun, mehr als die Summe der Einzelteile sind. Mohnish zitiert oft ein Sprichwort, das auch Ronald Reagan gerne benutzte: »Es gibt keine Grenzen für das, was wir tun können, wenn es uns egal ist, wer dafür die Lorbeeren kassiert.« Was könnte ich mir mehr wünschen als einen Freund wie diesen?

Ich hoffe, ich kann Ihnen diesen Punkt ausreichend klar vermitteln, denn ich bin mir fast sicher, dass dies das Allerwichtigste in diesem Buch ist – auch wenn es Ihnen vielleicht offensichtlich und banal vorkommt. Nichts, nichts auf der Welt ist so wichtig, wie die richtigen Menschen in sein Leben zu bringen. Von diesen Menschen werden Sie alles lernen, was Sie wissen müssen.

Bei unzähligen Gelegenheiten war diese Beziehung zu Mohnish eine Lehre und Erleuchtung für mich. Zum Beispiel habe ich wiederholt in den letzten zehn Jahren beobachtet, wie er sich damit beschäftigt, was er für andere tun kann, nicht umgekehrt. Dabei hat er sich niemals mit mir hingesetzt und mir die Denkweise erklärt, die hinter seinem Verhalten steht. Ich habe einfach nur gesehen, wie er mit mir und anderen umging, und ich versuchte, so viel wie möglich davon zu lernen. Ich beobachtete, wie er sich zuerst darauf konzentrierte, eine echte Beziehung aufzubauen, und dann konsequent nach Möglichkeiten zu geben suchte, nicht zu nehmen. Er drängte niemanden. Er verpflichtete niemanden. Er schien sich einfach nur zu fragen: »Was kann ich für den anderen tun?« Das war manchmal ein freundliches Wort oder ein guter Rat. Manchmal stellte er einen Menschen einem anderen vor. Manchmal war es ein Buch, das er jemandem schickte, als kleines Geschenk und als eine Art, zu zeigen, dass er an den anderen dachte.

Ich konnte beobachten, dass Mohnish sich durch ein derartiges Handeln ein unglaubliches Netzwerk von Menschen aufbaute, die ihm wohlgesonnen waren und ihm nur allzu gern auf die eine oder andere Weise helfen würden, um ihm für seine Freundlichkeit zu danken. Es hat eine unglaublich starke Wirkung, wenn man die Sympathien auf sich zieht, indem man ein Gebender ist, kein Nehmender. Das scheinbar Paradoxe, das hinter all dem steht und das mich Mohnish gelehrt hat, ist, dass man im Leben am Ende unendlich viel mehr bekommt, wenn man gibt statt nimmt. Es steckt schon eine gewisse Ironie darin: Indem man sich darauf konzentriert, anderen zu helfen, hilft man sich am Ende auch selbst. Für manche ist das nicht leicht zu verstehen. Sie handeln, als sei das Leben ein Nullsummenspiel, in dem der Mensch, der etwas gibt, um eben diese Gabe ärmer ist.

Buffett weiß das natürlich, zum großen Teil auch dank des Einflusses seiner verstorbenen Frau Susan, welche die Freundlichkeit und Großzügigkeit in Person war. Nachdem er sie im Krankenhaus besucht hatte, sprach er zu Studenten des Georgia Institute of Technology (Georgia Tech): »Wenn ihr mal so alt wie ich seid, werdet ihr den Erfolg in eurem Leben daran messen, wie viele Menschen, von denen ihr gerne geliebt werden wollt, euch auch wirklich lieben. Ich kenne Menschen, die eine Menge Geld haben, zu ihren Ehren finden Galaabende statt und ganze Krankenhausflügel werden nach ihnen benannt. Aber in Wahrheit werden sie von niemandem auf der Welt geliebt. Wenn ihr in mein Alter kommt und keiner mag euch, dann ist es egal, wie fett euer Bankkonto ist, euer Leben ist ein Desaster. Das ist der ultimative Test, ob ihr ein gutes Leben geführt habt.«

Er fuhr fort: »Das Dumme an der Liebe ist, dass man sie nicht kaufen kann. Man kann Sex kaufen. Man kann Galaabende kaufen. Man kann Flugblätter drucken lassen, auf denen steht, wie wunderbar man ist. Aber die einzige Weise, wie man Liebe bekommt, ist, liebenswert zu sein. Das ist sehr ärgerlich, wenn man jede Menge Geld hat. Du denkst, du kannst einen Scheck ausstellen: Ich kaufe für eine Million Dollar Liebe. Aber so funktioniert das nicht. Je mehr Liebe ihr anderen schenkt, desto mehr bekommt ihr zurück.« Von allen Lektionen, die mir Warren beigebracht hat, ist diese wohl die wichtigste.

Jeder, der Buffett nur als einen erfolgreichen Aktieninvestor sieht, verpasst eindeutig das Wesentliche. Bei unserem Benefiz-Lunch zeigte er eine innere Haltung, die deutlich von Freundlichkeit und Großzügigkeit bestimmt war. Er war ganz offensichtlich entschlossen, uns viel mehr mitzugeben, als wir uns je erwarten oder erhoffen konnten. Er war gekommen, um zu geben, einerseits an die GLIDE Foundation und andererseits an uns, und nicht, um etwas zu bekommen. Er war nicht nur höflich und freundlich.

Er war mit jeder Faser seines Daseins anwesend, er versuchte, dieses Zusammentreffen zu einem Erlebnis zu machen, das wir nie vergessen würden. Hier war einer der reichsten Menschen der Welt, ein Mensch, dem wir nichts zu geben hatten, und doch machte er sich die Mühe, uns so zu behandeln.

Ich habe das auch in den folgenden Jahren gesehen, als er sich die Mühe machte, Mohnish und mich durch sein Büro zu führen, oder mir eine Nachricht schickte wie: »Habe mit Freude Deinen Jahresbericht gelesen, Guy.« Diese Nachricht, in ein paar Sekunden hingekritzelt, war eine kleine, freundliche Geste, die – da sie von ihm kam – mir die Welt bedeutete. Wenn es für solches Handeln einen Lohn gibt, dann würde ich sagen, es ist einfach die Freude und Leichtigkeit, die er aus seiner Lebensweise gewinnt. Ich glaube nicht, dass er damit irgendeinen Zweck verfolgt. Aber Warren weiß ebenso wie Mohnish, dass das Universum so funktioniert: Je mehr wir geben, desto mehr bekommen wir zurück. Warrens Leben ist eines der wundervollen Beispiele für diese Spirale nach oben.

Aber vielleicht ist hier der wichtigste Punkt, dass dies genau die Art ist, wie wir lernen – indem wir Menschen beobachten, die besser sind als wir, ihr Verhalten nachahmen und dann selbst erfahren, warum ihr Ansatz klug ist und funktioniert. Es geht mir nicht darum, einen Kult um Warren oder Mohnish zu machen, die genau dieselben Fehler und Schwächen aufweisen wie wir alle. Es geht mir darum, diese Erfahrung mitzuteilen: Es gibt nichts Wichtigeres für unsere Entwicklung als Anleger, Geschäftsleute und Menschen, als solche außergewöhnlichen Vorbilder zu finden, die uns auf unserem Weg führen und begleiten. Bücher sind eine unschätzbare Quelle der Weisheit. Aber Menschen sind die ultimativen Lehrmeister und vielleicht gibt es Dinge, die wir nur lernen können, indem wir ihnen zusehen oder uns in ihrer Nähe aufhalten. Manche dieser Dinge werden niemals explizit ausgesprochen. Und doch spüren wir, wie uns der Geist jener Menschen führt, wenn wir in ihrer Nähe sind.

Eines meiner Lieblingsbeispiele dafür stammt aus Li Lus Vorwort zur chinesischen Ausgabe von *Poor Charlie's Almanack*. Er erzählt darin eine wunderbare Geschichte über Charles Munger: Egal wie früh Li zu einer Verabredung erschien, Munger war immer schon vor ihm da. Jedes Mal erschien

Li Lu früher. Und jedes Mal war Munger schon da. Schließlich erschien Li Lu eine ganze Stunde zu früh, sodass jeder für sich seine Zeitung las, bis das Treffen zur verabredeten Zeit begann. Der Hintergrund war wohl, dass Charles irgendwann einmal zu einem wichtigen Meeting zu spät gekommen war. Obwohl es nicht einmal seine Schuld war, hatte er sich daraufhin geschworen, dass ihm das nie wieder passieren würde.

Warren dagegen ist ein Gesellschaftsmensch und er hat sich ein Netzwerk aus bedeutenden Leuten aufgebaut, die seine eigenen Werte widerspiegeln und verstärken. Zu seinem engsten Kreis gehören Charles Munger, Bill Gates, Ajit Jain, Debbie Bosanek und Carol Loomis. Aber es gibt auch noch viele andere. Diese Menschen passen auf ihn auf und er auf sie. Immer wieder hat er sich als scharfsinniger Menschenkenner erwiesen, indem er sich mit hervorragenden Leuten zusammentat und erstaunlich wenige Fehler dabei machte. Manchmal, so denke ich, kaufte er bestimmte Unternehmen nicht nur, weil sie tolle Unternehmen waren, sondern weil sie von tollen Leuten geführt wurden, die er in seinem Netzwerk haben wollte – Leute wie Thomas Murphy (der Capital Cities/ABC vorstand) oder Rose Blumkin. Er erzählte sehr gerne Geschichten über Mrs. Blumkins erstaunliche Arbeitsethik und sie war für ihn sicher ein Vorbild.

Meiner eigenen Erfahrung nach gibt es unzählige Möglichkeiten, die Kreise zu verbessern, in denen wir leben und arbeiten. Manches davon ist so naheliegend, dass man es fast nicht erwähnen möchte. Aber diese einfachen, praktischen Schritte haben mein Leben so stark verändert, dass ich sie hier wenigstens kurz erwähnen möchte, auch wenn ich Gefahr laufe, banal zu klingen. Zum Beispiel wurde ich Mitglied in verschiedenen Organisationen, bei denen ich regelmäßig mit Leuten in Kontakt kam, die auf verschiedenste Weise besser sind als ich. Darunter sind auch zwei außergewöhnliche Businessgruppen, die Führungsqualitäten vermitteln: die Entrepreneurs' Organization und die Young Presidents' Organization. Ich schloss mich auch den Toastmasters an, wo man Führung durch öffentliche Reden vermittelt. Außerdem traf ich mich einmal im Monat im Restaurant Colbeh in Manhattan mit einer Reihe wundervoller Value-Investoren im Rahmen einer von Shai Dardashti organisierten Gruppe. Einige meiner besten Geschäftsbeziehungen erwuchsen aus diesen monatlichen Treffen zum Mittagessen.

Nachdem ich festgestellt hatte, wie hilfreich es ist, einer solchen Gruppe anzugehören, tat ich mich später mit John Mihaljevic zusammen und gründete VALUEx als einen Begegnungsort, wo »ähnlich denkende Menschen ihre Lebensansichten entwickeln können, lernen können, bessere Investoren zu sein, und dabei gleichzeitig bessere Menschen werden«. Das Ziel ist, eine Gemeinschaft aufzubauen, in der einer auf den anderen einen positiven Einfluss ausübt. Schließlich ist es so viel einfacher, auf der richtigen Spur zu bleiben, wenn man Unterstützung von anderen hat, statt allein für sich geht. Aus ganz ähnlichen Gründen wurden ich und meine Familie Mitglieder der jüdischen Gemeinde Zürichs. Wie mir Christakis gezeigt hatte, besitzt die Gruppe der uns umgebenden Menschen einen weitreichenden Einfluss auf uns. Also dachte ich mir, dass es die Wahrscheinlichkeit für uns erhöhen würde, uns spirituell und moralisch als Familie weiterzuentwickeln, wenn wir Mitglieder in einer religiösen Gemeinschaft wären – genauso, wie ich mir vorgestellt hatte, dass der Besuch der Jahresversammlung von Berkshire in Omaha und Wesco in Pasadena mich als Investor voranbringen würde.

Anfangs hatte ich gedacht, dass ich durch die Mitgliedschaft in Gruppen und die Teilnahme an Events wie diesen bessere Leute kennenlernen und dass ich mich durch diese Kontakte weiterentwickeln würde. Diese Art Networking ist sicher auch nützlich. Aber für mich war der größte Nutzen, den ich daraus zog, dass ich mich in solchen positiven Umfeldern aufhielt, ein viel subtilerer: die Gelegenheit, Menschen zu beobachten, die weit besser waren als ich – im Leben wie in ihrem Geschäft. Das ist einer der vielen Gründe, warum die Jahresversammlung von Berkshire für mich ein so reichhaltiges Lernfeld ist. Einmal zum Beispiel nahm ich gerade mit meinem Freund Jonathan Brandt einen Drink, als ich bemerkte, dass Don Keough in der Nähe stand. Keough ist ein renommierter Manager, der schon Vorstandsposten in Unternehmen wie Berkshire, Coca-Cola und McDonald's bekleidet hatte. Er erkannte Jonathan (dessen Vater einmal Broker bei Buffett gewesen war), tauschte ein paar Worte mit ihm aus und war dann so gütig, sich mir vorzustellen. Ich war elektrisiert, als ob seine gesamte Energie auf mich konzentriert wäre. Einen Moment lang fühlte ich mich, als sei ich der einzige Mensch, der ihm wichtig war.

Natürlich kann man sagen, dass dies einfach nur nett und höflich war, wie man es gerne von jedem erwarten würde, und das stimmt auch. Aber selbst eine so flüchtige Begegnung führte mir die Qualitäten vor Augen, durch die manche Menschen in der Geschäftswelt glänzen. Ich erkannte zum Beispiel durch Keoughs Wirkung auf mich, wie wichtig es ist, vollkommen präsent und engagiert zu sein, wenn man jemanden kennenlernt – besonders wenn der andere noch am Anfang seiner Karriere steht oder wenn er sich vielleicht fehl am Platz fühlt. Sein Beispiel ließ mich nach meiner eigenen Verbesserung streben, damit meine eigenen Begegnungen mit Fremden vielleicht eines Tages ähnlich eindrucksvoll und authentisch sein würden.

Ebenso erstaunlich finde ich es, wie oft und mit welcher Begeisterung Buffett zu MBA-Studenten spricht. Diese Studenten sind in einer Lebensphase, in der sie besonders offen für neue Ideen sind. Und wenn sie noch keinen Job nach ihrem MBA-Abschluss in Aussicht haben, fühlen sie sich vielleicht etwas unsicher. Also könnte seine großzügige Art für sie umso ermutigender sein. Darin steckt eine gute Lektion für mich: Wenn Warren sich die Zeit nehmen kann, so mit Studenten umzugehen (ganz zu schweigen von Investoren wie mir), dann sollte auch ich den Studenten, auf die ich an den Business Schools treffe, mit echter Freundlichkeit begegnen und auf jedes Bewerbungsschreiben, das ich von einem jungen Absolventen bekomme, eine ermutigende Antwort geben.

Bei unserem Lunch fragte Mohnish Warren, wie er es angestellt habe, die richtigen Leute auszuwählen. Warren antwortete, er könne in einem Raum, in dem sich hundert Personen befinden, sofort die zehn erkennen, mit denen er Geschäfte machen würde, und die zehn, denen er aus dem Weg gehen würde. Die übrigen 80 fielen in die Kategorie »weiß nicht genau«. Damals fand ich diese Ansicht nicht sonderlich zufriedenstellend. Aber später wurde mir klar, dass ich dieses Denken hätte anwenden sollen, bevor ich bei D.H. Blair anfing. Es hatte genügend Rauch gegeben, dass man auch Feuer befürchten musste, inklusive des kritischen Artikels, den ich über die Firma in der *New York Times* gelesen hatte. Allein dadurch hätten die Firma und ihr charismatischer Führer Morty Davis in meine Kategorie »weiß nicht genau« fallen müssen. Von meiner Persönlichkeitsstruktur her möchte ich immer lieber fair sein und jedem eine

Chance geben. Aber in diesem Moment wäre Umsicht besser für mich gewesen. Jedenfalls lautete Warrens Lektion: Investiere Zeit und Energie in die paar wenigen Menschen, bei denen du dir sicher bist, und lass den Rest stehen.

Um dem gerecht zu werden, beschloss ich, dass ich effizienter darin werden musste, Leute, bei denen ich mir nicht sicher war, aus meinem Netzwerk herauszubekommen. Der erste Bereich, in dem ich dieses Prinzip anwandte, war bei den Anstellungen. Ich hatte ursprünglich angenommen, die richtige Methode, um jemanden einzustellen, sei, eine Annonce zu schalten, dann die vielen eintreffenden Bewerbungen durchzuackern und dabei möglichst jedem Bewerber eine Chance zu geben. Schließlich machen es Beratungsfirmen und Investmentbanken genauso, wenn sie Leute wie mich einstellen. Aber es gibt ein Problem bei diesem Vorgehen, das auch genau dokumentiert ist: Ein hoher Anteil dieser Kandidaten hat irgendetwas, das ihre Anstellung erschwert, und die besten Kandidaten werden schnell weggeschnappt. Diejenigen, die nicht schnell geschnappt werden, werden mit der Zeit besser im Vertuschen ihrer Schwächen, wodurch diese immer schwerer zu erkennen sind.

Also gab ich keine Anzeigen mehr auf. Stattdessen stellte ich Leute ein, die ich zufällig in Momenten erleben konnte, in denen sie sich unbeobachtet fühlten. Zum Beispiel stellte ich Dan Moore als Analysten ein, nachdem ich mich an ihn gewandt und nach einer von ihm durchgeführten Aktienrecherche gefragt hatte. Er wollte mir nichts darüber erzählen, weil ich kein Kunde seiner Buy-side-Firma war. Die vorbildliche Art, wie er mit der Situation umging, zeigte mir, wie hoch bei ihm ethisches Verhalten und Loyalität gegenüber seinem Arbeitgeber angesiedelt waren. Dieser Einblick in seinen Charakter war für mich ein Hauptgrund, ihm einen Job anzubieten. Ebenso stellte ich Orly Hindi als Director of Operations ein, nachdem ich sie bei einem Dinner im Colbeh kennengelernt hatte und beobachten konnte, wie elegant sie sich in einer schwierigen Begegnung verhielt. Das war für mich ein perfektes Beispiel für ihre außerordentlichen zwischenmenschlichen Fähigkeiten. Und so stellte ich meine besten Leute ein, nicht indem ich die Stelle ausschrieb, sondern indem ich die Person in authentischen Situationen wie diesen beobachtete, wenn sie ganz sie selber waren.

Gleichzeitig hielt ich mich auch bewusst fern von jedem, der mir irgendwie dubios oder undurchsichtig vorkam. Als ich noch jung und leicht zu beeindrucken war, hatte ich eine Reihe schillernder, prominenter »Freunde«, bei denen nie so genau klar war, wer sie wirklich waren. Nachdem ich Oxford verlassen hatte, war ich in meiner Naivität von jemandem begeistert, der behauptete, er sei ein tatarischer Prinz. In jenem Sommer zogen wir in London und an der französischen Riviera herum und trafen uns mit weiteren angeblichen Prinzen und Prinzessinnen. Ich fand das aufregend und genoss das Gefühl, in diese erlesenen Kreise eingeführt zu werden. Einerseits war es bloß ein bisschen leichtsinniger Spaß, aber diese Welt des oberflächlichen Glamours, von der ich fasziniert war, hatte auch einen leicht schlechten Einfluss auf mich.

Mohnish zeigte mir einen besseren Weg. Aus seiner Sicht ist das Leben einfach zu kurz, um mit Leuten umzugehen, die nicht geradeheraus und offen zeigen, wer sie sind. Die beste Strategie ist einfach, die Dubiosen und Undurchsichtigen stehen zu lassen. Es geht nicht darum, herauszufinden, wer sie sind, sondern einfach auf Distanz zu bleiben. Warren und Mohnish, beide absolut geerdet und völlig ohne Falsch, interessieren sich nur für Leute, die ein offenes Buch für sie sind. Sie distanzieren sich von allen anderen und belassen sie in der Kategorie »weiß nicht genau«, dem für Menschen gedachten Gegenstück zum Fach »zu schwierig« auf Warrens Schreibtisch.

Immer wenn ich eine Verabredung mit jemandem habe, den ich noch nicht kenne, schicke ich ihr oder ihm normalerweise eine kurze Information über mich – zum Beispiel meinen Lebenslauf und den Jahresbericht meines Fonds. Ich möchte es dem anderen so leicht wie möglich machen, zu erkennen, woher ich komme, damit er sich ein akkurates Bild von mir machen kann. Genauso bitte ich den anderen in so einem Fall, mir ein bisschen Hintergrundmaterial über sich zu schicken. Wenn jemand sich dabei rätselhaft gibt oder versucht, etwas zu verschleiern, landet er für mich in Buffetts Kategorie »weiß nicht genau« und ich werde mit demjenigen keine engeren Beziehungen eingehen.

Umgekehrt hoffe ich, dass andere sehen, dass ich wirklich der bin, der ich zu sein scheine – und keine Fassade aufbaue, um mich selbst oder andere zu täuschen. Ich will innen wie außen ein und derselbe Mensch sein. Im Geschäftsleben wie in anderen Lebensbereichen ziehen wir, glaube ich, ähnliche Menschen an, die unsere eigene Bewusstseinsebene widerspiegeln. Wenn ich mich bemühe, aufrichtig und anständig zu sein, ist es wahrscheinlich, dass ich damit auch aufrichtige und anständige Menschen in mein Leben bringe. So ist es kein Wunder, dass Buffett so bemerkenswerte Leute in sein Umfeld gebracht hat: Sie sind ein Spiegelbild dessen, was er ist.

Indem ich Mohnish beobachtete, lernte ich auch etwas anderes, sehr Wichtiges darüber, wie man sich benimmt, sowohl im geschäftlichen als auch in anderen Lebensbereichen. Ich sah, dass er im Umgang mit anderen nie Druck machte oder fordernd auftrat. Er hatte keinerlei Erwartungshaltung und versuchte nie, die Zeit des anderen übermäßig in Anspruch zu nehmen. Wenn ich ihn in der Anfangszeit unserer Freundschaft in Kalifornien anrief, sagte ich immer entschuldigend: »Ich hoffe, du bist nicht allzu beschäftigt und ich störe dich nicht.« Dann antwortete er immer: »Beschäftigt? Im Gegenteil! Ich habe sowieso gerade nur Däumchen gedreht.« Das war natürlich nicht wahr, aber es war seine Art, mir zu vermitteln, dass ihm in dem Moment nichts wichtiger war als mein Anruf. Und ganz oft habe ich später noch E-Mails von ihm bekommen, in denen er meinte: »Ruf an, wenn du gerade nichts anderes zu tun hast, als Däumchen zu drehen.« In ganz ähnlicher Weise schrieb er 2010 an Debbie Bosanek, als wir nach Omaha fuhren, um uns mit ihr zum Lunch zu treffen: »Unser Zeitplan ist sehr flexibel … Schlagen Sie uns einfach einen Termin vor, der Ihnen gut passt.«

Das hat nichts mit Unterwürfigkeit oder mit fehlendem Selbstbewusstsein zu tun. Im Gegenteil, Mohnish verfügt über ein sehr gesundes Selbstbewusstsein. Aber ich habe wiederholt beobachtet, wie sehr er darauf achtet, sich anderen nicht aufzudrängen oder die Interessen anderer einfach zu übergehen. Er erscheint nur dann, wenn er gebraucht wird oder erwünscht ist. Er achtet sehr darauf, niemandem zur Last zu fallen und dass sich niemand ihm gegenüber zu irgendetwas verpflichtet fühlt.

Es machte einen tiefen Eindruck auf mich, ihm bei seinem Handeln zuzusehen, denn ich erkannte, wie großartig er darin war. Ich weiß noch, wie ich mit ihm in einer Situation sprach, in der einer meiner Investoren seinen Anteil an meinem Fonds verkaufen wollte. Mein Vater sagte anfangs, ich solle versuchen, ihn zu überreden, nicht zu verkaufen. Aber Mohnish sagte mir: »Versuch nicht, ihn zu überzeugen. Es ist sein Geld. Wenn er es herausnehmen will, lass es ihn tun, stell keine Fragen.« Die Geschäftsbeziehung zu meinem Investor hätte damit zwar enden können, aber Mohnish half mir zu verstehen, dass es keine Schuldzuweisung geben sollte – und vor allem kein Gefühl der Verpflichtung.

Dieser einfache, aber tragfähige Gedanke hat sich bei mir schon in vielen anderen Lebensbereichen ausgewirkt. Um Ihnen ein Beispiel zu geben, versuche ich nie, meine Freunde (oder sonst irgendjemanden) dazu zu überreden, in meinen Fonds zu investieren. Ich bin einfach froh, dass sie meine Freunde sind. Es gibt nie irgendeine Verpflichtung.

Wenn ich heute zurückblicke, sehe ich, wie furchtbar bedrängend ich mich in meiner Anfangszeit als Fondsmanager verhalten habe. Damals war ich irgendwie überzeugt, dass es wichtig sei, mich selbst und meinen Fonds bei potenziellen Investoren anzupreisen, in der Vorstellung, dass solches Power-Selling eben zu einem klugen Geschäftsmann und ehrgeizigen Fondsmanager dazugehöre. In Wahrheit war das nur ein peinlicher Ausdruck für mein Bedürfnis nach Anerkennung und Erfolg. Im Nachhinein erkenne ich auch, wie abstoßend es war, wenn ich Kaltakquise betrieb und versuchte, mit solchen Anrufen meine Geschäfte anzukurbeln, oder wenn ich Massen-E-Mails verschickte in der sinnlosen Hoffnung, damit die Aufmerksamkeit potenzieller Investoren auf mich zu ziehen, die bisher keinerlei Interesse an dem Fonds gezeigt hatten. Das kann es nur *weniger* wahrscheinlich gemacht haben, dass scharfsinnige Leute engere Beziehungen zu mir eingehen wollten.

Im völligen Gegensatz dazu steht die Geschichte von Ian Jacobs, die ich so wunderbar finde. Er kam gerade von der Columbia Business School und bewarb sich – erfolgreich – bei Buffett in der Berkshire-Zentrale. Seinem Anschreiben hatte Jacobs offenbar einen Scheck beigelegt, um Warren die Zeit zu bezahlen, die er für die Bewertung der Bewerbung aufbrachte. Mancher sah das als lächerliches Gimmick an. Aber der Scheck – der sicher nie eingelöst wurde – vermittelte die Botschaft, dass Jacobs den Wert von Buffetts Zeit anerkannte. Es war ein deutliches Zeichen, dass er keine Belastung sein wollte.

Das ist eine kluge Handlungsweise, nicht zuletzt weil Menschen mit Abwehr reagieren, wenn sie merken, dass wir etwas von ihnen wollen oder ein verstecktes Ziel verfolgen. Wie lästig meine Versuche, Aufmerksamkeit zu erwecken oder mich jemandem aufzudrängen, waren, erkannte ich, als ich mit wichtigen Leuten zu tun hatte, denn diese werden ziemlich oft auf diese Weise behelligt. Vor Kurzem aß ich mit dem CEO einer größeren Bank zu Mittag, was ich nie vergessen werde. Gleich zu Beginn unseres Treffens sagte ich ihm offen und ehrlich, dass ich froh und dankbar sei, mit ihm zusammen hier sein zu können. Er entspannte sich sichtlich, als er merkte, dass ich nicht auf irgendetwas aus war, sondern nur seine Gesellschaft genießen wollte. Das Entscheidende ist nach meiner Erfahrung, Menschen als solche wertzuschätzen und nicht als Mittel für unsere eigenen Zwecke zu betrachten.

Mohnish zitiert oft eine schöne Zeile aus der Bibel: »Ich bin nichts als Staub und Asche.« Dabei ist er, genau wie ich, ein Mensch, der sich weiterentwickelt, und es liegt ein Hauch Ironie in seiner Stimme, wenn er das sagt – als ob er damit zugeben möchte, dass er diese Ebene von Demut und Selbstverleugnung noch nicht erreicht hat. Keiner von uns kann bis jetzt irgendwelche Anzeichen von Heiligkeit aufweisen. Und doch habe ich bei ihm den Wunsch beobachtet, anderen zu dienen und seine eigenen Bedürfnisse hinter die ihren zu stellen. Durch sein Beispiel habe ich verstanden, dass es möglich ist, zu dienen, ohne selbst Autonomie, Würde oder die eigenen Interessen aufgeben zu müssen. In meinen ersten Jahren als Fondsmanager wäre es mir lächerlich erschienen, ein Diener zu sein. Ich sah mich lieber als schlauen Manipulator an. Doch bei unserem Benefiz-Lunch war Warren auf seine Weise auch ein Diener, obwohl er der berühmteste Investor der Welt ist.

Zum großen Teil verdanke ich Mohnish und Warren die Einsicht, dass ich mich mehr darauf konzentrieren sollte, was andere von mir brauchen, anstatt immer zu versuchen, sie dazu zu bringen, meine eigenen Bedürfnisse zu erfüllen. Das mag banal klingen, aber diese Einsicht war für mich eine bedeutende psychologische Wandlung und hat meine Lebensweise von Grund auf verändert.

In meiner Zeit im New Yorker Strudel ging ich zu Networking Events, lernte einen Fremden kennen und fragte mich, was er für mich tun könnte. Oft redete jemand auf mich ein und sprach über irgendein Produkt oder eine Dienstleistung, die er mir verkaufen wollte, und ich begann zu begreifen, wie abstoßend diese Art von zielgerichteter Vorgehensweise im Geschäftsleben sein kann. Also entwickelte ich mit der Zeit einen anderen Stil des Networking. Meine einfache Regel: Immer wenn ich jemanden kennenlerne, versuche ich, etwas für ihn zu tun. Das kann einfach darin bestehen, dass ich demjenigen einen anderen Menschen vorstelle oder ihm ein aufrichtiges Kompliment mache. Verblüffend fand ich die Reaktionen darauf. Manchmal spürte ich, dass der andere sich sagte »Das ist aber nett. Was kann der Kerl wohl noch für mich tun oder worum könnte ich ihn noch bitten?« In anderen Fällen merkte ich, dass mir der andere ebenfalls helfen wollte. Diese scheinbar trivialen Interaktionen lieferten mir ein Barometer dafür, ob die Menschen sich selbst als Geber oder Nehmer in der Welt sahen.

Zuerst zog ich damit einen hohen Prozentsatz an Nehmern an. Eine Zeit lang regte ich mich auf lächerliche Weise darüber auf und fragte mich, warum diese Leute nicht verstanden, dass dies eine armselige Art zu leben war. Aber als ich die Menschen näher betrachtete, konnte ich allmählich besser beurteilen, wer ein Nehmer und wer ein Geber war, und ich brachte nach und nach bessere Menschen in mein Leben. Ich hoffe, das klingt nicht allzu berechnend, denn das war es nicht. Was ich will, ist, mir ein Umfeld zu schaffen, in dem jeder ein Mensch ist, der versucht, anderen zu helfen.

Wenn man von solchen Leuten umgeben ist, von denen jeder versucht, dem anderen zu helfen, fühlt es sich manchmal an wie der Himmel auf Erden. Menschen wie Mohnish oder John Mihaljevic zum Beispiel sind schlicht Juwele – ständig suchen sie zu helfen, zu unterstützen, zu teilen. Diese Menschen sind es, die das System aufrechterhalten. Diese Menschen wollen wir in unserem engsten Kreis haben. Die Menschen, für die wir um die Welt fliegen sollten, wenn sie in einem anderen Land leben. Und natürlich muss auch ich dies für andere sein.

Das Verrückte daran ist: Wenn man anfängt, auf diese Art zu leben, macht alles so viel mehr Freude. Das Gefühl von Flow und Einssein mit dem Universum hatte ich nie zuvor empfunden, als sich noch alles darum drehte, was ich für mich selbst haben könnte. Nochmals, ich will nicht, dass das klingt, als ob ich eine Art Heiliger wäre. Aber dieses Erlebnis, Wege zu finden, anderen zu dienen, war für mich so überwältigend positiv, dass ich jetzt sogar nach immer mehr Gelegenheiten suche, in denen ich Menschen helfen kann. Derzeit konzentriere ich mich nicht darauf, Einzelnen zu helfen, sondern auch Organisationen, wie meinem College in Oxford, der Harvard Business School oder dem Weizmann-Institut. Vor Kurzem stellte ich fest, dass die Entrepreneurs' Organization keine Sektion in Israel hat, also richtete ich eine ein. Ich erfuhr auch, dass es kein TEDx-Event in Zürich gab, also gründete ich eines, zusammen mit anderen.

Ich erzähle Ihnen dies hier nicht zur Selbstbeweihräucherung, denn es gibt zahllose Menschen, die so viel mehr Gutes tun als ich. Der Punkt ist einfach, dass sich mein Leben unermesslich verbessert hat, seit ich so zu leben anfing. Ich werde sogar tatsächlich in steigendem Maße süchtig nach den positiven Emotionen, die diese Aktivitäten in mir wecken. Ich liebe auch das Gefühl tieferer Verbundenheit, die ich zu so vielen großartigen Menschen und Institutionen gewonnen habe. Eines ist sicher: Ich bekomme weit mehr, indem ich gebe, als ich je durch Nehmen bekam. Vielleicht sind meine Versuche, selbstlos zu handeln, also paradoxerweise doch irgendwie eigennützig.

Warren und Mohnish, zwei der klügsten Menschen auf Erden, haben dies offenbar verstanden. Warrens Leistungen als Investor und Geschäftsmann sind fast unvorstellbar. Doch sein größtes Vermächtnis ist vielleicht sein humanitäres Engagement, die Unterstützung der Bill & Melinda Gates Foundation, mit der er Millionen Menschen erreicht. Ebenso widmet Mohnish seine große Begabung nicht allein dem engstirnigen Gewinndenken. Seine Dakshana Foundation verändert heute schon das Leben zahlloser junger Inder und bietet ihnen Möglichkeiten, die andernfalls undenkbar wären. Er hat mir mehr als einmal gesagt, ihm wäre es lieber, dass man sich an ihn als Dakshana-Gründer erinnert statt als Investor.

Wir anderen sollten nicht das Ziel haben, Warren Buffett oder Mohnish Pabrai zu werden, sondern von ihnen zu lernen. Im Großen wie im Kleinen habe ich die beiden als große Meister im Spiel des Lebens erlebt. Um diesen überaus wichtigen Satz von Warren nochmals zu wiederholen: »Umgeben Sie sich mit Leuten, die besser sind als Sie, und Sie können gar nicht anders, als selbst besser zu werden.«

13. Das Streben nach dem wahren Wert

Wenn es im Leben Ihr Ziel ist, reich zu werden, ist Value Investing eine schier unschlagbare Methode, dieses Ziel zu erreichen. Sicher gibt es Zeiten, in denen es aus der Mode kommt, und selbst die größten Praktiker dieser Methode werden dann als angestaubte Ewiggestrige abgetan, die ihr glückliches Händchen verloren haben. Aber Value Investing ist eine so robuste und von Grund auf gesunde Methode des Investierens, dass es am Ende stets seinen Glanz zurückbekommt. Irrationale Überschwänglichkeit kommt und geht. Die Suche nach dem echten Wert bleibt.

Doch Value Investing ist nicht nur eine Strategie zum Aktieninvestment, die Sie reich machen kann. Für mich impliziert schon der Begriff selbst etwas Tiefergehendes, als nur die Millionen anzuhäufen, um sich einen Landsitz in Greenwich, ein Ski-Chalet in Gstaad oder einen glänzenden Ferrari zu kaufen. Warren Buffetts Leben zeigt uns beispielhaft, dass wir hier auch über die Suche nach *echten* Werten sprechen – nach einem Sinn, der jenseits von Geld, Karriere und Sozialprestige liegt.

Ich möchte diese Dinge aber auch nicht völlig ablehnen oder lächerlich machen. Auch wenn ich manchmal etwas einfältig bin mit meinen grundlegenden kapitalistischen Instinkten, so bin ich doch nicht *so* einfältig. Ich fahre doch auch ein Porsche Cabrio – auch wenn das zuzugeben mir manchmal etwas peinlich ist. Und ich bin so besessen davon, den perfekten Cappuccino zu finden, dass ich 6000 Dollar für eine direkt aus Florenz importierte La Marzocco-Kaffeemaschine ausgegeben habe. Ich versuche, diese Exzesse damit zu rechtfertigen, dass ich mir Sir John Templeton als Beispiel nehme, der ein Vermögen für wohltätige Zwecke gespendet hat und trotzdem einen Rolls Royce fuhr. Und sogar Buffett hat sich einen Privatjet gekauft, den er selbstironisch »Der Unverzeihliche« nannte (später, als er seine Meinung geändert hatte, rehabilitierte er ihn als »Der Unerlässliche«). Und Charles Munger gab Millionen für einen Luxus-Katamaran namens »Channel Cat« aus.

Wenn solche Sachen Sie reizen, dann ist Value Investing eine tolle Methode für die von Ihnen angestrebten Ausschweifungen. Genießen Sie es. Aus meiner Perspektive ist dies der äußere Weg eines Value-Investors – das Streben nach Reichtum, physischem Komfort und (es gibt eben kein besseres Wort dafür) Erfolg. Aber es ist wichtig, sich nicht derart auf dieser inhaltsleeren Jagd zu verlieren, dass wir vergessen, was am wichtigsten ist: unsere innere Reise auf ein Ziel hin, das weniger greifbar, aber von höherem Wert ist. Die innere Reise ist der Weg, wie wir die bestmögliche Version unserer selbst werden, und dies erscheint mir als der einzig richtige Weg im Leben. Dazu gehört, dass wir Fragen stellen wie: Wozu will ich reich sein? Was verleiht meinem Leben einen Sinn? Und wie kann ich meine Talente dazu einsetzen, um anderen Gutes zu tun?

Relativ früh in seiner Investmentkarriere schloss Buffett seine Kommanditgesellschaften und zahlte die Einlagen an seine Aktionäre zurück. Selbst damals war er nicht sonderlich interessiert an der hemmungslosen Jagd nach Reichtum. Es ist völlig klar, dass es nicht das Geld ist, das ihn morgens stepptanzend zur Arbeit gehen lässt. Ganz ähnlich hat auch Munger einmal gesagt, wenn man einmal eine gewisse Summe an Geld gemacht habe (ich glaube, es waren 100 Millionen Dollar), dann müsse man schon nicht ganz richtig im Kopf sein, wenn man versucht, immer noch mehr Reichtum anzuhäufen. Templeton widmete ebenfalls einen Großteil seines Lebens der inneren Reise. Und so ist sein größtes Vermächtnis heute seine Wohltätigkeitsinstitution, die sich der Erforschung »der großen Fragen der Menschheit und der ultimativen Wahrheit« widmet, darunter Komplexität, Evolution, Unendlichkeit, Kreativität, Vergebung, Liebe, Dankbarkeit und der freie Wille. Das Motto der Institution ist: »So wenig wir wissen, so sehr wollen wir lernen.«

Meiner Erfahrung nach bringt einem die innere Reise nicht nur Erfüllung, sondern sie ist auch der Schlüssel dazu, wie man ein besserer Investor wird. Wenn ich meine innere Landschaft nicht kenne und verstehe – meine Ängste, Unsicherheiten, Bedürfnisse, Schwächen und meine Einstellung zum Geld –, dann werde ich höchstwahrscheinlich von der Realität überrollt. Dies passierte mir am Anfang meiner Karriere, als mich meine Gier und Arroganz zu D. H. Blair führten. Mein verzweifeltes Bedürfnis, vor anderen erfolgreich zu wirken, machte es mir schwer, meinen Fehler einzugestehen und die Firma so schnell wie möglich zu verlassen, nachdem ich gemerkt hatte, dass sie ein moralisch verdorbenes Umfeld war. Später, in meinen Jahren im New Yorker Strudel, führte mich mein Neid auf andere, die größere Fonds und schickere Wohnungen besaßen, erneut auf Abwege. Ich war überzeugt, dass ich mich selbst vermarkten musste, und versuchte, etwas zu werden, das ich gar nicht bin.

Indem ich mich auf die innere Reise machte, wurde ich mir stärker meiner selbst bewusst und begann, meine Schwächen klarer zu erkennen. Nur wenn ich sie zunächst erkannte und annahm, konnte ich an ihnen arbeiten und sie überwinden. Aber diese Schwächen saßen bei mir so tief, dass ich auch praktische Wege finden musste, um ihre Fallstricke zu umgehen. So entzog ich mich durch meinen Umzug nach Zürich dem Umfeld in Manhattan, das meine Gier und meinen Neid verstärkte. Nachdem ich erkannt hatte, dass Städte wie New York oder London – die Epizentren Extremistans – diese destabilisierende Wirkung auf mich hatten, schien es mir das Sicherste zu sein, einfach von dort wegzugehen.

Aber alles das ist ein fließender Prozess. Während ich dies schreibe, befasst sich meine Frau gerade mit der Möglichkeit eines Umzugs unserer Familie nach London, sodass wir näher bei meinen Eltern, meiner Schwester und den Cousins und Cousinen unserer Kinder wären. In mancher Hinsicht macht mir das Angst. Werde ich mit den emotionalen Turbulenzen umgehen können, die London, eine von extremem Reichtum geprägte Stadt, in mir aufwühlen könnte? Kann ich mir auch in London ein friedliches Umfeld aufbauen, wo mein Geist noch immer der stille Teich sein kann – zum Beispiel in einer ruhigen Vorstadt, weit weg von der verzerrten Realität der »Superprime-Areas«? Im Moment ist die Antwort noch unklar. Aber all dies ist Teil meiner inneren Reise und meines Kampfs mit meinen Eigenheiten, die es mir schwer machen, ein rationaler Investor zu sein.

Wenn es ums Investieren geht, sind die Unwissenden nicht selig zu preisen, denn die Finanzmärkte sind gnadenlos effektiv darin, solche emotionalen Schwächen bloßzustellen. Während der Hypothekenkrise zum Beispiel war es für mich lebenswichtig, meine eigene komplexe Einstellung zum Geld zu verstehen, denn sie beeinflusste mein Urteilsvermögen und meine Fähigkeit, mit der psychologischen Wirkung der einbrechenden Aktienmärkte umzugehen. Intellektuell gesehen ist es eher einfach, die Techniken des Investments zu beherrschen – etwa Bilanzen lesen zu können oder unterbewertete Unternehmen zu erkennen. Aber was nützen diese Fähigkeiten einem Investor, wenn er in einem Meer von Angst untergeht, das seinen rationalen Neokortex völlig überflutet?

Es ist entscheidend, dass man selbst Verantwortung übernimmt, anstatt anderen die Schuld zu geben. Anstatt die wankelmütigen Aktionäre zu kritisieren, die sich aus meinem Fonds herauskatapultierten, als der Markt am Boden war, war es viel hilfreicher für mich, sorgfältig darüber nachzudenken, was es für mich bedeuten würde, wenn der Markt weiter zusammenbräche und ich meinen Fonds ganz schließen müsste. Warum wäre das so unerträglich für mich?

Für mich war das innere Erleben des Marktzusammenbruchs ganz anders, als es für Mohnish war, der von den absackenden Kursen in seinem Portfolio völlig ungerührt schien. Seine Erklärung dafür war, dass er über lange Phasen in seiner Jugend sehr viele Aufs und Abs in der Unternehmerkarriere seines Vaters erlebt hatte. Offenbar hatte es vielfache Gelegenheiten gegeben, in denen sein Vater am Rande des finanziellen Ruins gestanden hatte oder tatsächlich pleitegegangen war. Doch selbst inmitten dieses Tumults blieb die Stimmung in seiner Familie erstaunlich gelassen. Also ist für Mohnish die Aussicht auf ein finanzielles Desaster nicht so emotional belastend, wie sie es vielleicht für mich ist. Ein positives Ergebnis dieser emotionalen Stärke war, dass er in der Lage war, geplatzte Aktien weiterhin zu kaufen, und zwar zu einem Zeitpunkt, da andere Investoren sich lieber in Fötushaltung in einer Ecke ihres Büros zusammenrollten.

Meine eigene Einstellung gegenüber Geld ist tief beeinflusst von der schmerzlichen Geschichte der europäischen Juden. Meine Urgroßeltern waren reiche deutsche Industrielle, die eine große Hutfabrik in der Nähe von Berlin besaßen. Dann enteigneten die Nazis ihr Vermögen und zerstörten ihr privilegiertes Leben. Meine Familie floh nach Israel (damals Palästina), wo sie sich bemühten, wieder aufzubauen, was sie verloren hatten. Mein Großvater, der in Deutschland Rechtsanwalt war, betrieb in Israel eine Hühnerfarm, leider erfolglos. Ich selbst wuchs mit Geschichten über Lebensmittelmangel auf und über junge Männer, die fortgingen, um in jener Anfangszeit des Staates Israel ihr Land zu verteidigten. Mein Vater war auf der Hühnerfarm seiner Eltern aufgewachsen und verbrachte einen Großteil seines Berufslebens als Angestellter. Dann gründete er ein eigenes Unternehmen, das Überschüsse erwirtschaftete, den ich für ihn investierte. Bis heute habe ich das Vermögen unserer Familie verfünffacht. Aber ich habe noch immer eine tief sitzende Angst, dass Faktoren, die ich nicht kontrollieren kann, das alles wieder wegfegen könnten.

Warum ist all dies von Bedeutung? Weil diese erzählten Geschichten auf unterschwellige, aber machtvolle Weise meine ganze Herangehensweise an Business und Investment prägen. Zum Beispiel setze ich niemals geliehenes Geld ein und alle meine Investments sind vernünftig und konservativ. Für mich geht es bei der Geschichte von meiner Familie und ihrem Geld um Wiedergutmachung – darum, den Schaden zu beheben, den Hitler angerichtet hat. Ich empfinde eine enorme Verantwortung, wenn es um das Vermögen meiner Familie geht (von dem das meiste in meinem Fonds investiert ist), nicht zuletzt, weil ich versuche, zu reparieren, was vor über siebzig Jahren zerstört wurde, und Sicherheit zu bieten in einer unsicheren Welt. Ich liebe das, was ich tue, aber es ist für mich eine sehr ernste Angelegenheit. Und wir wissen, dass Geld im menschlichen Denken eng mit dem Überleben verknüpft ist – und solche emotionalen Themen haben das Potenzial, mein rationales Denken zu torpedieren. Mohnish dagegen kann Aktien mit höherer Ungewissheit und Volatilität kaufen, denn bei ihm löst die Möglichkeit des Verlusts nicht solche Ängste aus, wie sie in mir verankert sind.

Ich würde sagen, seriöse Investoren müssen ihre Beziehung zum Geld und deren Funktionsweise kennen, denn sie kann Chaos auslösen. Auf der Basis dieses Verständnisses können wir dann Anpassungen vornehmen – zum Beispiel in unserem physischen Umfeld oder hinsichtlich bestimmter Punkte unserer Investmentcheckliste. Aber ich glaube nicht, dass es möglich ist, die Verkabelung selbst zu verändern, wie klug wir auch immer sein mögen. Ich habe es jedenfalls ganz sicher noch nicht geschafft. Früher dachte ich immer, ich könnte meine Angst vor finanziellem Verlust überwinden, aber ich lernte mit der Zeit zu akzeptieren, dass dies einfach ein Teil von mir ist. Zweifellos statten Warrens und Mohnishs Seelenlandschaften sie besser dafür aus, Entscheidungen in Sachen Geld mit kühlem Kopf zu treffen. Aber ich kann mein Leben nicht mit dem Wunsch verbringen, ich sei einer von ihnen. Sondern ich muss verstehen, was *mich* ausmacht, und dann auf der Basis meiner Selbsterkenntnis Investments tätigen, mit denen ich emotional umgehen kann.

Am Ende habe ich die Finanzkrise gut überstanden, zum Teil weil ich mich mit meiner Verlustangst beschäftigt habe und Wege fand, dennoch weiterzuarbeiten. Hätte ich mir diesen Aspekt meiner Psyche nicht bewusst gemacht, wäre ich vielleicht in Panik ausgebrochen, als eine Aktie wie Discover Financial Services um 80 Prozent fiel. Stattdessen hielt ich an ihr fest, als sie wieder stieg. Nachdem ich heute besser verstehe, wer ich bin, habe ich auch zu glauben aufgehört, ich müsse immer die bestmöglichen Erträge erzielen. Ich fühle mich wohler, wenn ich innerhalb der mir gegebenen Grenzen vernünftige Erträge erziele, die auf lange Sicht über dem Marktindex liegen. Ich habe auch immer schon einen großen Anteil meines Fonds in Berkshire Hathaway angelegt. Da das Unternehmen so riesig ist, könnte ich wahrscheinlich mit anderen Unternehmen bessere Erträge machen. Aber die Berkshire-Anteile in meinem Portfolio sind der Ballast, der sicherstellt, dass das Schiff nicht kentert – sowohl finanziell als auch emotional. Es ist mir psychologisch wichtig, Buffett in meinem Umfeld zu haben. Ist das rational? Für mich ja. Für Mohnish vielleicht nicht.

Wenn diese innere Reise für uns alle also so wichtig ist, wie sollen wir dann – praktisch gesehen – damit umgehen? Ich selbst habe unzählige Methoden genutzt, um diesen Prozess des inneren Wachstums zu beschleunigen, und ich fand sie in den verschiedenen Stadien meines Lebens alle hilfreich (oder zumindest interessant). Ich habe sehr viele Stunden Psychotherapie hinter mir, auch wenn mich dies in meiner engstirnigen Jugendzeit entsetzt hätte. Unter anderem habe ich sieben Jahre lang einmal wöchentlich die Jung'sche Analyse gemacht und ich habe mich in emotionsfokussierter Therapie, kognitiver Verhaltenstherapie, Neurolinguistischem Programmieren und sogar Augenbewegungs-Desensibilisierung und Wiederaufarbeitung (EMDR, Eye Movement Desensitization and Reprocessing) versucht. Dadurch wurde mir klar, dass die Menschen in ihrer Vielfalt unendlich sind und dass es fast unendlich viele verschiedene Therapien gibt, die uns auf unserer Reise weiterhelfen können.

Ich habe mich auch in die Religion vertieft mit verschiedenen Rabbis und anderen spirituellen Lehrern, darunter mein Freund Isaac Sassoon, Autor eines Buches mit dem Titel *Destination Torah: Reflections on the Weekly Torah Readings* (zu Deutsch etwa: »Zielpunkt Thora: Reflexionen über die wöchentlichen Thora-Lesungen«). Ich hielt regelmäßig Sitzungen mit Karrierecoachs ab. Ich habe mich intensiv mit Philosophie beschäftigt und freundete mich mit Lou Marinoff an, einem »philosophischen Berater« und Autor von *Bei Sokrates auf der Couch: Philosophie als Medizin für die Seele.* Und ich habe unzählige Selbsthilfebücher gelesen. Von meinem Temperament her bin ich nicht gut geeignet für Meditation. Aber ich bin für so gut wie alles offen, solange ich daraus etwas lernen könnte.

Eine weitere fantastische Methode für das innere Wachstum sind Widerstände. Diese sollten überhaupt unser allererstes Lernfeld sein. Wenn wir die Verantwortung für unsere Fehler und Schwächen übernehmen, bieten sie uns unschätzbare Möglichkeiten, etwas über uns selbst zu lernen und worin wir besser werden müssen. So ließ mich mein Fehler, zu D. H. Blair zu gehen, etwa erkennen, dass ich mich meiner Habgier stellen und aufhören musste, mich selbst nach Äußerlichkeiten zu beurteilen. Widerstände sind vielleicht wirklich die besten Lehrmeister von allen. Nur braucht es eben viel Zeit, bis wir unsere Fehler durchlebt haben und dann aus ihnen lernen, und der Prozess ist sehr schmerzvoll.

Bei mir war das größte Sprungbrett für meine innere Reise die Teilnahme an einer Gruppe, die Napoleon Hill »Mastermind«-Gruppe genannt hätte. An der Harvard Business School nennt man es Studiengruppe, die Young Presidents' Organization nennt es »Forum«. Doch der Name tut nichts zur Sache. Der Gedanke dahinter ist, dass eine eng verbundene Gruppe von etwa acht bis zehn Leuten aus einer Berufssparte unter der Anleitung eines Moderators vertrauliche Themen bespricht. Bei einer dieser Sitzungen beschrieb ich in einer 20-minütigen Präsentation mein verkorkstes Verhältnis zu einer wichtigen Geschäftspartnerin, mit der ich von der Universität her gut befreundet war. Die Gruppe unterzog mich dann in zwei Runden klärenden Fragen, die sämtliche Details der Beziehung offenlegten. Mir brannte die Brust vor Zorn. Ich war überzeugt, dass meine Freundin Dinge getan hatte, die falsch und unfair waren, und dass sie mich ausnutzte. Aber ich fühlte mich auch schuldig und schämte mich, weil es im Verlauf der Sitzung immer klarer wurde, dass ich mich auch nicht gerade gut benommen hatte.

Dann erzählten die anderen acht Mitglieder der Gruppe, einer nach dem anderen, ihre Erlebnisse, bei denen Geschäftsbeziehungen mit Freunden oder Verwandten schiefgegangen waren. Meine erste Reaktion war große Erleichterung, denn ich erkannte, dass ich nicht der Einzige war, der solche Fehler machte. Mir wurde auch klar, dass weder ich noch meine Freundin ganz so schlimm gehandelt hatten, wie ich geglaubt hatte. Was genauso wichtig war: Niemand verurteilte mich und ich erhielt keinen expliziten Rat, denn das hätte gegen die Regeln der Gruppe verstoßen. Und doch spürte ich am Ende der Diskussion, dass meine Schuld und mein Zorn mich nicht länger beherrschten. Und die acht Geschichten waren voller Beispiele dafür, was ich tun konnte, um die Situation in Ordnung zu bringen. Anstatt mich machtlos zu fühlen, verfügte ich jetzt über jede Menge Möglichkeiten. In der Folge löste ich meinen Konflikt auf positive Weise und meine frühere Geschäftspartnerin ist noch immer eine gute Freundin für mich – und Aktionärin in meinem Fonds –, und das bis zum heutigen Tag.

So stark ist die Wirkung einer Mastermind-Gruppe – ob arrangiert von der Young Presidents' Organization, der Entrepreneurs' Organization oder einer Handvoll treuer Freunde, wie den Mitgliedern des Latticework Club, den Mohnish und ich gegründet haben. Zweimal im Jahr fahren wir mit dieser Gruppe von acht Berufskollegen für drei Tage gemeinsam weg und diskutieren, was immer uns auf dem Herzen liegt. Für mich waren Meetings wie diese immer der beste Beschleuniger von allen für mein inneres Wachstum.

Es kommt überhaupt nicht darauf an, *auf welche Weise* man diese innere Reise macht. Worauf es ankommt, ist, *dass* man sie macht. Welchen Weg Sie auch immer wählen, das Ziel ist, mehr Selbstwahrnehmung zu entwickeln, die eigenen Fassaden einzureißen und auf sein Inneres zu hören. Für einen Investor ist dies von unermesslichem Wert, denn Selbsterkenntnis macht uns innerlich stärker und wir sind dann besser ausgestattet, um mit Widerständen umzugehen, wenn sie kommen – und sie werden kommen. Der Aktienmarkt hat die unheimliche Eigenschaft, unser inneres Wesen zu enthüllen mit all unseren Schwächen, von Arroganz über Neid, Angst, Selbstzweifel, Gier und Unehrlichkeit bis zum Bedürfnis nach sozialer Anerkennung. Um langfristig Erfolg zu haben, müssen wir uns diesen unseren Schwächen stellen, egal welche das sind. Wenn wir das nicht tun, bauen wir unseren Erfolg auf ein wackliges Fundament, das am Ende zwangsläufig einstürzen muss.

Doch der wahre Lohn der inneren Wandlung ist nicht bloß der dauerhafte Investmenterfolg. Es ist das Geschenk, der beste Mensch zu werden, der wir nur sein können. Und das ist mit Sicherheit der beste Preis, den es gibt.

Dank

Wenn jemand überaus großzügig zu uns war, ist vielleicht die beste Art, ihm dafür zu danken, einen Brief zu schreiben – oder eine Geschichte, in der man versucht, diese Freundlichkeit weiterzuerzählen. In diesem Sinne ist dieses Buch ein einziges langes Dankschreiben an die vier größten Lehrmeister in meinem Leben: mein Vater Simon Spier, Warren Buffett, Charles Munger und Mohnish Pabrai. Für mich seid ihr vier nicht nur eine ständig sprudelnde Quelle der Weisheit, sondern auch inspirierendes Beispiel dafür, wie man in der Welt handeln sollte.

Ich möchte außerdem einer Reihe von Menschen danken, die dieses Buch überhaupt erst möglich gemacht haben:

William Green

Was ich zunächst als leichte Redaktionsarbeit und ein paar letzte Korrekturen eingeschätzt hatte, stellte sich als intensive Zusammenarbeit mit detaillierter Durchsicht und komplettem Umschreiben jedes Kapitels in Rekordzeit heraus. Deine unnachgiebige Hingabe bei der Optimierung des Textes hat das Buch so viel besser gemacht, wie ich es mir in den wildesten Träumen nicht hatte vorstellen können.

Mein eigener Schreibstil neigt zu Verschachtelungen, ganz zu schweigen von gelegentlichen wilden Verstrickungen. Du hingegen weißt, wie man Sätze und Absätze schön zusammensetzt, sodass es eine Freude ist, sie zu lesen. Dein Sinn für Erzählstruktur hat jedes einzelne Kapitel geformt und dafür gesorgt, dass sie immer Anfang, Mitte und Ende hatten, was sehr hilfreich ist – nicht zuletzt für den Leser.

Was vielleicht noch wichtiger war: Durch deine reichhaltigen Kenntnisse, sowohl fachlich hinsichtlich des Buchthemas als auch meiner Person, warst du in der Lage, mich durch halbfertige Gedankengänge zu schleusen und mir zu helfen, Ideen ans Licht zu bringen, von denen ich zuvor nicht gewusst hätte, wie ich sie ausdrücken soll. Noch beeindruckender war deine Fähigkeit, immer wieder intuitiv zu erfassen, worauf ich hinauswollte, und dies auch in Worte zu fassen.

Diese Erfahrung verlieh mir das Privileg, von einem Meister seines Fachs etwas über das Schreiben zu lernen, und ich habe jetzt ein ganz neues Verständnis und einen neuen Respekt dafür, was große Schriftsteller und Lektoren leisten. Ich bin dir zutiefst dankbar dafür, dass du deine Talente mir und diesem Buch mehrere intensive Monate lang in Zürich, Klosters, Greenwich, Shavei Tsion und New York zugewandt hast.

Doch der größte Lohn für diese Zusammenarbeit ist vielleicht die tiefe Freundschaft mit dir. Deinen schelmischen Humor zu entdecken und zu genießen (auch deine Frotzeleien, wenn ich das Wort »the« immer wieder wie »teh« aussprach!) und durch deine Einführung in die Kabbala neue Türen zu entdecken, die einen Kontakt zur universellen Weisheit des Kosmos ermöglichen.

Danke auch deiner Frau Lauren. Und deinen Kindern Henry und Madeleine: Ich bin dankbar, dass du deine Zeit als Vater für mich geopfert hast. Für dich war es ein vorübergehender Verlust, aber für mich und für die Leser ein dauerhafter Gewinn.

Jessa Gamble

Ohne dich hätte ich dieses Buch nie angefangen, denn meine Angst vor dem Schreiben war viel zu groß. Als ich dich zum ersten Mal bei TEDGlobal traf, merkte ich sofort, dass du an meine Botschaft und an dieses Buch glaubtest, noch bevor ich selbst daran glaubte. Du allein hast die Idee zu diesem Buch durch Gespräche und Interviews ganz zu Anfang aufrechterhalten. Du hast die geschätzte Aufmerksamkeit von William Clark, unserem Agenten, gewonnen. Und während ich noch vor Angst zitterte, war es dein exzellenter Buchvorschlag, der uns zu den treuen Händen von Palgrave Macmillan und Laurie Harting brachte.

Selbst als wir schon angefangen hatten, gab es viel mehr Augenblicke, als ich mich erinnern möchte, in denen ich ohne deine konstante und ruhige Ermutigung vielleicht aufgegeben hätte. Und deine beruhigende Gegenwart bei unseren frühmorgendlichen Schreibsessions verlieh mir den Mut, meine Angst zu überwinden und den Stift aufs Papier zu setzen. Doch mehr als alles andere danke für deine Freundschaft und Loyalität mir und dem Buch gegenüber, trotz mehrerer Wandlungen und Veränderungen, die das Projekt machte.

Danke auch an deinen Sohn Oliver für die Trennung von dir während deiner Besuche in Zürich.

Laurie Harting

Ich glaube, zuerst hatte ich Angst vor dir! Ich hatte keine Ahnung, warum um alles in der Welt du so ein Risiko mit mir aufnimmst. Sagen wir es, wie es ist: Am Anfang war mein Schreibstil ein ziemlicher Verhau. Erst als ich mich allmählich verbesserte, verstand ich, was wir da zu schaffen versuchten, und erst dann erkannte ich ganz, welch großartige Verbündete, Meisterin und Freundin ich in dir gefunden hatte. Heute sehe ich, wie meisterhaft du das Beste aus mir herausgeholt hast.

Jena Pincott and Peter Hornick

Danke für eure Freundschaft und Fürsorge und dafür, dass ihr den ersten Samen für dieses Buch gepflanzt habt. Zu Anfang fielen die Samen auf dürre Erde, aber schließlich begannen sie zu keimen. Ihr wart immer da auf den Durststrecken, habt mir geholfen und Mut gemacht. Und ohne euch hätte dieses Buch seinen Titel nie gefunden.

Kollegen

Ich musste die Arbeit an diesem Buch mit meiner Arbeit als Manager des Aquamarine Fund vereinbaren. Keith Smith, Lynda Brandt und Orly Hindi: Ich danke euch so sehr, dass ihr mir geholfen habt, Zeit und Struktur zum Schreiben zu finden. Auf diese und noch viele andere Weisen haltet ihr mein Leben auf der richtigen Spur.

Ich bin auch den Ehemaligen von Aquamarine dankbar: Mariya Sklyar, Dan Moore, Jennifer Davies, Amanda Pullinger, David Kessler, Ori Eyal, Julie Schottenstein, Sahil Gujral, Mark Soukup, Pushkar Bedekar, Abhishek Rai, Sarah Stephenson, Oliver Suess, Meng Tian und Rina Endo.

Herstellung

Während dieses Buch im Entstehungsprozess war, bildete sich darum eine wachsende Gemeinschaft von unglaublich talentierten Menschen, die an seiner Herstellung mitarbeiteten. Zusätzlich zu den oben erwähnten Leuten vielen Dank an William Clark, meinen überragenden Agenten. Ebenfalls danke sage ich Michelle Fitzgerald, Lauren LoPinto, Heather Florence, Alan Bradshaw und dem restlichen Team von Palgrave Macmillan. Ohne euren Input und euren Enthusiasmus wäre dieses Buch vielleicht nur eine Idee geblieben, die in einer Schublade oder in einem Aktenschrank vor sich hin modern würde. Danke auch an Mark Fortier dafür, dass er uns bekannt gemacht hat, an Charlie Campbell von der Ed Victor Literary Agency, an Cecelia Wong für dein wunderbares Design des Buchcovers und an Jelisa Castrodale für deine Sorgfalt beim Überprüfen der Fakten im Manuskript.

Veröffentlichung

Dank auch an Debbie Englander, Jenny und Jane-Anne Hobbs, Myles Thompson, Maggie Stuckey und andere Freunde aus der Verlagswelt, die auf verschiedene Weise Anstöße gaben, um dieses Buch in Gang zu bringen.

Schreiborte

Schon frühzeitig stellten Lory (meine Frau) und ich fest, dass ich überall, wo ich gerade war, mit dem Schreiben loslegte, und so gibt es jetzt zahlreiche Orte, an denen dieses Buch geschrieben wurde. Eberhard von Koerber und Iris Schedler: Unser Büro in Zürich ist eine echte Oase. Joyce und Rene: Dasselbe gilt für die Villa Florence, für deren Tadellosigkeit ihr sorgt. Flor Soriano, danke, dass du dich um mich und meine Familie in Zürich und Klosters gekümmert hast, und dafür, dass du so viel dafür getan hast, damit unser Zuhause so gemütlich ist. Danke auch dem netten und freundlichen Personal an einer ganzen Menge anderer Orte, darunter Via Quadronno, Ristorante Sant Ambroeus, Stumptown Coffee Roasters, Tmol Shilshom, Intelligentsia, Rizzoli, La Stanza, die New York Society Library, die London Library, die Zentralbibliothek in Zürich, Brasenose College, Uniklinik Balgrist, Widener Bibliothek, das Delamar Greenwich Harbor Hotel, Hotel Pardenn Piz Buin, Schulthess Klinik, Chesa Grischuna, das Mamilla Hotel, das Westin Resort Costa Navarino, Fess Parker Wine Country Inn & Spa, der Grasshopper Club, Hotel Irvine, Bacara Resort & Spa, der Racquet and Tennis Club of New York, La Palestra, der Phillips Club, der Queen's Club, der Tuxedo Club und Paragraph.

Lehrer

Als er mir half, dieses Buch zu schreiben, lehrte mich William Green eine wunderschöne Zeile von Henry James: »Das Leben ist ganz Beliebigkeit und Wirrnis; die Kunst ganz Unterscheidung und Auswahl.« Für die Geschichte meiner Schullaufbahn und meines Studiums haben wir zwangsläufig eine Auswahl getroffen, denn wir konnten ja nicht alles Beliebige zu Papier bringen. Das heißt auch, dass ich die Bedeutung mancher großartiger Lehrer in meinem Leben nicht genug würdigen konnte. Hier möchte ich diesen Leuten danken, die für meinen Bildungsweg entscheidend waren.

Ich war gesegnet mit vielen außergewöhnlichen Lehrern und Erziehern, darunter Peter Sinclair, Vernon Bogdanor und Tony Courakis, meine Tutoren in Wirtschaft und Politik; Mary Stokes, John Davies, Hugh Collins,

Peter Birks und Bernard Rudden, meine Tutoren in Rechtswissenschaften; und Diana Hughes, Charles Stewart und andere, die mich an der City of London Freemen's School unterrichteten. Richard Nolan, Dick Poorvu, Rawi Abdelal, Clayton Christensen, Boris Groysberg, Len Schlesinger, Jan Hammond, David Joffe, Amar Bhide, Bill Sahlman und Ray Goldberg sind einige, aber nicht alle brillanten Professoren, die ich an der Harvard Business School hatte.

In meinem Berufsleben hatte ich auch das riesige Glück, wunderbare Lehrer und Partner zu haben. John Mihaljevic: Ich bin so dankbar, dass du dich entschieden hast, nach Zürich zu ziehen; ich genieße deine Freundschaft und unsere Squash-Sessions! Ken Shubin Stein: Unsere vielen Gespräche haben meine Investmentkenntnisse vertieft und meine Einsichten darüber, wie man die Buffett-Pabrai-Methode in seinem eigenen Leben anwendet. Bryan Lawrence, Richard Bergin, Jane Buchan und Martin Calderbank: Ihr habt mir gezeigt, dass die Ausbildung an einer Business School nicht unbedingt oberflächlich sein muss. Nick Sleep und Qais Zakaria: Ihr habt mich mit Großherzigkeit unterrichtet, auch wenn ich mich als mittelmäßiger Student erwiesen habe. Weitere Kollegen, Lehrer und Freunde, von denen ich sehr viel gelernt habe, sind Jonathan Brandt, Ciccio Azzolini, Gary Alexander, David Cameron, Chris Hohn, Lloyd Khaner, Girish Bhakoo, Allen Benello, Josh Tarasoff, Carley Cunniff, Shai Dardashti, Jeffrey Hamm, Bill Ackman, Boris Zhilin, Tom Gayner, Andy Kilpatrick, Amitabh Singhi, Steve Wallman, Alice Schroeder, Eitan Wertheimer, Rolando Matalon, Tom Russo, Jens Heinemann, Vitaliy Katsenelson, Terry und Anne Plochman, Joanna Samuels, Klaus Schwab, Norman Rentrop, Whitney Tilson, Rachel Gartner, Jack Skeen, Bruce Halev, Daniel Aegerter, Benjy Schmelz, Isaac Sassoon, Akshay Jain, Pasquale Manocchia, Diana Wais, Greg Peters, Peter Bevelin, Miguel Barbosa, Yaqub Hanna, Megh Manseta, Jeff Grant, Soren Ekstrom, Mo Fathelbab, Roni Witkin, Ken Tyler, Sanjeev Parsad, Gillian Ward, Michael Sanson, Debbie Bosanek, Satyabrata Dam, Ned Hallowell, Claude Chemtob, Michael Silverman, Jacob Wolinsky, Verne Harnish, Jono Rubinstein, Jorge Cherbosque, Ajay Desai, Susan Tross, Natasha Prenn, Mary Solanto und Alex Rubalcava.

Die TED-Konferenz

Dank an Bruno Giussani von der TEDGlobal-Konferenz in Edinburgh: Durch dich lernte ich Jessa Gamble kennen, ohne die dieses Buch nicht entstanden wäre. Ich besuchte meine erste TED-Konferenz in Mysore, Indien, vor fünf Jahren. Auf dieser Konferenz wurde ich sofort von Chris Andersons Vision der »Gedanken, die es wert sind, verbreitet zu werden« ergriffen und ich wurde von da an zum regelmäßigen Teilnehmer der Gemeinschaft. Die TED-Konferenzen haben enorm dazu beigetragen, dass ich ein offener, lockerer und (hoffentlich) weiserer Mensch wurde. Vielen Dank an alle bei TED, die mein Leben berührt haben, darunter Chris Anderson, Li Lu, Hugo Schotman, June Cohen, Jason Wishnow, Tom Wujec, Nico Luchsinger, Erik Brenninkmeijer, Lisa Stringle, Jane Wulf, Maya Elhalal-Levavi, Janet Echelman, Kathryn Schulz, Abigail Tenembaum, Claudia Marcelloni, Robert Gupta, Katherine McCartney, Lior Zoref, Peter Hogenkamp, Michael Weitz und Alex Knight. Ich verdanke TED auch den Kontakt zu meinem Freund Rolf Dobelli von Zurich Minds, der in meinem Leben ebenfalls ein starker Antrieb für Veränderung geworden ist.

Partner, Freunde und Kollegen aus dem Forum

Ich habe das Privileg einer wunderbaren Gruppe von Freunden und Forumskollegen, die mir unzählige Lektionen über Investment, Business und das Leben beibrachten. Dazu zählen Tim Monahan, Jesper Hart-Hansen, John Meckert, Etienne Zackenfels, David Eigen, Stefan Rosen, Drew Pizzo, Len Katz, Marek Lis, Jim Tormey, Tony Coretto, Bryan David, Jay Lee, Ray Carile, Marc Stöckli, Vito Critti, Adrian Locher, Palo Stacho, Mark O'Malley, Christian Wey, Philip Ryffel, Jochen Werz, Nicolas Plakopitas, Jennifer Voss, Francisco Negrin, Jeremy Lack, Matt Weiss, Andrew Weeks, Spencer Young, Gilles Bonaert, Sarah Marshall, Roy Engel, Andreas Schweitzer, Daniel Schwartz, Monique Kalmanson, Grant Schreiber, Phong Nguyen, Beyla Ziv Guest, Chris Detweiler, Michael Baer, Mark Pincus, Maurice Ostro, Hossein Amini, Roger Glickman, Max von Bismarck, Franz Heinsen, Kate Southgate, Jochen Wermuth, Harold Tittman, Perry Britton, Muna AbuSulayman, Alexander Heath, Naif al-Mutawa, Zohar Menshes, Patrick Questembert, Tim Beardson, Arturo Zapata, François Gutzwiller,

Hendrik Leber, Richard Harris, Rob Vinall, Arthur Mikaelyan, Mark Dittli, Anders Hvide, Fred Uytengsu, Christian Eck, William O'Chee, Shira Kaplan, Karan Bilimoria, Luke Benfield, Roland Gysi, Charles Hipps, Bob Lowery, Alan Knott-Cra, Frank Richter, Dana Hamilton, Raffaello d'Andrea, Daniel Riediker, Noemie Delfassy, Anil Kumar, Peter Ackermann, Gene Browne, Yildiz Blackstone, Ahal Besorai, Andy Bender, David Rettig, Armin Struckmeier, David Somen, Shimon Elkabetz, Adam Eiseman, Arthur Fish, Charles Dauber, Franziska Müller-Tiberini, Glenn Tongue, Adrian Beer, Matthias Knab, Shai Misan, Dominic Barton, Lou Marinoff, Martin Seager, Phil Holthouse, Nick Soulsby, Eveline Carn, Sean Gorvy, Sarah Money, John Schwartz, Dominik Zehnder, Eyal Ronen, Max Otte, Philip and Herbert Ochtman, Jim Hawkins, Muhammad Habib, Peter Wilson, Sherry Coutu, Andrew Feldman, Stephanie Goff, Alan Hassenfeld, Sony Mordechai, Christian Stolz, Christina Anagnostara, Dan Sachs, Jeffrey Hamm, Stephen Roseman, Chung Mong-gyu, James Kralik, Yong Ping Duan, Ion Yadigaroglu, Jeff Pintar und Dante Albertini. Organisationen, Foren und andere Mastermind-Gruppen, die mich wesentlich beeinflussen, sind verschiedene Sektionen der Young Presidents' Organization und der Entrepreneurs' Organization, die Sektionen der Zuriberg and New York Pacers Toastmasters, ebenso wie The Posse, Fulani, Ararat, das Fawkes forum, der Latticework Club und VALUEx.

Meine entferntere Verwandtschaft

Nachdem ich in vielen verschiedenen Ländern gelebt habe, liegen meine Wurzeln in meiner großen Familie, die über die ganze Welt verstreut lebt, von Mexiko und den Vereinigten Staaten im Westen bis Israel und Australien im Osten und London, München und Zürich mittendrin. Saskia, Petra, Josh, Ramon, Gloria, Jules, Judy, Yochanan, Varda, Miriam, Amos, Ido, Zohar, Boaz, Michael, Shai, Hagai, Ori, Bridgit, Harvey, Jo, Clea, Hubertus, Raphael, Rosemarie, Klaus, Peter, Gaby, George, Frank, Rita, Dorothy, Selmar, Marlene, Paul, Erika, Andrea, Raquel, Cecila und all meine anderen Cousins und Cousinen: Ihr habt mich und meine Familie durch eure reiche Vielfalt gesegnet.

Meine engere Familie

Mein Vater Simon, der mir vertraute. Meine Mutter Marilyn, die mich Empathie gelehrt hat. Meine Schwester Tanya: Schon früh konnte ich indirekt durch deine Erfahrungen lernen. Das machte mein Leben unermesslich viel einfacher und meine Herausforderungen waren dadurch so viel leichter zu bewältigen.

Meine Kinder: Sarah, Isaac und Eva. Vater zu werden war ein eigener Bildungsweg für sich und ich bin fortwährend erstaunt, wie viel ihr schon wisst und mich gelehrt habt. Es ist eine solche Freude, zu sehen, wie ihr dazulernt und euch für ganz verschiedene Dinge begeistert – von der griechischen Mythologie bis zu *Star Wars*, von *Harry Potter* bis zur Zeichentrickserie *The Berenstain Bears* – und welche aufkeimenden Talente in Sport und Musik ihr zeigt. Es ist ein Wunder, zu beobachten, wie ihr mühelos zwischen Spanisch, Englisch, Deutsch und Französisch wechselt, ganz zu schweigen von Hebräisch. Aber jeder von euch hat mir auch etwas Tieferes beigebracht: Von euch habe ich mehr über Eigenschaften wie Empathie, Spielfreude, Durchhaltevermögen und Tatendrang gelernt als von vielen Erwachsenen. Danke dafür, dass ihr meine ultimativen Lehrmeister seid.

Schließlich meiner Frau Lory: Ich danke dir aus tiefstem Herzen für all die Zeit, Liebe und emotionale Unterstützung, die ich brauchte, um dieses Buch zu schreiben – und dafür, dass du mich aushältst mit meinen Launen und Schwankungen. In Dankbarkeit und Liebe,

Guy Spier

Zürich, 2014

Über den Autor

Guy Spier studierte in Oxford, bevor er an die Harvard Business School wechselte und im Anschluss als Investmentbanker arbeitete. Vor fast 20 Jahren gründete er den Aquamarine Fund, den er bis heute managed. 2007 ersteigerte er ein Abendessen mit Warren Buffett für 650 100 $.

Er hat an der Universität in Heidelberg Deutsch studiert (»Ich hab mein Herz in Heidelberg verloren«). Wie schon sein Großvater, Vater und seine Kinder ist er Deutscher Staatsbürger, sein Großvater ist Autor des Buches »Vor 1914: Erinnerungen an Frankfurt, geschrieben in Israel« und hat bereits für die FAZ und NZZ geschrieben.

Literatur

100 Years of Solitude (Literatur), Gabriel García Márquez

500 Master Games of Chess (Spiel), S. Tartakower und J. du Mont

A Message to Garcia (Lebenshilfe), Elbert Hubbard

A Simple Act of Gratitude: How Learning To Say Thank You Changed My Life (Lebenshilfe/Memoiren), John Kralik

A Theory of Justice (politische Philosophie), John Rawls

A Zebra in Lion Country (Investing), Ralph Wanger mit Everett Mattlin

Acres of Diamonds (Lebenshilfe), Russell Conwell

Active Value Investing: Making Money in Range-Bound Markets (Investing), Vitaliy Katsenelson

Affect Dysregulation and Disorders of the Self (Psychologie), Allan Schore

Affect Regulation and the Repair of the Self (Psychologie), Allan Schore

Anarchy, the State, and Utopia (Philosophie), Robert Nozick

As a Man Thinketh (Lebenshilfe), James Allen

At Home in the Universe. The Search for the Laws of Self-Organization and Complexity (Wissenschaft), Stuart Kauffman

Attachment and Loss (Psychologie), John Bowlby

Autobiography: The Story of My Experiments with the Truth (Allgemein), Mahatma Gandhi

Beating the Street (Investing), Peter Lynch

City Police (Recht und Ordnung), Jonathan Rubinstein

Common Stocks and Uncommon Profits (Investing), Philip Fisher

Connected: The Surprising Power of Our Social Networks and How they Shape our Lives (Wissenschaft), Nicholas Christakis und James Fowler

Daring Greatly: How the Courage to Be Vulnerable Transforms the Way We Live, Love, Parent, and Lead (Lebenshilfe), Brené Brown

Deep Simplicity: Bringing Order to Chaos and Complexity (Wissenschaft), John Gribbin

Deep Survival: Who Lives, Who Dies, and Why; True Stories of Miraculous Endurance and Sudden Death (Psychologie), Laurence Gonzales

Delivering Happiness: A Path to Profits, Passion, and Purpose (Business), Tony Hsieh

Descartes' Error: Emotion, Reason, and the Human Brain (Psychologie), Antonio Damasio

Destination Torah: Reflections on the Weekly Torah Readings (Theologie), Isaac Sassoon

Different: Escaping the Competitive Herd (Business), Youngme Moon

Driven to Distraction: Recognizing and Coping with Attention Deficit Disorder from Childhood through Adulthood (Psychologie), Edward Hallowell und John Ratey

EMDR: The Breakthrough «Eye Movement" Therapy for Overcoming Anxiety, Stress, and Trauma (Psychologie), Francine Shapiro

Emergence: The Connected Lives of Ants, Brains, Cities, and Software (Wissenschaft), Steven Johnson

Endurance: Shackleton's Incredible Voyage (Allgemein), Alfred Lansing

Essays von Warren Buffett. Das Buch für Investoren und Unternehmer (Investing/Business), Warren Buffett und Lawrence Cunningham

Der Finanz-Code (Investing), Howard Marks

Flow: The Psychology of Optimal Experience (Psychologie), Mihaly Csikszentmihalyi

Focusing (Lebenshilfe), Eugene Gendlin

Fooled by Randomness: The Hidden Role of Chance in Life and in the Markets (Finanzen), Nassim Nicholas Taleb

Fooling Some of the People All of the Time: A Long Short Story (Finanzen), David Einhorn und Joel Greenblatt

Fortune's Formula: The Untold Story of the Scientific Betting System that Beat the Casinos and Wall Street (Finanzen), William Poundstone

Getting the Love you Want: A Guide for Couples (Lebenshilfe), Harville Hendrix

Getting Things Done: The Art of Stress-Free Productivity (Lebenshilfe), David Allen

Getting to Yes: Negotiating Agreement Without Giving In (Business), Roger Fisher, William Ury, und Bruce Patton

Give and Take: Why Helping Others Drives Our Success (Business), Adam Grant

Gut Feelings: The Intelligence of the Unconscious (Psychologie), Gerd Gigerenzer

Halakhic Man (Theologie), Joseph Soloveitchik

Hamlet (Literatur), Shakespeare

Homo Ludens: A Study of the Play-Element in Culture (Spiel), Johan Huizinga

How I Raised Myself from Failure to Success in Selling (Business), Frank Bettger

How Nature Works: The Science of Self-Organized Criticality (Wissenschaft), Per Bak

How to Win Friends and Influence People (Lebenshilfe), Dale Carnegie

How Will You Measure Your Life? (Business/Lebenshilfe), Clayton Christensen, James Allworth, und Karen Dillon

Influence: The Psychology of Persuasion (Psychologie), Robert Cialdini

Investing: The Last Liberal Art (Investing), Robert Hagstrom

Investment Biker: Around the World with Jim Rogers (Finanzen), Jim Rogers

Jonathan Livingston Seagull (Literatur), Richard Bach

Journey to the Ants: A Story of Scientific Exploration (Wissenschaft), Bert Hölldobler und Edward O. Wilson

Keeping the Love You Find: A Personal Guide (Lebenshilfe), Harville Hendrix

Letters from a Stoic (Philosophie), Lucius Annaeus Seneca

Linked: How Everything is Connected to Everything Else and What it Means for Business, Science, and Everyday Life (Wissenschaft), Albert-László Barabási

Long Walk to Freedom: The Autobiography of Nelson Mandela (Allgemein), Nelson Mandela

Love is the Killer App: How to Win Business and Influence Friends (Business), Tim Sanders

Love, Medicine & Miracles: Lessons Learned about Self-Healing from a Surgeon's Experience with Exceptional Patients (Lebenshilfe), Bernie Siegel

Man's Search for Meaning (Philosophie), Viktor Frankl

Manifest Your Destiny: The Nine Spiritual Principles for Getting Everything You Want (Lebenshilfe), Wayne Dyer

Mastering the Rockefeller Habits: What You Must Do to Increase the Value of Your Growing Firm (Business), Verne Harnish

Matsushita Leadership: Lessons from the 20th Century's Most Remarkable Entrepreneur (Business), John Kotter

Meditations (Philosophie), Marcus Aurelius

Metaphors We Live By (Linguistik), George Lakoff und Mark Johnson

Modern International Economics (Wirtschaft), Shelagh Heffernan und Peter Sinclair

More Mortgage Meltdown: 6 Ways to Profit in These Bad Times (Investing), Whitney Tilson und Glenn Tongue

More than You Know: Finding Financial Wisdom in Unconventional Places (Investing), Michael Mauboussin

Of Permanent Value: The Story of Warren Buffett (Investing), Andrew Kilpatrick

Ogilvy on Advertising (Business), David Ogilvy

Oliver Twist (Literatur), Charles Dickens

Overhaul: An Insider's Account of the Obama Administration's Emergency Rescue of the Auto Industry (Business), Steven Rattner

Phantoms in the Brain: Probing the Mysteries of the Human Mind (Neurowissenchaft), V. S. Ramachandran und Sandra Blakeslee

Pioneering Portfolio Management: An Unconventional Approach to Institutional Investment (Investing), David Swensen

Pirke Avot: A Modern Commentary on Jewish Ethics (Theologie/Philosophie), Leonard Kravits und Kerry Olitzky

Plato, not Prozac! Applying Eternal Wisdom to Everyday Problems (Philosophie), Lou Marinoff

The Power of Vulnerability: Teachings on Authenticity, Connection, and Courage (Lebenshilfe), Brené Brown

Power vs. Force: The Hidden Determinants of Human Behavior (Psychologie/Lebenshilfe), David Hawkins

Predictably Irrational: The Hidden Forces that Shape our Decisions (Verhaltensökonomie), Dan Ariely

Reagan: A Life in Letters (Allgemein), Ronald Reagan

Reality is Broken: Why Games Make Us Better and How They Can Change the World (Spiel), Jane McGonigal

Sam Walton: Made in America (Business), Sam Walton mit John Huey

Seeking Wisdom: From Darwin to Munger (Investing), Peter Bevelin

Short Stories from the Stock Market: Uncovering Common Themes behind Falling Stocks to Find Uncommon Ideas (Investing), Amit Kumar

Signs of Life: How Complexity Pervades Biology (Wissenschaft), Ricard Solé und Brian Goodwin

Simple Heuristics That Make Us Smart (Psychologie), Gerd Gigerenzer und Peter Todd

Success: Advice for Achieving Your Goals from Remarkably Accomplished People (Lebenshilfe), Jena Pincott

Synaptic Self: How Our Brains Become Who We Are (Wissenschaft), Joseph LeDoux

Tao Te Ching (Philosophie/Theologie), Lao Tsu

Thanks!: How Practicing Gratitude Can Make You Happier (Lebenshilfe), Robert A. Emmons

The 48 Laws of Power (Psychologie/Business), Robert Greene

The Archaeology of Mind: Neuroevolutionary Origins of Human Emotions (Psychologie), Jaak Panksepp und Lucy Biven

The Art of Thinking Clearly, Sun Tzu

The Art of War (Philosophie/militärische Strategien), Sun Tzu

The Autobiography of Benjamin Franklin (Allgemein), Benjamin Franklin

The Box: How the Shipping Container Made the World Smaller and the World Economy Bigger (Business), Marc Levinson

The Checklist Manifesto: How to Get Things Right (Beherrschung der Vieleschichtigkeit), Atul Gawande

The Consolations of Philosophy, Alain de Botton

The Developing Mind: How Relationships and the Brain Interact to Shape Who We Are (Psychologie), Daniel Siegel

The Dhandho Investor: The Low-Risk Value Method to High Returns (Investing), Mohnish Pabrai

The Economy as an Evolving Complex System (Ökonomie), Philip Anderson, Kenneth Arrow, und David Pines

The Feeling of What Happens: Body and Emotion in the Making of Consciousness (Psychologie), Antonio Damasio

The Go-Getter: A Story That Tells You How to Be One Mastering complexity (Lebenshilfe), Peter Kyne

The Go-Giver: A Little Story about a Powerful Business Idea (Lebenshilfe/Business), Bob Burg und John David Mann

The Halo Effect . . . and the Eight Other Business Delusions that Deceive Managers (Business), Phil Rosenzweig

The Hero with a Thousand Faces (Allgemein), Joseph Campbell

The Laws of Lifetime Growth: Always Make Your Future Bigger Than Your Past (Lebenshilfe), Dan Sullivan und Catherine Nomura

The Mahabharata (Philosophie/Poesie)

The Misbehavior of Markets: A Fractal View of Financial Turbulence (Investing), Benoit Mandelbrot und Richard Hudson

The Neuroscience of Psychotherapy: Healing the Social Brain (Psychologie), Louis Cozolino

The New British Constitution (Politik), Vernon Bogdanor

The One Minute Manager (Business), Kenneth Blanchard und Spencer Johnson

The Origin and Evolution of New Businesses (Business), Amar Bhidé

The Power of Full Engagement: Managing Energy, Not Time, Is the Key to High Performance and Personal Renewal (Business), Jim Loehr und Tony Schwartz

The Power of Habit: Why We Do What We Do in Life and Business (Business), Charles Duhigg

The Power of Myth (Mythologie), Joseph Campbell mit Bill Moyers

The Power of Positive Thinking (Lebenshilfe), Norman Vincent Peale

The Power Tactics of Jesus Christ and Other Essays (Psychologie/Theologie), Jay Haley

The Rational Optimist: How Prosperity Evolves (Wirtschaftsgeschichte), Matt Ridley

The Road Less Traveled: A New Psychology of Love, Traditional Values and Spiritual Growth (Psychologie/Lebenshilfe), M. Scott Peck

The Startup Game: Inside the Partnership between Venture Capitalists and Entrepreneurs (Business), William Draper

The Talent Code: Greatness Isn't Born: It's Grown, Here's How. (Business), Daniel Coyle

The Talmud (Philosophie/Theologie)

Investieren mit Warren Buffett (Investing), Robert Hagstrom

There Are No Accidents: Synchronicity and the Stories of Our Lives (Psychologie), Robert Hopcke

Think and Grow Rich (Lebenshilfe), Napoleon Hill

Thinking, Fast and Slow (Psychologie), Daniel Kahneman

Thrift and Generosity: The Joy of Giving (Philosophie/Lebenshilfe), John Templeton, Jr.

Value Investing: From Graham to Buffett and Beyond (Investing), Bruce Greenwald, Judd Kahn, Paul Sonkin, und Michael van Biema

Das Value-Investing-Handbuch. Mit bewährten Methoden die besten Investments finden (Investing), John Mihaljevic

Vor 1914: Erinnerungen an Frankfurt geschrieben in Israel (Geschichte), Selmar Spier

Waking the Tiger: Healing Trauma (Psychologie), Peter Levine mit Ann Frederick

Walden: or, Life in the Woods, Henry David Thoreau

Wertpapieranalyse (Investing), Benjamin Graham und David Dodd

Whale Done! The Power of Positive Relationships (Business), Kenneth Blanchard, Thad Lacinak, Chuck Tompkins, und Jim Ballard

Where Are the Customers' Yachts? Or, A Good Hard Look at Wall Street (Investing), Fred Schwed

Who Moved My Cheese? An Amazing Way to Deal with Change in Your Work and in Your Life (Business), Spencer Johnson

Why America Is Not a New Rome (Politik/Sozialwissenschaften), Vaclav Smil

Willpower: Rediscovering the Greatest Human Strength (Psychologie), Roy Baumeister und John Tierney

Winning Chess Tactics for Juniors (Spiel), Lou Hays

Wise Choices: Decisions, Games, and Negotiations (Business/Spiel), Richard Zeckhauser, Ralph Keeney, und James Sebenius

Working Together: Why Great Partnerships Succeed (Business), Michael Eisner mit Aaron Cohen

Your Money and Your Brain: How the New Science of Neuroeconomics Can Help Make You Rich (Investing/Neuroökonomie), Jason Zweig

Zen and the Art of Motorcycle Maintenance: An Inquiry Into Values (Literatur/Philosophie), Robert Pirsig